FILOSOFIA DAS CIÊNCIAS

PASCAL NOUVEL

Tradução:
Vanina Carrara Sigrist
Rodolfo Eduardo Scachetti

FILOSOFIA DAS CIÊNCIAS

© Presses Universitaires de France
Título da edição original: *Philosophie des sciences*

Tradução	Vanina Carrara Sigrist e Rodolfo Eduardo Scachetti
Capa	Fernando Cornacchia
Coordenação	Beatriz Marchesini
Diagramação	DPG Editora
Copidesque	Daniele Débora de Souza
Revisão	Ana Carolina Freitas, Bruna Fernanda Abreu,
	Cristiane Rufeisen Scanavini e Isabel Petronilha Costa

Dados Internacionais de Catalogação na Publicação (CIP)
(Câmara Brasileira do Livro, SP, Brasil)

Nouvel, Pascal
    Filosofia das ciências/Pascal Nouvel; tradução Rodolfo Eduardo
Scachetti, Vanina Carrara Sigrist. – Campinas, SP: Papirus, 2013.

Título original: Philosophie des sciences.
Bibliografia.
ISBN 978-85-308-1046-7

1. Ciência – Filosofia 2. Ciência – Filosofia – História I. Título.

13-06022   CDD-501

Índice para catálogo sistemático:

1. Ciência: Filosofia   501
2. Filosofia da ciência   501

1ª Edição – 2013
3ª Reimpressão – 2023
Livro impresso sob demanda – 100 exemplares

Exceto no caso de citações, a grafia deste livro está atualizada segundo o Acordo Ortográfico da Língua Portuguesa adotado no Brasil a partir de 2009.

Proibida a reprodução total ou parcial da obra de acordo com a lei 9.610/98. Editora afiliada à Associação Brasileira dos Direitos Reprográficos (ABDR).

DIREITOS RESERVADOS PARA A LÍNGUA PORTUGUESA:
© M.R. Cornacchia Editora Ltda. – Papirus Editora
R. Barata Ribeiro, 79, sala 316 – CEP 13023-030 – Vila Itapura
Fone: (19) 3790-1300 – Campinas – São Paulo – Brasil
E-mail: editora@papirus.com.br – www.papirus.com.br

Sumário

INTRODUÇÃO 9
Livros e artigos citados 13
Sugestões de leitura 14
Bibliografia 15

1. O NASCIMENTO DA FILOSOFIA DAS CIÊNCIAS 17
A distinção entre filosofia das ciências e filosofia do conhecimento 17
A filosofia do conhecimento 19
A filosofia das ciências 20
A classificação das ciências 21
Os physiologoï 23
O julgamento de Bacon 27
Aristóteles e a ciência 28
A escolástica: Aliança da teologia e de Aristóteles 31
A classificação das ciências de Francis Bacon 33
Sugestões de leitura 40
Bibliografia 41

2. A CIÊNCIA MODERNA 43
Matematização e experimentação 43
O termômetro de Boyle 47
Nicolau Copérnico: A inversão do mundo 49

Galileu Galilei: As bolas de madeira e o livro do mundo 50
Isaac Newton: Uma filosofia matemática 53
A ciência moderna 54
Sugestões de leitura 62
Bibliografia 62

3. A INDUÇÃO TORNA-SE PROBLEMA 65
Problemática da indução 65
Origens da noção de indução 67
Hume e a indução 70
Retomada do problema por Bertrand Russell 74
Axioma e postulado 75
Nelson Goodman: O novo enigma da indução 77
Análise do argumento de Goodman 80
O pragmatismo de Hume 82
Depois da indução 86
Sugestões de leitura 91
Bibliografia 94

4. O DETERMINISMO 97
Introdução: A origem do termo "determinismo" 97
Relação entre indução e determinismo 100
O método experimental 102
As ciências da vida 107
Vitalismos e animismos 111
O determinismo de Laplace 115
Duas noções de indeterminismo 119
Genealogia da noção de determinismo 123
Sugestões de leitura 127
Bibliografia 132

5. O POSITIVISMO 135
A filosofia das ciências 135
A classificação de Ampère e de Comte 136

Ampère: Classificação racional 139
A classificação de Auguste Comte 143
O positivismo de Auguste Comte 145
Sugestões de leitura 153
Bibliografia 154

6. MATERIALISMO E ATOMISMO 157
O materialismo 157
O atomismo científico 158
A noção de átomo 160
Eficácia irracional 165
Modelo de um gás 168
Críticas da teoria atômica 170
Sugestões de leitura 177
Bibliografia 178

7. CORRENTES CONTEMPORÂNEAS 181
Filosofia analítica e fenomenologia 181
O Círculo de Viena 183
Karl Popper 188
   A – Apresentação da teoria de Popper 190
   B – A refutabilidade 195
   C – Limites do critério de refutabilidade 196
Thomas Kuhn: A história retorna 200
   A – O estudo sobre a revolução copernicana 200
   B – A noção de paradigma 203
   C – Psicologia 209
   D – O progresso das ciências 213
A escola francesa de filosofia das ciências 216
A sociologia das ciências 221
A ciência não pensa 226
Sugestões de leitura 237
Bibliografia 238

Introdução

O texto que segue é uma introdução à filosofia das ciências e está principalmente interessado pelo desenvolvimento das ciências da natureza. Os problemas ligados às ciências humanas aparecem apenas esboçados. As ciências da natureza são tradicionalmente divididas em dois grandes grupos: as ciências da matéria e as ciências da vida. A maioria das obras distingue claramente esses dois domínios ou ainda decide tratar de apenas um deles. Nesta obra, a escolha foi percorrer alguns grandes conceitos da filosofia das ciências (indução, positivismo, determinismo, entre outros), tanto por meio das ciências da matéria quanto das ciências da vida. O determinismo, por exemplo, é uma noção que nasce no núcleo das ciências da vida (com Claude Bernard), mas que rapidamente aparece como uma problemática típica das ciências da matéria (pode-se ou não determinar de modo exato a evolução de um sistema físico?). Seguir o desenvolvimento do conceito de determinismo permite, assim, passar das ciências da vida às ciências da matéria sem negligenciar suas respectivas especificidades.

O primeiro capítulo é uma apresentação cronológica. Após alguns comentários gerais sobre a diferença entre a filosofia do conhecimento e a filosofia das ciências, ele se direciona ao problema da diversidade das ciências e ao modo de esclarecer a situação, à primeira vista confusa, que resulta da multiplicação dos saberes científicos. Seguindo o primeiro grande comentador da revolução científica, Francis Bacon (1561-1626), vemos surgir, por intermédio da herança do pensamento antigo, os problemas típicos do pensamento científico moderno. Nós observamos o surgimento das primeiras reflexões sobre a constituição da natureza, desde a Grécia antiga até Aristóteles. Paralelamente, destacamos o modo com que Francis Bacon e, mais tarde, os enciclopedistas (Diderot e D'Alembert) julgam essa história, e como imaginam construir uma "enciclopédia dos saberes humanos", bem como a maneira com que organizam esses saberes uns em relação aos outros.

No segundo capítulo há o interesse pelo nascimento da ciência moderna. Apresentamos as três principais figuras da ciência clássica (a tríade clássica): Copérnico, Galileu e Newton. Com base nessa apresentação tentamos depreender os principais traços da ciência moderna: o papel da experimentação, da matematização e da objetivação que permitem chegar às medições (por exemplo, a medição da temperatura do ar por um termômetro). Nós nos interessamos particularmente pelas interpretações possíveis de uma fórmula que teria um futuro promissor na civilização ocidental (tanto para a filosofia quanto para a ciência): "O livro do mundo está escrito em caracteres matemáticos".

No terceiro capítulo, decidimos precisar uma noção que, durante muito tempo, foi considerada como o fundamento teórico de todas as ciências da natureza: a indução. Interessam-nos também os numerosos debates que circundaram (e ainda circundam) as reflexões sobre essa noção. O indutivismo é a doutrina segundo a qual nossos raciocínios são abstraídos de uma operação do espírito nomeada "indução" (veremos precisamente em que consiste essa operação). De modo que Bacon e também os enciclopedistas afirmam que as ciências experimentais são fundadas sobre a indução. Hume vai interrogar-se sobre o fundamento da indução e, portanto, sobre o fundamento do fundamento das ciências. E ele não vai encontrar outros juízes, depois de suas minuciosas pesquisas, senão psicológicos: o hábito, e nada mais. A partir de Hume, é colocado o problema do fundamento de um conhecimento científico da natureza. Seguimos, então, o desenvolvimento dessa pesquisa sobre a indução até a época contemporânea, quando a questão pôde ser renovada notadamente pelos trabalhos de Nelson Goodman.

O quarto capítulo é dedicado à noção de "determinismo". Dois personagens desempenharam um papel fundamental na elaboração e, depois, no interesse dirigido a esse conceito: de um lado, o matemático e físico Pierre-Simon Laplace; de outro, o fisiologista Claude Bernard. Cada qual, por razões diferentes, contribuiu para a elaboração de uma noção que seria chamada para suplantar a de indutivismo nas discussões sobre o fundamento das ciências (veremos em que medida as duas noções são como duas faces de uma mesma moeda, o lado direito e o lado avesso de uma mesma peça de roupa). No século XX, com Henri Poincaré, a noção de "determinismo" foi objeto de intensos debates, nos quais uns sugeriam que o futuro da ciência se situava do lado de uma "física indeterminista", enquanto outros contestavam vigorosamente a própria noção de física indeterminista, considerando que tal ideia seria uma contradição nos termos. Nós seguiremos esses debates.

O quinto capítulo é dedicado a uma noção que desenvolveu um grande papel na filosofia e na história das ciências a partir do século XIX (quando ela apareceu): o "positivismo". O termo foi introduzido por Auguste Comte (na verdade, ele o recuperou do conde Claude de Saint-Simon, um primo do duque de Saint-Simon, famoso memorialista da corte de Luís XIV). Ao mesmo tempo em que foi introduzido em francês, vemos reaparecer a questão da classificação das ciências, um problema aparentemente técnico, com o problema filosófico da unidade da ciência (e especialmente a unidade das ciências da natureza e das ciências humanas). Uma unificação de todas as ciências é possível? Sim: essa será a convicção partilhada por todos os positivistas desde Auguste Comte. O verdadeiro progresso das ciências consiste precisamente nessa unificação.

O sexto capítulo é dedicado ao materialismo e ao nascimento da teoria atômica. Nós examinamos as ligações entre o atomismo antigo (aquele de Demócrito e de Lucrécio) e o atomismo moderno, que nasce com Dalton no início do século XIX e se desenvolve em seguida até a época contemporânea, quando as partículas elementares, constitutivas

Filosofia das ciências | 11

dos átomos, são elas próprias vistas, em determinadas teorias, como cordas vibrantes que seria inútil representar de outra forma senão matematicamente. Nós nos interrogamos sobre a eficácia das matemáticas que permitem construir modelos que não são mais acessíveis pela simples intuição. As dificuldades encontradas pela teoria atômica para ser aceita (transcorreu mais de um século entre sua primeira formulação por Dalton e sua aceitação pelo grupo da comunidade científica) são a ocasião para uma reflexão sobre os motivos que levam um cientista a aderir a uma teoria ou, ao contrário, a rejeitá-la (tema que será retomado no capítulo seguinte, com o exame da sociologia relativista das ciências).

O sétimo capítulo trata das correntes contemporâneas da filosofia das ciências. Inicialmente, discute-se a constituição de uma grande divisão que afetará de modo duradouro a filosofia: a divisão entre fenomenologia e filosofia analítica. A filosofia das ciências, nesse contexto, aparece como uma via intermediária que recusa tanto o subjetivismo radical da fenomenologia quanto o objetivismo, não menos radical, da filosofia analítica. De início, seguimos os esforços de um pequeno grupo de especialistas de diversas disciplinas para estabelecer uma *concepção científica do mundo*. Depois, passa a nos interessar a obra de um crítico dessa abordagem, autor de uma teoria da ciência que acredita suplantar o indutivismo: Karl Popper e seu critério de refutabilidade, pensado para que fosse possível efetuar uma demarcação entre conhecimentos científicos e não científicos. Na sequência, interessa-nos Thomas Kuhn, cuja obra renovou uma noção bastante antiga, aquela de "paradigma". Nós mostramos como Kuhn propõe uma crítica a Popper através da introdução de uma epistemologia histórica. Depois disso, interessa-nos um grupo de filósofos que também desenvolveram, independentemente de Kuhn, uma epistemologia na qual a história tem um papel maior. Esses filósofos são geralmente identificados sob a expressão genérica de *escola francesa de filosofia das ciências*. Nela encontramos Gaston Bachelard, Alexandre Koyré, G. Canguilhem e Michel Foucault. Apresentamos as temáticas dessa "escola" e a maneira pela qual ela se desenvolve ainda hoje. Examinamos, então, um dos desdobramentos particulares da obra de Kuhn, a sociologia relativista das ciências, e seguimos um determinado número de problemas que foram desenvolvidos em torno dessa corrente. Finalmente, apresentamos a obra de um filósofo que é, sobretudo, conhecido por suas posições críticas no que diz respeito às ciências: Martin Heidegger.

Por meio desse percurso, a filosofia das ciências surge como um fruto híbrido, nutrido, ao mesmo tempo, pelas letras, com seu tradicional humanismo, e pelas ciências, com sua tradicional recusa de se pronunciar sobre a questão dos valores (as ciências só se interessam pelos fatos). Portanto, a expressão "filosofia das ciências" aparece – e cada vez mais claramente à medida que a disciplina se desenvolve – como um oxímoro. Como podemos ser a um só tempo "filosofia" (privilegiar certos valores em nome da *sophia*) e "das ciências" (não privilegiar nenhum valor em nome da *sapiência*)? É precisamente essa situação paradoxal que provoca todo o interesse pela filosofia das ciências.

Livros e artigos citados

Abaixo algumas obras clássicas citadas ao longo do texto:

Francis Bacon. *Novum Organum,* 1620.

René Descartes. *Discurso do método,* 1637.

John Locke. *Ensaio acerca do entendimento humano,* 1690.

David Hume. *Investigação acerca do entendimento humano,* 1748.

Emmanuel Kant. *Crítica da razão pura,* 1781-1787.

Pierre-Simon Laplace. *Ensaio filosófico sobre as probabilidades,* 1812.

André-Marie Ampère. *Ensaio sobre a filosofia das ciências,* 1834.

Auguste Comte. *Curso de filosofia positivista,* 1830-1842.

Claude Bernard. *Introdução à medicina experimental,* 1865.

Essas obras são todas livres de direitos autorais e podem ser acessadas integralmente em francês ou em traduções francesas no *site* http://gallica.bnf.fr.

Sugestões de leitura

Existe, em francês, certo número de obras de introdução à filosofia das ciências. Dominique Lecourt publicou em 2001 um livro que apresenta um panorama das diversas correntes da filosofia das ciências, juntando-se às duas grandes enciclopédias por ele dirigidas: *Dictionnaire d'histoire et philosophie des sciences,* lançado em 1999, e *Dictionnaire de la pensée médicale,* lançado em 2003. Anouk Barberousse, Max Kistler e Pascal Ludwig publicaram em 2000 um livro intitulado *A filosofia das ciências no século XX,* empenhado, sobretudo, em demonstrar a atualidade de grandes questões (indução, lei, causalidade, incerteza etc.). Jean-Michel Besnier publicou em 2005 um livro de introdução às teorias do conhecimento: *As teorias do conhecimento.* Podemos também citar os livros de Giovani Busino, *Sociologie des sciences et des techniques,* lançado em 1998, de Hervé Barreau, *L'épistémologie,* lançado em 1990, de Pascal Acot, *História das ciências,* lançado em 1999, e de Gilles-Gaston Granger, *A ciência e as ciências,* lançado em 1993. O livro de Ian Hacking, publicado em francês sob o título *Concevoir et expérimenter* (tradução de *Representing and intervening*), constitui igualmente uma ótima introdução à filosofia das ciências, avaliada, sobretudo, com base em um ponto de vista anglo-saxão (Hacking é canadense). Daniel Andler, Anne Fagot-Largeault e Bertrand Saint-Sernin publicaram em 2002 um volume duplo sobre a filosofia das ciências. Sandra Laugier e Pierre Wagner publicaram, a seu turno, uma coletânea de textos fundamentais que também pode constituir uma boa introdução a essa disciplina.

Bibliografia

ACOT, P. (2001). *História das ciências*. Lisboa: Edições 70.

ANDLER, D.; FAGOT-LARGEAULT, A. e SAINT-SERNIN, B. (2005). *Filosofia da ciência*. 2 v. Rio de Janeiro: Atlântica.

BARBEROUSSE, A.; KISTLER, M. e LUDWIG, P. (2001). *A filosofia das ciências no século XX*. Lisboa: Instituto Piaget.

BARREAU, H. (2008). *L'épistémologie*. Paris: PUF.

BESNIER, J.-M. (2000). *As teorias do conhecimento*. Lisboa: Instituto Piaget.

BUSINO, G. (1998). *Sociologie des sciences et des techniques*. Paris: PUF.

GRANGER, G.G. (1994). *A ciência e as ciências*. São Paulo: Ed. da Unesp.

HACKING, I. e DUCREST, B. (1989). *Concevoir et expérimenter: Thèmes introductifs à la philosophie des sciences expérimentales*. Paris: Christian Bourgois.

LECOURT, D. (1999). *Dictionnaire d'histoire et philosophie des sciences*. Paris: PUF. (Quadrige Dicos Poche)

_____ (2004). *Dictionnaire de la pensée médicale*. Paris: PUF. (Quadrige Dicos Poche)

_____ (2006). *La philosophie des sciences*. Paris: PUF.

WAGNER, P. (org.) (2004). *Philosophie des sciences*. 2 v. Paris: Vrin.

1. O nascimento da filosofia das ciências

A distinção entre filosofia das ciências e filosofia do conhecimento

Comecemos por distinguir o sentido da expressão "filosofia das ciências" de um termo que, às vezes, é confundido com ela: "epistemologia". A epistemologia evidentemente se interessa pela ciência, mas seu verdadeiro objeto é, como indica a etimologia da palavra, o conhecimento (o *logos* sobre a *épistémê*). Dessa forma, a epistemologia se aproxima mais de uma filosofia do conhecimento do que de uma filosofia das ciências. Filosofia das ciências e filosofia do conhecimento: duas direções da interrogação filosófica a se distinguir.

São inumeráveis os casos em que um estudante, depois de ter comprado um grande tratado teórico, retorna à sua casa e se decepciona por não encontrar nada que concerne à atividade real dos cientistas: encontra somente considerações um tanto técnicas sobre a indução, a dedução, o método científico, e assim por diante. Ele confundiu "filosofia do conhecimento" e "filosofia das ciências". O inverso também acontece.

De fato, desde sua aparição, no início do século XIX, a filosofia das ciências se apresenta sob dois aspectos bem distintos. Comumente, o sentido que um dado autor atribui à expressão "filosofia das ciências" não está determinado. Nós o deduzimos unicamente por sua forma de proceder. Portanto, uma primeira divisão se impõe: para alguns, a filosofia

Filosofia das ciências | 17

das ciências se apresenta como um discurso sobre o conhecimento em geral (nós o chamaremos "filosofia do conhecimento"), para outros, ela se apresenta como um discurso sobre as ciências particulares (nós o chamaremos, mais precisamente, "filosofia das ciências *stricto sensu*", uma vez que será necessário precisar a qual das duas correntes se liga tal ou qual contribuição). Essas duas abordagens são complementares. Elas são, no entanto, bastante diferentes e determinam tendências no interior da filosofia das ciências.

Com efeito, a primeira afirma, às vezes explicitamente, às vezes apenas implicitamente, que todos os conhecimentos humanos derivam de uma única e mesma potência de conhecer, e que é essa potência de conhecer que se deve compreender. Não nos interessa, a princípio, o conteúdo desses conhecimentos. Interessa-nos apenas o processo, supostamente o mesmo em todos os domínios, que permite produzir o saber.

Na segunda abordagem, ao contrário, interessa-nos a diversidade de conhecimentos em relação à ideia que poderia aí existir das diferenças entre as formas de conhecer, segundo sua aplicação a diferentes objetos. Se nos interessa o objeto "átomo", o objeto "célula" ou o objeto "sociedade", não aplicaremos, necessariamente, os mesmos métodos, as mesmas formas de pensar. Aqui, não consideramos como evidência que todos os conhecimentos humanos são o produto de um único e mesmo poder de pensar se difratando sobre tantos objetos que ele pode apreender. Consideramos que o objeto e o pensamento constroem juntos, em seu encontro, o conhecimento. Daí a necessidade de falar de formas de conhecimento, especificando a cada vez o objeto em foco em determinada forma de conhecimento.

Em primeiro lugar, estamos sujeitos em todos os casos a um problema de classificação, um problema de catálogo. Mas, para alguns, trata-se de um catálogo das funções do espírito humano, de suas faculdades (esse é o caso de Kant, por exemplo), ao passo que, para outros, convém partir de um catálogo de produções do espírito humano (é o caso dos enciclopedistas). Examinemos mais em detalhe esses dois tipos de abordagens, cuja origem e cujo desenvolvimento acompanharemos na sequência.

A filosofia do conhecimento

O livro de Ferdinand Alquié intitulado *Philosophie des sciences*, publicado em 1934, expressa a abordagem da filosofia do conhecimento. O autor examina sucessivamente alguns problemas de lógica e de metodologia. Ele se interessa pelas origens da ciência, pelas relações entre a ciência e a técnica, pela distinção que convém fazer entre análise e síntese, pela noção de espírito científico. Os capítulos trazem títulos diretamente extraídos de problemáticas gerais de epistemologia: oposição entre conhecimento imediato e conhecimento científico, papel da intuição, da indução e da dedução nas ciências, relações entre a ciência e a razão, entre a ciência e o real. Tudo isso forma uma longa introdução após a qual se examina sucessivamente, e de novo sob um ângulo geral, as matemáticas, as ciências da matéria e as ciências da vida.

Partimos, portanto, da ideia considerada evidente de que todas as ciências das quais dispomos derivam de uma mesma faculdade de conhecer, exercida pelo homem sobre objetos diversos. Nessa ótica, a filosofia das ciências pode ser considerada um discurso primário sobre um objeto específico – esse objeto é o "conhecimento" (entendido no sentido de "faculdade de conhecer"). Interrogamo-nos, portanto, sobre os modos pelos quais adquirimos um conhecimento, aderimos a um conhecimento (a crença), refutamos um conhecimento etc.

Um dos primeiros textos da tradição filosófica ocidental que coloca diretamente a questão "o que é conhecer?" ou "o que significa conhecer?" é o diálogo de Platão intitulado *Teeteto* (às vezes com o subtítulo *Da ciência*). Podemos acrescentar ao mesmo conjunto de reflexões as considerações de Aristóteles sobre a lógica, agrupadas no *Organon*. Podemos igualmente somar, mais tarde, o *Discurso do método* de René Descartes, o *Ensaio acerca do entendimento humano* de Locke, o *Tratado da natureza humana* de Hume ou sua *Investigação acerca do entendimento humano,* ou ainda a *Crítica da razão pura* de Kant. Do ponto de vista doutrinal seria conveniente destacar nuances, até antagonismos, entre essas diferentes obras. Mas, do ponto de vista do projeto que esperam realizar, desvela-se certo parentesco, que se deve ao fato de que todas elas se ligam à mesma interrogação sobre o conhecimento (é, por sinal, por terem como objetivo responder às mesmas questões que se torna possível opor entre si as respostas que oferecem). A "filosofia das ciências", tomada nesse sentido, a partir do início do século XX, tenderá a ser nomeada "epistemologia". Por exemplo, Émile Meyerson (1859-1933), em seu livro *Identité et réalité*, publicado em 1908, escreve: "a presente obra pertence, por seu método, ao domínio da filosofia das ciências, ou epistemologia, seguindo um termo próximo que tende a se tornar usual" (p. I).

Essa forma de considerar a filosofia das ciências se desdobra em múltiplas abordagens que podemos distinguir: algumas enfatizam a experimentação, outras, o raciocínio, outras ainda, as condições sociológicas de substituição de uma ideia por outra. Seu ponto comum é tentar extrair regras bastante gerais e que se aplicam, para além das disciplinas particulares, à compreensão da atividade científica.

A filosofia das ciências

Mas a filosofia das ciências pode também se apresentar como um discurso que conduz a outro discurso. Por exemplo, podemos refletir discursivamente sobre o que é a física, a química, a biologia, a genética, a medicina etc. Essa forma de conceber a filosofia das ciências parte, portanto, dos saberes científicos efetivos e constituídos. Examinamos esses saberes interrogando-nos sobre o modo com que foram construídos, seu grau de veracidade, sua robustez, as conexões entre si, as consequências de sua utilização em outros ramos do saber ou em atividades humanas diversas etc. Logo, não partimos mais aqui do conceito de conhecimento tomado de uma forma geral e abstrata, mas de um domínio de conhecimento preciso e especificado. Normalmente, fixamos também limites temporais à análise. Por exemplo, não falamos comumente da física em geral, mas de certo campo da física (os fenômenos elétricos, o átomo ou o universo), tal como era concebido em determinada época. Essa segunda forma de considerar a filosofia das ciências aparece assim, imediatamente, vinculada às bases da produção efetiva dos cientistas. Ela se quer concreta. E ela pode ser, inclusive, em vários níveis, interessando-se pelas grandes teorias (a teoria da relatividade de Einstein, a teoria da evolução de Darwin, a mecânica quântica), ou ainda pelo trabalho paciente de um pesquisador ou de um grupo de pesquisadores, voltando-se, então, à exploração de suas atividades concretas, tal como se manifestam em suas anotações de laboratório, por exemplo, especificando o contato com os seus colegas, a natureza desses contatos, sua significação institucional. Em suma, no interior dessa segunda forma de praticar a filosofia das ciências, podemos ainda distinguir numerosas abordagens. Mas aquilo que une todas elas é o fato que partem das produções reais do saber. Nós a nomeamos "filosofia das ciências *stricto sensu*", porque esse sentido da palavra corresponde ao seu primeiro uso, presente no livro *Essai sur la philosophie des sciences: Exposition analytique d'une classification naturelle de toutes les connaissances humaines,* publicado por André-Marie Ampère em 1834.

A classificação das ciências

Nessa segunda perspectiva, uma primeira delimitação dos saberes focados pela pesquisa filosófica parece necessária. Essa delimitação tomará a forma de uma cartografia dos saberes. Buscaremos obter uma representação sintética e ordenada de todos os conhecimentos. Perguntaremos: como organizar esses saberes produzidos pelos humanos, como situá-los uns em relação aos outros? Que distinções é conveniente fazer para apresentá-los tão exaustivamente quanto possível? Em outros termos, buscamos realizar uma classificação de todos os saberes.

Se, também dessa vez, buscarmos textos que ilustrem essa forma de compreender e praticar a filosofia das ciências, iremos encontrar o nome de Francis Bacon. Sua obra constitui uma referência obrigatória tanto para aqueles que concebem a filosofia das ciências como uma filosofia do conhecimento, quanto para aqueles que aí veem a exigência de se aproximar dos saberes concretos (ainda que ele próprio não tenha sido um praticante da ciência). Bacon não para de mostrar as fraquezas da filosofia tradicional. Seu alvo privilegiado é Aristóteles. Mas ele não se limita à crítica. Pretende fornecer também os fundamentos daquilo que deve, em sua visão, ser substituído no conjunto do sistema de Aristóteles. Os filósofos gregos, escreve Bacon (1999, pp. 56-57) em *Novum Organum*, publicado pela primeira vez em 1620, distinguiam-se, sobretudo, por sua postura falastrona:

> As ciências que possuímos provieram em sua maior parte dos gregos (...). Contudo, a sabedoria dos gregos era professoral e pródiga em disputas – que é um gênero dos mais adversos à investigação da verdade. Desse modo, o nome de sofistas, que foi aplicado depreciativamente aos que se pretendiam filósofos e que acabou por designar os antigos retores, Górgias, Protágoras, Hípias e Polo, compete igualmente a Platão, Aristóteles, Zenão, Epicuro, Teofrasto; e aos seus sucessores Crisipo, Carnéades, e aos demais. Entre eles havia apenas esta diferença: os primeiros eram do tipo errante e mercenário, percorriam as cidades, ostentando a sua sabedoria e exigindo estipêndio; os outros, do tipo mais solene e comedido, tinham moradas fixas, abriram escolas e ensinaram a filosofia gratuitamente. Mas ambos os gêneros, apesar das demais disparidades, eram professorais e favoreciam as disputas, e dessa forma facilitavam e defendiam seitas e heresias filosóficas.

É preciso retirar o saber humano desse estado de indigência, colocá-lo sobre bases firmes. Quais seriam essas bases? A experimentação. Sem glosa, sem comentários. Experiências, resultados, dados: *a melhor demonstração é, de longe, a experiência*. E tais resultados serão discutidos com cuidado, com precisão. A crítica se dirige prioritariamente a Aristóteles (em razão de sua autoridade):

> O mais conspícuo exemplo da primeira [filosofia que repousa sobre "a meditação e a agitação do espírito"] é o de Aristóteles, que corrompeu com sua dialética a filosofia natural: ao formar o mundo com base nas categorias (...) ao impor à natureza das coisas inumeráveis distinções arbitrárias, mostrando-se sempre mais solícito em formular respostas e

em apresentar algo positivo nas palavras do que a verdade íntima das coisas. (*Ibid.*, pp. 49-50)

Mas essa crítica dirige-se também àqueles que Aristóteles chamava de *physiologoï*,* os quais, na Antiguidade, sustentavam um discurso racional sobre a natureza. Foram eles os primeiros a propor um sistema da natureza na cultura ocidental. Segundo Bacon (*ibid.*, p. 27), eles inauguraram uma reflexão que continua a mostrar sua importância crucial e, ao mesmo tempo, orientaram essa reflexão para o uso de métodos inteiramente inapropriados a seu objeto.

> De outra parte, os antigos filósofos gregos, aqueles cujos escritos se perderam, colocaram-se, muito prudentemente, entre a arrogância de sobre tudo se poder pronunciar e o desespero da acatalepsia. Verberando com indignadas queixas as dificuldades da investigação e a obscuridade das coisas, como corcéis generosos que mordem o freio, perseveraram em seus propósitos e não se afastaram da procura dos segredos da natureza. Decidiram, assim parece, não debater a questão de se algo pode ser conhecido, mas experimentá-lo. Não obstante, mesmo aqueles, estribados apenas no fluxo natural do intelecto, não empregaram qualquer espécie de regra, tudo abandonando à aspereza da meditação e ao errático e perpétuo revolver da mente.

É tempo de a ciência encontrar bases mais sólidas. Mas quem eram esses que Bacon criticava com tanta verve e virulência? É isso que veremos agora.

Os *physiologoï*

No primeiro grupo dos *physiologoï* figura Tales, fundador da escola de Mileto. Ele nasceu por volta de seis séculos antes de Cristo. É ele que

---

* Filósofos pré-socráticos teorizadores da *physis*, ou seja, da natureza. [N.T.]

Platão nos apresenta, em *Teeteto*, tão absorvido pela contemplação das estrelas que cai em um poço, fazendo rir uma criada que observava de canto de olho suas deambulações. Ele se tornará uma figura alegórica do atordoamento do filósofo quanto às coisas terrenas. Heidegger (1992, p. 15) comentará a cena trazida por Platão, atribuindo-lhe valor de definição da atitude filosófica: "Filosofia é aquele modo de pensar, com o qual, essencialmente, nada se pode começar e acerca do qual as criadas necessariamente se riem". Tales é também aquele que Aristóteles nomeava "o primeiro filósofo". Por quê? Porque Tales está, antes de tudo, em busca de um "princípio" de todas as coisas. Esse princípio é, segundo ele, a água ou o úmido. Tudo provém do úmido. Evidentemente que sobre esse ponto Aristóteles levanta fortes objeções. Mas o fato de procurar um princípio, uma unidade por trás do diverso sobre o qual o mundo nos aparece (uma "invariável", diriam talvez os físicos hoje; o "invisível simples atrás do visível complicado", teria dito Jean Perrin), encontra a sua primeira manifestação clara com Tales.

Anaximandro de Mileto, seu aluno, será o primeiro a utilizar, para um de seus tratados, um título que teria um futuro promissor, *Da natureza*: um verdadeiro gênero literário criado por esse livro. O autor trata de geografia, de cosmologia, de biologia (o *logos* sobre os seres vivos) com um cuidado pela racionalidade testemunhado pelas explicações que dá para certos fenômenos, como o trovão, a tempestade, o vento etc. É ele quem realiza a primeira carta geográfica do mundo conhecido. A Terra está no centro. Os universos aparecem e desaparecem. É ainda proposto um princípio diferente daquele que havia proposto Tales. É o ilimitado que está aqui alçado ao nível de princípio explicativo de todas as coisas.

Cinco séculos e meio a.C., Pitágoras, considerado por Hegel o "primeiro mestre universal", é quem coloca pela primeira vez as matemáticas no princípio de todas as coisas (todos aqueles que, mais tarde, dirão após Galileu que "o livro do mundo está escrito em caracteres matemáticos" vão ver em Pitágoras um precursor, e em Platão, que vai reativar a herança pitagórica). Colocando o número como princípio das coisas, Pitágoras afirma uma ordem inteligível, universal e racional que seria, segundo ele, a verdade da realidade sensível. O mundo é nomeado Cosmo, o que implica que ele é dotado de ordem e de beleza, pois *cosmo* significa, ao mesmo tempo, "ordem", "enfeite", "ornamento", "glória" e "honra".

Xenófanes, contemporâneo de Pitágoras, afirma a existência de um princípio abstrato que ele nomeia "Deus", o qual é único. Ele se opõe com vigor à cosmologia mitológica de Hesíodo, na qual, como sabemos, os deuses são múltiplos e, além disso, estão em conflito uns com os outros. O Deus único não estaria em conflito consigo mesmo. Xenófanes proclama que apenas a ciência, elucidação das leis de Deus, permite descobrir os valores que são capazes de fundar uma cidade. Ele também é o autor de um tratado intitulado *Da natureza*. Aos miletianos que buscavam um princípio material para as origens do universo Xenófanes opõe, portanto, um princípio abstrato. Assim procedendo, ele inaugura uma oposição que vai estar constantemente no centro das discussões sobre a ciência de Platão a Husserl e aos outros: a oposição entre o saber e a opinião. A opinião vê Deuses; o saber vê um Deus.

Em Platão essa distinção vai se tornar fundamental. É ela que permite estabelecer uma divisão entre os sofistas (especialistas da opinião e dos modos de fazê-la evoluir) e os filósofos (que, por sua vez, pretendem-se especialistas da verdade, detentores do saber verdadeiro). Os sofistas mais coerentes chegam a propor uma versão da verdade que se relaciona com sua concepção segundo a qual apenas a opinião garante a verdade (tese dos "sofistas" que examinaremos adiante).

Heráclito, por volta de cinco séculos a.C., é o autor de um tratado também intitulado *Da natureza*. O princípio de todas as coisas não é mais material, é o fogo. Pois o fogo é aquilo em que todas as coisas se consomem: tudo queima, tudo muda, tudo está em devir, tudo escorre, passa e varia – não saberíamos "entrar duas vezes no mesmo rio", segundo a fórmula mais célebre dessas fórmulas. Também certos físicos contemporâneos constatam analogias com suas concepções: o modelo do "universo ekpirótico" (do grego *ekpyrosis*: destruição pelo fogo) é um modelo cosmológico que descreve a origem do universo, não sem evocar a tese de Heráclito.

E os "*Da natureza*" se multiplicam. Parmênides é autor de um famoso poema ao qual dará esse título. Anaxágoras, para quem o princípio é o espírito, redigirá um *Da natureza*. Será preciso mencionar ainda Empédocles, Zenão de Eléia, Leucipo, para quem tudo se explica por dois princípios, o átomo e o vazio, e para quem "as múltiplas aparências possíveis das coisas provêm das múltiplas possibilidades de combinação entre os átomos, como é o caso das letras do alfabeto em relação aos textos e aos discursos".

Aquilo que é destacável nos *physiologoï* é a propensão a imaginar a natureza e a erigir, de forma mais ou menos arbitrária, um princípio para a origem de todas as manifestações naturais que pretendem "explicar". O princípio varia. Vimos que é água para Tales e Anaximandro, o ar para Anaxímenes, o fogo para Heráclito, o número para Pitágoras, um Deus único para Xenófanes. Mas aquilo que não varia é a pesquisa de um "princípio", algo que seja primeiro e que permita explicar a totalidade dos fenômenos que vemos.

Na Grécia antiga, os sofistas vão ser aqueles que vão sustentar que todo conhecimento é um julgamento. Como eles consideram que seu ensino é útil a quem sabe utilizá-lo (pois esse ensino pode propiciar os meios de mudar as opiniões de seus contemporâneos), eles julgam lógico que esse ensino seja pago. Um dos grandes sofistas de Atenas na época de Platão era Protágoras. Platão, cujo modo de exposição dialético favorece a apresentação das opiniões que são opostas às suas, dá voz a Protágoras no diálogo homônimo. Isso também ocorre em *Teeteto*. É nesse diálogo que Sócrates resume a doutrina de Protágoras da seguinte forma: "O homem é a medida de todas as coisas, da existência das que existem e da não existência das que não existem" (ver trecho no fim do capítulo).

E Sócrates, seguindo Protágoras, dá na sequência um exemplo: o vento soprando levemente sobre a pele de dois indivíduos. Pode ocorrer que um considere o sopro de ar fresco e o outro, quente. Cada um exprime uma opinião sobre o sopro de ar, mas sua constituição diferente torna essa opinião diferente, mesmo que ela se refira incontestavelmente ao mesmo fenômeno. Conhecer, conclui Protágoras, é, antes de tudo, sentir, avaliar, julgar. Eu julgo esse vento fresco ou eu o julgo quente, segundo minha constituição; eu julgo tal discurso interessante ou insípido, segundo minha constituição; eu julgo tal conhecimento útil ou inútil, segundo minha constituição. Tudo, incluindo o conhecimento, está submetido à avaliação do julgamento. Em *Teeteto*, Platão desenvolve uma longa argumentação para mostrar que a relatividade das sensações não impede que conhecimentos exatos possam se constituir. Estes são "objetivos", ou seja, independentes das sensações. Mas o que é objetivo para Platão são as coisas que não vemos "visualmente", são as ideias. A objeção da medição (por exemplo, a medição da temperatura do ar) não é tratada por ele, pois, para avançar tal argumento, teria sido necessário que Platão dispusesse de um aparelho que só será concebido bem mais tarde, o termômetro.

O julgamento de Bacon

Antes de voltar à Antiguidade com Aristóteles, saltemos alguns séculos para considerar brevemente qual vai ser o julgamento de Francis Bacon sobre essa época da cultura ocidental. Pois, com essa acumulação de teses sobre "a natureza", vemos surgir o que vai se tornar o signo característico da filosofia antiga, que Bacon vai considerar como a marca mais evidente da limitação desse modo de reflexão: as doutrinas dos *physiologoï* se opõem entre si. Elas permanecem no estágio da discussão polêmica sobre os assuntos que são, no panorama dos saberes reais dos gregos, indecidíveis. São "visões do mundo" que fundamentalmente se equivalem, mesmo que seja sempre prazeroso encontrar mais poesia em uma do que em outra. Essas visões tão inspiradas só podem se combater sem jamais conseguir se constituir como um saber verdadeiro. Além disso, se a inspiração se manifesta nessas obras (inspiração, às vezes, grandiosa), a demonstração, em contrapartida, é frequentemente falha, até mesmo inteiramente ausente. Como vai notar Jean Perrin (1927, p. 1):

> Nem Moschus de Sidon, nem Demócrito de Abdera ou seu amigo Leucipo deixaram fragmentos que nos permitem julgar aquilo que, em suas obras, poderia ter algum valor científico. E no belo poema, já bem posterior, em que Lucrécio expôs a doutrina de Epicuro, não encontramos nada que faça compreender que fatos ou pensamentos haviam guiado a intuição grega.

A ideia de que é preciso começar a procurar um princípio das coisas, uma noção geradora de tudo o que se produz na natureza, é contestada por Bacon. E essa contestação se exprime não apenas de forma crítica, mas também de forma positiva, pela classificação dos saberes que ele propõe. Na verdade, ocupar-se de fazer uma classificação das ciências implica renunciar à busca de um princípio, uma ideia originária e, por isso, abandonar a forma antiga de filosofar, para adotar a maneira de pensar que deve ser aquela da filosofia moderna, afirma Bacon. Essa filosofia deve se afastar da ideia de buscar um princípio único das coisas. Ela deve se concentrar em explicações parciais de tal ou qual fenômeno particular. Esta será a afirmação constante de Francis Bacon.

> Todos aqueles que ousaram proclamar a natureza como assunto exaurido para o conhecimento, por convicção, por vezo professoral ou por ostentação, infligiram grande dano tanto à filosofia quanto às ciências. Pois, fazendo valer a sua opinião, concorreram para interromper e extinguir as investigações. Tudo mais que hajam feito não compensa o que nos outros corromperam e fizeram malograr. (Bacon 1999, p. 27)

Se essa crítica se dirige aos *physiologoï*, ela também se dirige a Aristóteles. Talvez ela se dirija prioritariamente a ele, dado que sua influência é preponderante na época de Bacon.

Aristóteles e a ciência

O que contém, então, a obra de Aristóteles para que sejam merecidas as críticas que Bacon lhe dirige? Ou, em outras palavras, como essa obra antiga veio a constituir um obstáculo ao progresso das ciências, ela, a primeira da Antiguidade, que, no entanto, estimulava a investigação paciente da natureza? Quando uma obra se torna um obstáculo, isso se deve a dois motivos que é necessário distinguir: ou motivos intrínsecos, ligados à coerência da doutrina; ou motivos extrínsecos, ligados ao respeito social que ela inspira e que faz com que ela seja vista por toda parte como uma autoridade. No caso da obra de Aristóteles no início da era moderna, esses dois motivos se conjugam. Sua obra, principalmente em matéria de física, possui uma incontestável coerência interna. Mas, em razão de certas circunstâncias que apresentaremos após ter resumido o conteúdo da física de Aristóteles, essa obra adquiriu, além disso, uma autoridade social que reforça ainda o seu crédito.

Aristóteles propôs, na Antiguidade, aquilo que a enciclopédia vai propor no século das luzes: uma tentativa de recapitulação exaustiva de todos os saberes. Ele elabora, notadamente, uma física cuja coerência e força de persuasão é necessário sublinhar. Entender a revolução científica que se instala com Copérnico e a inversão da representação do mundo que se opera nesse momento da história das ideias é primeiramente – Alexandre Koyré e Thomas Kuhn vão insistir nesse ponto – compreender a força persuasiva da física de Aristóteles.[1] É compreender em que medida o sistema do mundo proposto por ele resolvia um número tão grande de enigmas que era considerado indubitavelmente verdadeiro, incontestavelmente exato.

A física de Aristóteles é intuitiva. Ela se apoia sobre a noção de "lugar". Ao nosso redor, delimitamos "lugares": o lugar que ocupamos, as coisas que estão situadas diante de nós, aquelas que estão à esquerda, à direita, acima e abaixo. E vemos que os objetos se comportam de um modo específico conforme os lugares que ocupam. As partículas que compõem a fumaça do incêndio sobem em direção ao céu, assim como as esferas de granizo contidas na nuvem caem sobre o solo. Se nós mesmos, da borda da falésia, damos um passo adiante, nos precipitamos no abismo e não nos projetamos para as nuvens. A rolha de cortiça, colocada no fundo de uma tigela de água, volta à superfície, enquanto o cascalho permanece no fundo. Existem, portanto, "lugares naturais" e cada objeto, de acordo com o seu gênero, tende a buscar o seu próprio lugar natural. Daí decorre uma cosmologia completa. A Terra está no centro do cosmo. Como explicar de

---

1. Ver, principalmente, Koyré 1979, coletânea de conferências proferidas por Koyré em inglês em 1953, e Kuhn 1990.

outra forma que os corpos com peso tendem "naturalmente" a se dirigir em direção ao centro da Terra?

Entretanto, poderíamos objetar que a Lua não cai sobre a Terra, assim como ocorre com o Sol ou os outros astros que a noite, quando iluminada, deixa ver por uma miríade na extensão escura do céu. Como explicar essa situação? Evidentemente, concluiu Aristóteles, não existe uma, mas duas leis no cosmo. Uma lei para o céu marcado pelo movimento circular, pela rotação, pela revolução (no sentido geométrico de retorno periódico à mesma situação, repetição idêntica a si mesma do mesmo movimento); e a lei que nós conhecemos na superfície da Terra, onde tudo é mutável, em virtude da geração e da corrupção, onde tudo aparece para, em seguida, desaparecer. Qual o limite entre as duas físicas? A Lua, precisamente. É ela que define a região onde passamos do mundo supralunar, incorruptível e eterno, ao mundo sublunar, corruptível e em perpétua evolução. Eis o que escreveu Aristóteles (1990) no *Traité du ciel*:

> Os Antigos designavam como residência dos Deuses o Céu, isto é, a região superior, a única imortal. E nossa argumentação confirma que o Céu é incorruptível e inabalável. Além disso, ele é impassível a respeito de qualquer incômodo que afete os mortais, e, ainda, incansável, pelo fato de não sofrer nenhuma necessidade que o constrinja e que o intercepte, impedindo-o de seguir um movimento natural diferente.

A Terra, por sua vez, está situada *necessariamente* no centro do mundo, ela é imóvel e esférica. Como os objetos poderiam se dirigir para outro lugar que não o seu centro? O corpo com peso só pode ir em direção ao centro da Terra, e o centro da Terra só pode ser o centro do mundo inteiro. Além disso, a Terra é imóvel. Afinal, se ela não o fosse, todas as partes solidárias do seu movimento o trairiam, no momento em que a Terra cessasse de estar ligada a essas partes: uma maçã caindo de uma árvore, por exemplo, não cairia em linha reta em direção à Terra, mas seria desviada em seu movimento de queda. Se a macieira estivesse à beira de um lago, seria dentro da água que nós encontraríamos as maçãs. Ora, não constatamos nada disso. As maçãs estão embaixo da árvore. Os corpos com peso caem sobre a Terra como se fossem atraídos pelo seu centro. Consequentemente, a Terra é imóvel e seu centro coincide com o centro do universo.[2]

Esse sistema apresenta um grande inconveniente aos olhos de um físico contemporâneo, porque ele se apoia sobre a divisão do universo em duas regiões, com leis físicas diferentes em cada uma delas: é um universo dotado de duas físicas. Mas ele apresenta também uma imensa vantagem, pois é intuitivamente convincente para um espírito dotado apenas de seus sentidos para julgar. É também destacável que o questionamento desse sistema seja contemporâneo à criação de instrumentos de investigação do céu que permitem potencializar as capacidades visuais naturais do homem: as observações de Copérnico, primeiro, a luneta de Galileu, em seguida. Não é, no entanto, esse defeito que aponta Bacon, mas o de não recorrer à experimentação sistemática.

A escolástica: Aliança da teologia e de Aristóteles

Em boa posição na historiografia lendária da ciência figura o combate com a religião, sobretudo a católica, que vai ter, com o século das luzes, a importância que conhecemos. Entretanto, as questões científicas ocupam um lugar reduzido, senão nulo, na teologia judaico-cristã. Encontramos aqui e ali na *Bíblia*, além da narração da criação do mundo em seis dias, algumas alusões sobre a estrutura do mundo assim criado, mas elas são pouco numerosas e ainda menos explícitas. Lactâncio, preceptor do imperador Constantino, fundamentando-se nessas raras passagens da *Bíblia*, pretende refutar as alegações de filósofos, como Aristóteles, que sustentam que a Terra é esférica. Mais tarde, em meados do século V, um monge da Alexandria chamado Cosmas afirma, também fundamentando-se em passagens bíblicas e, de novo, contra os filósofos, que a Terra é uma superfície plana, duas vezes mais longa que larga, que repousa sobre o fundo plano do universo. Mas nunca essas cosmologias

---

2.   Ver, principalmente, Szczeciniarz 2003.

Filosofia das ciências | 31

vão se tornar a doutrina oficial da Igreja. Santo Agostinho sublinha essa indiferença da Igreja às questões científicas, uma vez que ele escreve em *Enchiridion* (ou *Traité de la foi, de l'espérance et de la charité*):

> Assim, quando a questão a nós colocada é saber no que acreditamos em matéria de religião, não é necessário sondar a natureza das coisas, como fazem aqueles que os Gregos chamam *physiologoï*; não devemos também acreditar que o cristão seja ignorante da força e do número de elementos (o movimento, a ordem, as eclipses dos corpos celestes), da forma do céu, das espécies e da natureza dos animais, das plantas, das pedras, das fontes, dos riachos, das montanhas, da cronologia e das distâncias, dos sinais de proximidade da tempestade ou de milhares de outras coisas que esses filósofos descobriram ou acreditam ter descoberto... É suficiente ao cristão acreditar que a única causa de todas as coisas criadas, celestes ou terrenas, visíveis ou invisíveis, é a bondade do Criador, o único verdadeiro Deus; e que nada existe, exceto Ele, que não deva sua existência a Ele.[3]

Em conformidade com esses princípios, a doutrina de Aristóteles e de Ptolomeu, o principal astrônomo da Antiguidade, será regularmente criticada pelas autoridades eclesiásticas: essa doutrina que se quer expressão da verdade testemunha, na realidade, uma vontade de saber indiscreta, que se desvia dos verdadeiros problemas. Em 1210, um concílio que ocorre em Paris chega a proibir o ensino da física de Aristóteles. Mas as relações entre a teologia católica e a filosofia de Aristóteles vão se inverter inteiramente no curso do século XIII, em grande parte pela intervenção de um monge cuja obra vai ter por objetivo explícito aproximar filosofia e teologia. Esse monge é são Tomás de Aquino (1225-1274). Seu programa consiste em mostrar que o sistema de Aristóteles, longe de ser incompatível com a teologia cristã, pode, ao contrário, ser visto como seu complemento, sua contrapartida mundana. Aristóteles expõe o sistema do mundo sem entrar na questão de saber quem é o seu criador; a teologia se pronuncia sobre o autor do sistema do mundo sem entrar na questão de saber como

---

3. Santo Agostinho, *Enchiridion*, $\simeq$ 420.

ele funciona. São Tomás vê nessa situação uma complementaridade que ele vai se esforçar para sublinhar.

Para Tomás de Aquino, a fé e a razão não podem se contradizer, pois ambas foram criadas por Deus. Ora, a filosofia de Aristóteles é uma obra da razão. Por consequência, ela deve poder se conciliar com a *Bíblia*. Longe da ideia de uma ruptura entre a fé e o estudo da natureza (como sustentava, por exemplo, são Boaventura, afirmando que "a fé começa bem onde a filosofia termina"), são Tomás desenvolve a ideia segundo a qual "a filosofia deve ser a criada da teologia". A filosofia permite, segundo ele, entender de maneira racional as verdades da fé que, ainda que inacessíveis por si mesmas à razão, não lhe são contrárias. Há uma hierarquia entre a filosofia e a teologia. A segunda está acima da primeira. Entretanto, a primeira pode servir de via de acesso à segunda (Tonquedec 1950). Assim, para são Tomás, o ensino de Aristóteles deve estar plenamente integrado à teologia: a Terra está imóvel no centro do mundo e é esférica, pois é assim que Deus a dispôs. Portanto, Aristóteles em nada é incompatível com os ensinamentos da escritura.

Essa aliança da teologia e da filosofia de Aristóteles é responsável por boa parte do caráter polêmico que vai tomar, aos olhos da religião, o pensamento científico alguns séculos mais tarde. Com efeito, aos sábios que, como Nicolau Copérnico, Giordano Bruno ou Galileu Galilei, vão propor "sistemas do mundo" que contradizem o sistema de Aristóteles, a Igreja vai estimar ter de responder, assim como ela responde aos hereges, mesmo que o elemento teórico que ela defenda (o sistema de Aristóteles) seja, na origem, inteiramente estranho à sua própria doutrina.

A classificação das ciências de Francis Bacon

Desde o início do século XVII, Francis Bacon (1561-1626) busca substituir à filosofia de Aristóteles uma filosofia fundada sobre a experimentação, e é, na verdade, toda a autoridade de Aristóteles preservada pela ancoragem teológica advinda de são Tomás que ele ataca. Daí as fórmulas cortantes que ele escrupulosamente lança contra

Aristóteles ao longo de múltiplas reescrituras que ele faz de suas próprias obras: "Os gregos, com efeito, possuem o que é próprio das crianças: estão sempre prontos para tagarelar, mas são incapazes de gerar, pois, a sua sabedoria é farta em palavras, mas estéril de obras" (Bacon 1999, p. 57).

Uma das preocupações constantes de Francis Bacon será estabelecer, como nós dizíamos acima, uma classificação dos saberes.[4] Orientar-se no pensamento: essa é a primeira exigência que faz nascer um saber que se torna abundante. E, para se orientar, o mais eficaz é dispor de um mapa. É um mapa desse tipo que pensa elaborar Francis Bacon: "pequeno globo do mundo intelectual".

Classificar os saberes implica estender sobre eles o olhar daquele que os domina e os possui: "já que o globo intelectual é semelhante ao terrestre: nele encontramos tanto terras cultivadas quanto regiões desérticas". Trata-se, então, de considerar os saberes como terras a conquistar, o que implica uma reelaboração da apresentação dos saberes, tal como havia sido concebida por Aristóteles, e a elaboração de uma classificação inédita.

A obra de Francis Bacon *Instauratio Magna* (*A grande instauração*), publicada em 1620, tem a ambição de inaugurar uma nova era, começando por essa classificação. É a grande obra de Bacon. Parece que ele a elaborou durante cerca de 40 anos. E, no entanto, a parte publicada dessa obra está longe de corresponder ao que Bacon tinha projetado. Ela devia, de acordo com os seus planos, compor-se das seis partes seguintes: "A revisão das ciências, o novo método, a compilação dos fatos e das observações, a arte de aplicar o método aos fatos compilados, os resultados provisórios do método, os resultados definitivos ou segunda filosofia". Dessas, apenas três foram realizadas.

A primeira parte, *De dignitate et augmentis scientiarum*, contém a classificação das ciências de Bacon. Ela é resumida em um quadro que mostra o conjunto dos saberes de uma maneira ordenada. É esse quadro que, mais de um século depois, em 1751, vai ser exibido com

---

4. Como destaca Chantal Jaquet, Bacon não emprega ele próprio a expressão "classificação das ciências", mas aquela de "partilha do saber". No interior dessas partilhas interveem novas divisões: ver Jaquet 2010.

pequenas modificações na abertura do projeto enciclopédico de Diderot e D'Alembert. Esse quadro também vai inspirar Melvil Dewey (1851-1931), ajudando-lhe definitivamente com a notação decimal que ele elabora e que está atualmente em vigor em todas as bibliotecas do mundo.

Francis Bacon classifica as ciências de acordo com as faculdades do homem: o saber é estruturado como o entendimento humano (uma ideia que reencontraremos em Auguste Comte, entre outros). Para estabelecer essa classificação, Bacon opera sucessivas divisões. Na base da classificação, encontramos três grandes divisões que correspondem a três grandes operações do pensamento: memória, imaginação, razão. A cada uma dessas faculdades correspondem domínios de saber: a história para a memória, a poesia para a imaginação, as diversas ciências sob a rubrica geral da razão. Por sua vez, cada uma dessas grandes categorias é dividida em subcategorias.

No "Prospecto" da *Enciclopédia,* lemos o seguinte:

O objetivo de uma enciclopédia é o de reunir os conhecimentos dispersos sobre a superfície da Terra, expor o seu sistema geral aos homens com os quais vivemos, para que nossos descendentes, tornando-se mais instruídos, tornem-se, ao mesmo tempo, mais virtuosos e felizes, para que não tenhamos que morrer sem ter merecido pertencer ao gênero humano. (Diderot e D'Alembert 1989, p. 150)

E, a respeito da classificação adotada:

Podemos dividir a ciência geral em ciência das coisas e ciência dos signos, em ciência dos concretos ou ciência dos abstratos. As duas categorias mais gerais, a arte e a natureza, oferecem também uma bela e grande distribuição. Encontraremos outras na distinção do físico e do moral; do existente e do possível; do material e do espiritual; do real e do inteligível. (...) É, portanto, impossível extinguir o arbitrário dessa primeira grande distribuição. (*Ibid.*, p. 151)

Com essa classificação dos saberes, tão incompleta quanto possa parecer, afirma-se uma tendência da filosofia das ciências que se coloca em posição de observador em relação às ciências prestes a se constituir. No próximo capítulo, vamos seguir o desenvolvimento de outra tendência do mesmo período, a da filosofia do conhecimento, inaugurada pelos trabalhos de Hume.

Figura 1: Sistema figurado dos conhecimentos humanos – Entendimento

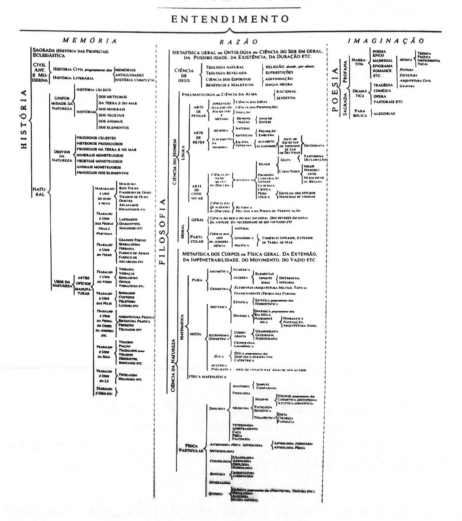

Fonte: Diderot e D'Alembert 1989.

TRECHO

Teeteto, de Platão

VIII – *Sócrates* – Volta, pois, para o começo, Teeteto, e procura explicar o que é conhecimento. Não me digas que não podes; querendo Deus e dando-te coragem, poderás.

Teeteto – Realmente, Sócrates, exortando-me como o fazes, fora vergonhoso não esforçar-me para dizer com franqueza o que penso. Parece-me, pois, que quem sabe alguma coisa sente o que sabe. Assim, o que se me afigura neste momento é que conhecimento não é mais do que sensação.

Sócrates – Bela e corajosa resposta, menino. É assim que devemos externar o pensamento. Porém examinemos juntos se se trata, realmente, de um feto viável ou de simples aparência. Conhecimento, disseste, é sensação?

Teeteto – Sim.

Sócrates – Talvez tua definição de conhecimento tenha algum valor; é a definição de Protágoras; por outras palavras ele dizia a mesma coisa. Afirmava que o homem é a medida de todas as coisas, da existência das que existem e da não existência das que não existem. Decerto já leste isso?

Teeteto – Sim, mais de uma vez.

Sócrates – Não quererá ele, então, dizer que as coisas são para mim conforme me aparecem, como serão para ti segundo te aparecerem? Pois eu e tu somos homens.

Teeteto – É isso, precisamente, o que ele diz.

Sócrates – Ora, é de presumir que um sábio não fale aereamente. Acompanhemo-lo, pois. Por vezes não acontece, sob a ação do mesmo vento, um de nós sentir frio e o outro não? Um ao de leve, e o outro intensamente?

Teeteto – Exato.

Sócrates – Nesse caso, como diremos que seja o vento em si mesmo: frio ou não frio? Ou teremos de admitir com Protágoras que ele é frio para o que sentiu arrepios e não o é para o outro?

Teeteto – Parece que sim.

Filosofia das ciências | 37

Sócrates – Não é dessa maneira que ele aparece a um e a outro?

Teeteto— É.

Sócrates – Ora, este aparecer não é o mesmo que ser percebido?

Teeteto – Perfeitamente.

Sócrates – Logo, aparência e sensação se eqüivalem com relação ao calor e às coisas do mesmo gênero; tal como cada um as sente, é como elas talvez sejam para essa pessoa.

Teeteto – Talvez.

Sócrates – A sensação é sempre sensação do que existe, não podendo, pois, ser ilusória, visto ser conhecimento.

Teeteto – Parece que sim.

Sócrates – Então, em nome das Graças, não teria Protágoras, esse poço de sabedoria, falado por enigmas para a multidão sem número, na qual nos incluímos, porém dito em segredo a verdade para seus discípulos?

Teeteto – Que queres dizer com isso, Sócrates?

Sócrates – Vou explicar-me, e não será argumento sem valor, a saber: que nenhuma coisa é uma em si mesma e que não há o que possas denominar com acerto ou dizer como é constituída. Se a qualificares como grande, ela parecerá também pequena; se pesada, leve, e assim em tudo o mais, de forma que nada é uno, ou algo determinado ou como quer que seja. Da translação das coisas, do movimento e da mistura de umas com as outras é que se forma tudo o que dizemos existir, sem usarmos a expressão correta, pois a rigor nada é ou existe, tudo devém. Sobre isso, com exceção de Parmênides, todos os sábios, por ordem cronológica, estão de acordo: Protágoras, Heráclito e Empédocles, e, entre os poetas, os pontos mais altos dos dois gêneros de poesia: Epicarmo na comédia e Homero na tragédia. Quando este se refere ao pai de todos os deuses eternos, o Oceano e a mãe Tétis, dá a entender que todas as coisas se originam do fluxo e do movimento. Não achas que é isso mesmo o que ele quer dizer?

Teeteto – É também o que eu penso.

IX – *Sócrates* – E quem se atreveria a lutar contra um exército tão forte e um general como Homero, sem cair no ridículo?

Teeteto – Não fora fácil, Sócrates.

Sócrates – Realmente, Teeteto; tanto mais que há outras provas, como reforço para o argumento de que o movimento é a causa de tudo o que devém e parece existir, e o repouso a do não-ser e da destruição. De fato, o calor e o fogo que geram e coordenam todas as coisas, são gerados, por sua vez, pela translação e pela fricção, que também consistem em movimento. Não é essa a origem do fogo?

Teeteto – Justamente.

Sócrates – De resto, daí, também, procede a geração dos seres vivos.

Teeteto – Como não?

Sócrates – E agora? A constituição do corpo não se deteriora com o repouso e a preguiça e não se conserva admiravelmente bem com a ginástica e o movimento?

Teeteto – Certo.

Sócrates – E o que se passa com a alma? Não é pelo estudo e o exercício, que também são movimento, que ela adquire conhecimentos, conserva-os e se torna melhor, ao passo que com o repouso, a ouso, a saber, por falta de exercício e aplicação, ou nada aprende ou esquece o que aprendeu.

Teeteto – Perfeitamente.

Sócrates – Donde se colhe que um é bom para o corpo, e o outro, o contrário disso.

Teeteto – Parece.

Sócrates – Lembrarei, ainda, as calmas e as bonanças e outros estados parecidos, para mostrar que o repouso estraga e destrói, e o seu contrário conserva. Para arrematar, a última pedra te obrigará a confessar que por Cadeia áurea Homero outra coisa não entende senão o próprio sol, querendo significar com isso que enquanto a esfera celeste e o sol se movem, tudo existe e se conserva, tanto entre os deuses como entre os homens, e que se chegassem a imobilizar-se como que acorrentados, tudo se estragaria, vindo a ficar, como se diz, de pernas para cima.

Teeteto – Quer parecer-me, Sócrates, que interpretaste muito bem o seu pensamento.

X – *Sócrates* – Considera o assunto, meu caro, do seguinte modo: inicialmente, com relação à vista, o que denominas cor branca não é algo com existência própria, nem fora de teus olhos nem dentro de teus olhos,

Filosofia das ciências | 39

nem em qualquer outro local que lhe assinalares, pois se assim fosse, ela existiria num determinado lugar, em caráter estável, deixando, por conseguinte, de formar-se.

Teeteto – De que jeito?

Sócrates – Acompanhemos o argumento apresentado há pouco, de que nada podemos admitir como existente em si mesmo. Desse modo, se tornará evidente que o branco e o preto e as demais cores resultam do encontro dos olhos com o movimento particular de cada uma e que a cor designada por nós como existente não é nem o que atinge o sentiente nem o que é atingido, porém algo intermediário e peculiar a cada indivíduo. Ou poderás afirmar que cada cor aparece para ti exatamente como o faz para um cão ou para qualquer outro animal?

Teeteto – Não, por Zeus!

Sócrates – E então? Ou que para qualquer pessoa as coisas apareçam exatamente como para ti? Estás convencido disso, ou será mais certo dizer que elas nunca te aparecem do mesmo modo, pelo fato de nunca permaneceres igual a ti mesmo?

Teeteto – Esta última assertiva se me afigura mais correta do que a primeira.

Sócrates – Logo, se aquilo com que medimos ou o que tocamos fosse grande, branco ou quente, nunca se mudaria ao entrar em contacto com outra coisa, se não sofresse também alguma alteração. Por outro lado, se o que se mede ou se toca fosse como admitimos, jamais, também, se alteraria à aproximação ou sob a influência de outra coisa, se não viesse, igualmente, a modificar-se. Daí, amigo, termos sido levados a afirmar coisas estranhas e ridículas, como o faria Protágoras e os mais adeptos de sua doutrina.

Fonte: Platão 2001, pp. 49-53.

Sugestões de leitura

Não poderíamos construir uma reflexão sobre o pensamento antigo de melhor maneira do que com a leitura do ótimo livro de Pierre Hadot intitulado *O que é a filosofia antiga?*. Não se trata unicamente de ciência, mas do conjunto da concepção da filosofia na Antiguidade. Podemos avançar, aproximando-nos das problemáticas relativas ao conhecimento do mundo, lendo a obra de Geoffrey Lloyd, *Origine et développement de la science grecque*. Mesmo se encontramos inúmeros recenseamentos sintéticos da cosmologia de Aristóteles, a leitura de seu *Traité du ciel* ainda é a melhor apresentação. Podemos aprofundar a reflexão sobre a ciência medieval com a leitura de *Le Moyen Âge et la science: Approche de quelques disciplines et personnalités scientifiques médiévales*, sob a direção de Bernard Ribémont (Klincksieck, 1988). As obras de Francis Bacon, e notadamente seu *Novum Organum*, constituem uma fonte indispensável para perceber a importância do que chamamos "revolução científica", tal como concebida e vivida por seus contemporâneos.

Bibliografia

ALQUIÉ, F. (2002). *La philosophie des sciences*. Paris: La Table Ronde.

AMPÈRE, A.-M. (1834). *Essai sur la philosophie des sciences: Exposition analytique d'une classification naturelle de toutes les connaissances humaines*. Paris : Mallet-Bachelier. [Disponível na internet: http://archive. org/stream/essaisurlaphilo03ampgoog#page/n8/mode/2up, acesso em 7/4/2013.]

ARISTÓTELES (1990). *Traité du ciel: Traité pseudo-aristotélicien du monde*. Paris: Vrin.

_____ (2005). *Organon*. Tradução, textos adicionais e notas de Edson Bini. Bauru: Edipro.

BACON, F. (1999). *Novum Organum*. São Paulo: Nova Cultural.

BRUNSCHWIG, J. e LLOYD, G.E.R. (orgs.) (1996). *Le savoir grec: Dictionnaire critique*. Paris: Flammarion.

DIDEROT, D. e D'ALEMBERT, J.R. (1989). *Enciclopédia ou Dicionário raciocinado das ciências, das artes e dos ofícios*. São Paulo: Ed. da Unesp.

DUMONT, J.-P.; DELATTRE, D. e POIRIER, J.-L. (1988). *Les Présocratiques.* Paris: Gallimard.

FOLSCHEID, D. (2004). *As grandes datas da filosofia antiga e medieval.* Mem Martins: Europa-América.

HEIDEGGER, M. (1992). *Que é uma coisa? Doutrina de Kant dos princípios transcendentais.* Rio de Janeiro: Edições 70.

JAQUET, C. (2010). *Bacon et la promotion des savoirs.* Paris: PUF.

KOYRÉ, A. (1979). *Do mundo fechado ao universo infinito.* Rio de Janeiro: Forense-Universitária; São Paulo: Edusp.

KUHN, T. (1990). *A revolução copernicana.* Rio de Janeiro: Edições 70.

LLOYD, G.E.R. (1974). *Origine et développement de la science grecque: De Thalès à Aristote.* Paris: Maspero.

MEYERSON, E. (1908). *Identité et réalité.* Paris: Félix Alcan. [Disponível na internet: http://archive.org/stream/identitetralit01meyegoog#page/n6/mode/2up, acesso em 7/4/2013.]

PERRIN, J. (1927). *Les atomes.* Paris: Alcan.

PLATÃO (2001). *Teeteto.* Trad. Carlos Alberto Nunes. Belém: EdUFPA.

SZCZECINIARZ, J-J. (2003). *La terre immobile: Aristote, Ptolémée, Husserl.* Paris: PUF.

TONQUEDEC, J. de (1950). *Questions de cosmologie et de physique chez Aristote et Saint Thomas d'Aquin: Le système du monde, les théories de la lumière et de la couleur, la théorie de la mesure.* Paris: Vrin.

2. A ciência moderna

Matematização e experimentação

Bacon surge como aquele que anuncia uma nova relação do saber com a natureza e como o propagandista de uma ciência nova. Entretanto, um historiador das ciências tão informado quanto Alexandre Koyré negaria que Francis Bacon tivesse sido o "pai do método científico". Conta-se que ele até se enfurecia por ouvir repetir esse erro (assim era aos seus olhos), como se fosse uma evidência. Ele chega mesmo a reprovar Bacon por "nada ter compreendido da ciência". Severo julgamento para aquele que, de Voltaire a Ian Hacking (outro filósofo das ciências), é apresentado como o investigador da ciência moderna.

O que explica que a mesma obra seja objeto de julgamentos tão contrastantes? Por que autores tão importantes como Alexandre Koyré negam a Bacon esse lugar eminente na história da reflexão sobre os saberes científicos, enquanto outros como Ian Hacking lhe atribuem esse posto tão prontamente? Essa é tipicamente uma questão de hermenêutica cultural: trata-se de julgar aquilo que, no desenvolvimento de uma cultura, pôde ter importância, pôde ser decisivo. Para Koyré, o que é decisivo para o desenvolvimento das ciências é a matematização do mundo, o fato de se compreender as leis de movimento dos corpos materiais com base em regras simples e idênticas para todas as partes do universo, exprimíveis em

Filosofia das ciências | 43

equações matemáticas. Pitágoras e Platão são, aos seus olhos, inspiradores distantes da ciência moderna. Não é, portanto, difícil entender por que, segundo ele, Bacon nada compreendeu da ciência. Aristóteles, com efeito, não é o único contra quem Bacon aplica o tratamento abrasivo de sua verve cáustica. Vejamos de que maneira ele julga a obra de Pitágoras:

> Mas a corrupção da filosofia, advinda da superstição e da mescla com a teologia, vai muito além e causa danos tanto aos sistemas inteiros da filosofia quanto às suas partes, pois o intelecto humano não está menos exposto às impressões da fantasia que às das noções vulgares. A filosofia sofistica, afeita que é às disputas, aprisiona o intelecto, mas esta outra, fantasiosa e inflada, e quase poética, perde-o muito mais com suas lisonjas. Pois há no homem uma ambição intelectual que não é menor que a ambição da vontade. Isso acontece, sobretudo, nos espíritos preclaros e elevados. Na Grécia, encontram-se exemplos típicos de tais filosofias, sendo o caso, antes dos demais, de Pitágoras, onde aparecem aliadas a uma superstição tosca e grosseira. Mais perigoso e sutil é o exemplo de Platão e sua escola. (Bacon 1999, p. 51)

Para Hacking, o que é decisivo na ciência não é a matematização, mas a experimentação. É o fato de observar o funcionamento do mundo que nos rodeia de forma rigorosa, provocando, quando necessário, essas observações por meio de dispositivos experimentais destinados a interrogar a natureza acerca de um ponto particular de seu funcionamento. Essa divergência entre dois comentadores da ciência é instrutiva, pois, por meio dela, vemos se manifestar duas concepções da ciência moderna: a concepção matemática e a concepção experimental. Para os primeiros, a essência do procedimento científico está resumida na fórmula de Galileu: "o livro do mundo está escrito em língua matemática". A atividade científica consiste, então, em mostrar concretamente como essa matematização pode ser realizada. Entre aqueles que se voltam para essa interpretação (além de Alexandre Koyré), encontramos notadamente o filósofo Edmund Husserl. Ele explica, em *A crise das ciências europeias e a fenomenologia transcendental*, que as ciências introduziram na cultura ocidental uma forma de pensar inteiramente original e inassimilável pelo restante da cultura humanística. Por que inassimilável? Porque está fundada sobre uma concepção matemática do mundo. Assim, introduz uma divisão na cultura. O pensamento científico teria a particularidade de conduzir todos os problemas a cálculos, começando pelos mais simples e se estendendo progressivamente rumo a problemas sempre mais complexos, mas sem nunca perder de vista que seu objetivo é de compreender o mundo com a clareza operatória das matemáticas.

Essa concepção da ciência é frequentemente vista com bons olhos pelos físicos, cuja disciplina é fortemente matematizada. Mas a física não resume sozinha todas as ciências da natureza. Para outras disciplinas, notadamente a biologia, o que é determinante na cultura científica não é a matematização, mas a experimentação (como sublinha Hacking). Os representantes de cada uma dessas duas interpretações vão ter sua própria versão da história das ciências, com sua maneira própria de destacar certos episódios. Ocorre que ao mesmo personagem é confiado um papel decisivo em uma e outra das interpretações, mas por razões diferentes. Assim, o personagem Galileu é certamente o autor da famosa fórmula de que lembramos há pouco e que se encontra em *O ensaiador* (1623):

> A filosofia encontra-se escrita neste grande livro que continuamente se abre perante nossos olhos (isto é, o universo), que não se pode compreender antes de entender a língua e conhecer os caracteres com os quais está escrito. Ele está escrito em língua matemática, os caracteres são triângulos, circunferências e outras figuras geométricas, sem cujos meios é impossível entender humanamente as palavras; sem eles nós vagamos perdidos dentro de um obscuro labirinto. (Galileu 1999, p. 46)

Mas ele é igualmente uma figura central da historiografia experimental. É ele quem realiza as primeiras experiências sobre a queda dos corpos na Torre de Pisa. É ele quem, como vai escrever Kant (1999, p. 37) no prefácio à segunda edição da *Crítica da razão pura*, "faz rolar bolas de madeira sobre um plano inclinado" a fim de deduzir algumas leis do movimento dos corpos:

Quando Galileu deixou as suas esferas rolar sobre o plano inclinado com um peso por ele mesmo escolhido, ou quando *Torricelli* deixou o ar carregar um peso de antemão pensado como igual o de uma coluna de água, conhecida por ele, ou quando ainda mais tarde *Stahal* transformou metais em cal e esta de novo em metal retirando-lhes ou restituindo-lhes algo: assim acendeu-se uma luz para todos os pesquisadores da natureza. Compreenderam que a razão só discerne o que ela mesmo produz segundo seu projeto, que ela tem de ir à frente com princípios dos seus juízos segundo leis constantes e obrigar a natureza a responder às suas perguntas, mas sem ter de deixar-se conduzir somente por ela como se estivesse presa a um laço; pois do contrário observações casuais, feitas sem um plano previamente projetado, não se interconectariam numa lei necessária, coisa que a razão todavia procura e necessita.

Galileu é então teórico ou experimental? Ele pode ser visto como um ou como outro.[1] E essas serão, com efeito, as duas principais figuras da obra de Galileu indicadas pela hermenêutica cultural, que quase sempre coloca em destaque uma ou outra.

Ian Hacking vai insistir sobre a importância de, segundo ele, operar um "retorno a Bacon", ou seja, reinstalar Bacon no centro da concepção científica. É, evidentemente, a figura de Galileu experimental que ele retém. Em seu livro *Concevoir et expérimenter*, ele afirma que a história das ciências foi indevidamente concebida como uma história teórica, ao passo que ela é, na verdade, história da realização prática de dispositivos engenhosos que permitem obter, sobre tal ou qual fenômeno natural, informações preciosas que conduzem, na sequência, a uma certa representação desse fenômeno. A consequência desse "retorno a Bacon" é que Galileu é visto menos como o continuador moderno de Pitágoras e de Platão do que como o êmulo do engenhoso Arquimedes. Atrás da erudição dos comentadores se opõem duas concepções muito diferentes de ciência. Nós encontramos essas duas grandes tendências nos próprios cientistas contemporâneos ("há diversos estilos nas ciências", dizia François Jacob,

---

1.   Ver a esse respeito: Chareix 2002.

fazendo alusão precisamente a essas formas diversas com que os cientistas se engajam em sua própria atividade). Portanto, não se trata unicamente de tendências próprias aos intérpretes da ciência.

O termômetro de Boyle

Vimos antes como Platão tentava demonstrar a existência de um saber objetivo, independente das sensações individuais de uns e outros. Sua argumentação sobre esse ponto e sobre todos os outros é puramente verbal. Às argúcias dos sofistas (que, lembramo-nos, pretendiam mostrar que o vento não era nem quente nem frio) Robert Boyle (1627-1691) vai opor um simples instrumento: o termômetro. Eis um aparelho fundado sobre uma propriedade física simples, conhecida na época somente de modo empírico, que permite atribuir a cada grau de calor da atmosfera um certo valor numérico. Portanto, as impressões individuais escondem bem um fato, nesse caso a temperatura do ar. Evidentemente que "João" pode sentir frio, enquanto "José" sente calor. Mas, atrás dessas impressões que chamaremos "subjetivas" se situam fatos "objetivos". O ar tem, de fato, uma temperatura. Que me pareça calor ou frio é outra questão, que depende de meu estado, de minha sensibilidade etc. Com o termômetro, instrumento de medida, o calor e o frio entram na esfera do objetivo. O termômetro constitui, portanto, um primeiro instrumento de objetivação do ambiente atmosférico.

Um segundo instrumento virá completá-lo: um aparelho capaz de medir a pressão do ar. Desejando construir um chafariz, em geral utilizamos um reservatório no fundo do qual acoplamos um cano. A água contida no reservatório pode jorrar do cano mesmo quando sua embocadura se situa muito acima do reservatório. Para isso é preciso dobrar o cano sobre si mesmo e provocar uma "explosão" da circulação do líquido (como fazemos para retirar o combustível do reservatório de um automóvel por meio de um sifão). Entretanto, alguns especialistas de Florença constataram que a astúcia em fazer subir a água dentro da tubulação parecia ter um limite, pois, curiosamente, acima de certa altura, a água dentro do cano parecia preguiçosa, recusando-se a subir acima de uma dezena de metros. Era como se algo indicasse a essa água do cano que um limite que não podia ser ultrapassado acabava de ser atingido. Tendo a experiência sido múltiplas vezes repetida, e o mesmo resultado tantas vezes constatado, decidiu-se submeter o problema ao maior sábio da época: Galileu. Um de seus discípulos, Tomaso Torricelli, resolveu o problema posto pelos especialistas em fontes de Florença, utilizando um líquido cuja massa volumétrica é muito maior do que a da água, o mercúrio (sua massa volumétrica é mais do que 13 vezes superior àquela da água, ou seja, 13,6 kg/l contra 1 kg/l). Como sabemos, o mercúrio é líquido à temperatura ambiente. Portanto, ele pode, assim como a água, propagar-se em tubulações. Torricelli vai mostrar que, do mesmo modo que água, o mercúrio interrompe sua progressão nos tubos ligados ao fundo de um reservatório a partir de uma certa altura. O dispositivo sobre o qual ele vai fazer essa demonstração, mais maleável do que aquele sobre o qual trabalhavam os especialistas em fontes de Florença, vai permitir mostrar que, acima da coluna de mercúrio, estende-se um espaço vazio – Torricelli não utiliza um tubo curvo, mas sim fechado na extremidade.

Pascal, mais tarde, vai mostrar que a altura atingida pelo mercúrio no tubo varia com a altitude. A pressão do ar depende da altitude. Se, além disso, comprimimos um volume de ar, sua pressão aumenta. Se o volume é dividido por dois, a pressão é duplicada, o que Robert Boyle exprime sob a forma de uma lei: $P_1 \times V_1 = P_2 \times V_2$ (conhecida como Lei de *Boyle-Mariotte*, pois Mariotte fez na França a mesma observação). O produto da pressão pelo volume é invariável: se um aumenta, o outro diminui, de modo que o produto dos dois permanece idêntico. É possível exprimir essa lei em uma equação. O livro do mundo parece mesmo estar escrito em caracteres matemáticos, ao menos algumas de suas partes.

Eis que, portanto, graças aos especialistas em fontes de Florença, que buscavam resolver um problema puramente técnico, dispomos de uma segunda indicação objetiva sobre a atmosfera. Não apenas a temperatura do ar, mas também sua pressão. Um dado volume de ar pode, portanto, ser caracterizado por dois parâmetros: sua temperatura e sua pressão. Mas, além disso, esses dois parâmetros não são independentes entre si. Avogadro (1776-1856) vai mostrar, bem mais tarde, que a temperatura de um gás é proporcional à sua pressão. Nova equação: $PV = nRT$ (fórmula na qual P e V são, respectivamente, a pressão e o volume do gás considerado; T, sua temperatura; R, a constante dos gases perfeitos; e n, o número de mols de gás, grandeza que traduz o número de átomos ou de moléculas do gás). Com efeito, o produto da pressão pelo volume é invariável, mas, em uma temperatura dada. E a relação entre a pressão e a temperatura pode ser exprimida, de maneira simples, mais uma vez por uma fórmula matemática. A matematização do mundo de que falava Galileu não concerne apenas ao movimento dos planetas. Ela se estende a muitos outros aspectos da ciência.

Na origem dessa nova concepção da natureza que mistura experimentação e matematização, encontramos três grandes contribuições: de Copérnico, Galileu e Newton (nós as chamamos de "a tríade clássica"), cujos trabalhos apresentaremos brevemente.

Nicolau Copérnico: A inversão do mundo

Nicolau Copérnico nasceu em 1473 na Polônia. Ele era cônego, médico e astrônomo. Em seu livro *Da revolução das órbitas celestes,* publicado em 1543, ano de sua morte, ele apresenta uma teoria heliocêntrica do sistema solar, segundo a qual a Terra, no sistema a que pertence, gravita em torno do Sol, e não o inverso. Essa teoria inverte o sistema de Aristóteles, que propunha, como vimos, que a Terra estava situada no centro do universo e que todos os astros conhecidos gravitavam em seu redor. Fala-se, a propósito da teoria de Copérnico, de "revolução copernicana", a qual oferece um modelo de mudança de ponto de vista radical e, ao mesmo tempo, localiza-se historicamente no momento do nascimento da ciência moderna. Dessa forma, a obra de Copérnico marca tanto simbolicamente quanto conceitualmente uma ruptura com a tradição antiga. É certamente uma das razões pelas quais ela foi e continua a ser abundantemente comentada. Depois da morte de Copérnico, sua obra se torna objeto de polêmica. Giordano Bruno sustenta o sistema de Copérnico, assim como mais tarde vai fazer Galileu.

Galileu Galilei: As bolas de madeira e o livro do mundo

Galileu Galilei é um físico italiano nascido em 1564 e morto em 1642. Ele defende o sistema de Copérnico – notadamente em seu livro *Diálogo sobre os dois máximos sistemas do mundo*. Ele se choca com as críticas dos teólogos que vão acabar por lhe lançar um processo, ao final do qual ele será obrigado a abjurar de suas opiniões copernicanas. É o episódio que relata Bertold Brecht na peça *Vida de Galileu*. Um dos primeiros sucessos de Galileu consistiu em mostrar que Aristóteles se enganava quando afirmava que a velocidade de queda de um corpo é proporcional a seu peso. Por volta de 1604, Galileu formula uma primeira lei da queda dos corpos, que ele busca demonstrar experimentalmente. Temos aqui um exemplo de previsão teórica formulada com base em uma equação matemática que dava lugar, em seguida, a uma experimentação realizada com o objetivo de controle da hipótese. É esse procedimento que Claude Bernard vai descrever em detalhe, pouco mais de dois séculos depois, em um livro que apresentaremos mais adiante.

Em 1609, Galileu desenvolve um telescópio inspirando-se em realizações holandesas. Ele observa o céu noturno com esse aparelho, que permitia um aumento da ordem de 20 vezes, aproximadamente (o que, para a época, constituía uma conquista). Graças a esse equipamento, ele descobre quatro satélites de Júpiter e publica sua descoberta em 1610 no livro *A mensagem das estrelas*. Suas observações acabam por convencê-lo de que era correto o sistema de Copérnico, contra o qual seria publicado um decreto em 1616. Entretanto, o papa Urbano VIII, amigo de Galileu, mostra-se interessado pelos argumentos de Copérnico. Em 1623, ele pede a Galileu que os apresente em um livro que também vai tratar, de modo

50 | Papirus Editora

equitativo, do sistema de Aristóteles e dos argumentos a seu favor. Galileu publica em 1632 seus *Diálogos sobre os dois máximos sistemas do mundo*. Mas o livro vai aparecer como um arrazoado a favor de Copérnico. Galileu é obrigado a se explicar. A Inquisição dirige-lhe um processo. Ele é preso. Ameaçado pelo mesmo destino de Giordano Bruno, queimado em Roma em 1600, ele vai preferir abjurar publicamente. A seguir, a narração desses acontecimentos de Pierre-Simon Laplace, presente em seu livro *Exposition du sistème du monde*, de 1797:

Um feliz acaso acabava de resultar no mais maravilhoso instrumento que a indústria humana tinha descoberto e que, dando às observações astronômicas uma extensão e uma precisão inesperadas, fez com que se percebessem nos céus novas particularidades e novos mundos. Galileu, mal tivera conhecimento dos primeiros ensaios sobre o telescópio, já buscava aperfeiçoá-lo. Dirigindo-o aos astros, ele descobriu os quatro satélites de Júpiter, que lhe mostraram uma nova analogia da Terra com os planetas; ele reconheceu, em seguida, as fases de Vênus, e, a partir de então, ele não mais duvidara de seu movimento em torno do Sol. A Via Láctea oferecia-lhe um número infinito de pequenas estrelas que a irradiação confunde, a olho nu, em uma luz branca e contínua; os pontos luminosos que ele percebeu para além da linha que separa a parte iluminada da parte escura da Lua fizeram-lhe conhecer a existência e a altura dessas montanhas. Enfim, ele observou as manchas e a rotação do Sol, e as aparências singulares provocadas pelo anel de Saturno. Publicando suas descobertas, ele fez ver que elas demonstravam o movimento da Terra; mas o pensamento desse movimento foi declarado contrário aos dogmas religiosos por uma congregação de cardiais, e Galileu, seu mais célebre defensor na Itália, foi citado no tribunal da Inquisição e forçado a se retratar para escapar a uma prisão rigorosa.

Uma das mais fortes paixões no homem espirituoso é o amor à verdade. Cheio do entusiasmo que uma grande descoberta inspira, ele ferve para retomá-la, e os obstáculos, que a ignorância e a superstição armadas de poder lhes opõem, servem para irritá-lo e roubar sua energia. Por sinal, tratava-se de uma verdade que para nós é da maior relevância pelo lugar que ela atribui ao globo que habitamos. Se ele, com efeito, está imóvel no meio do universo, o homem tem o direito de se ver como o principal objeto dos cuidados da natureza: todas as opiniões fundadas sobre essa prerrogativa merecem o seu exame; ele pode procurar descobrir pela razão as relações que os astros têm com seu destino. Mas, se a Terra é apenas um dos planetas que circulam em torno do Sol, ela, já pequena no sistema solar, desaparece inteiramente na imensidão dos céus de que esse sistema, tão vasto quanto nos parece ser, é somente uma parte insensível. Galileu, cada vez mais convencido do movimento da Terra por suas observações, meditou por muito tempo sobre uma nova obra na qual ele se proporia a desenvolver as provas. Mas, para se livrar da perseguição de que ele fora vítima, ele imaginou apresentá-las sob a forma de diálogos entre três interlocutores, dos quais um defendia o sistema de Copérnico, combatido por um peripatético. Sentimos que toda a vantagem permanecia para o defensor desse sistema; mas Galileu, nada pronunciando sobre eles, e fazendo valer tanto quanto possível as objeções dos partidários de Ptolomeu, conseguiu fruir da tranquilidade que lhe traziam seus trabalhos e sua idade avançada. O sucesso desses diálogos e a maneira triunfante pela qual resolveram todas as dificuldades contra o movimento da Terra despertaram a Inquisição. Galileu, aos setenta anos de idade, fora de novo citado por esse tribunal. A proteção do Grão-Duque da Toscana não pôde impedir seu comparecimento. Preso, exigiu-se dele uma segunda negação de seus sentimentos, com ameaça da pena de reincidência se ele continuasse a ensinar a mesma doutrina. Galileu foi obrigado a assinar essa fórmula de abjuração: "Eu, Galileu, com setenta anos de idade, chamado pessoalmente à justiça, de joelhos, tendo diante dos meus olhos os santos evangelhos, os quais toco com minhas próprias mãos; de coração e fé sinceros, eu abjuro, maldigo e detesto o erro, a heresia do movimento da Terra (...)". Que espetáculo esse de um idoso, ilustre por sua longa vida consagrada inteiramente ao estudo da natureza, abjurando de joelhos, contra o testemunho de sua consciência, a verdade que ele tinha provado com evidência. Preso por tempo ilimitado por um decreto da Inquisição, ele foi devolvido à liberdade pelas solicitações do Grão-Duque; mas, para impedi-lo de se subtrair ao poder da Inquisição, ele foi proibido de sair do território de Florença. Galileu, nascido em Pisa em 1564, anunciara em boa hora os grandes talentos que desenvolveu em seguida. A Mecânica lhe deve inúmeras descobertas, dentre as quais a mais importante é a teoria do movimento dos graves. Ela é o mais belo monumento de sua genialidade. Ele se ocupava da liberação da Lua quando perdeu a visão; três anos depois, em 1642, morreu em Arcetri, arrependido de toda a Europa, iluminada por seus trabalhos e indignada pelo julgamento dirigido por um odioso tribunal contra um tão grande homem.

Com Galileu, nasceu a ideia de uma ciência que associa com astúcia experiência e formalização matemática. Mas, se essas figuras que acabam de ser evocadas, Copérnico e Galileu, mostram-se como passagens obrigatórias do trajeto do pensamento científico, é, no entanto, com Isaac Newton (1643-1727) que o primeiro verdadeiro sucesso do procedimento de matematização do real é obtido.

Isaac Newton: Uma filosofia matemática

Uma lei única, aplicável a todos os corpos com peso, quer se trate da pena de um edredom ou do astro em torno do qual gravita um sistema planetário, é expressa em termos matemáticos por Newton: $F = G \times M_1 \times M_2 / d^2$, fórmula na qual G é a constante gravitacional; M_1 e M_2, as massas de dois corpos quaisquer; e "d", a distância que os separa. É dessa forma que nosso corpo é atraído pela massa terrestre e que é possível prever a partir de que distância do solo essa força vai se tornar inativa (sem gravidade). É possível prever também a quantidade de energia que é necessária para colocar um corpo com uma determinada massa fora do campo gravitacional ao qual está submetido. Desse modo, podemos resolver um número bastante grande de problemas mecânicos, transportando-os primeiro a uma forma matemática, pois a força que rege o movimento da Lua em torno da Terra e da maçã caindo da árvore é a mesma. Daí a fórmula: "a Lua cai em torno da Terra". Uma única e mesma lei para todo o universo. Lei simples e que se exprime matematicamente. É nisto que consiste o triunfo da mecânica newtoniana que vai encantar seus contemporâneos.

Os *Princípios matemáticos de filosofia natural* publicados em 1687 constituem uma realização magistral do programa enunciado por Galileu sob a forma de um princípio aplicado ao caráter matemático da linguagem com que vai ser formulado o "livro do mundo". É também a base sobre a qual numerosos filósofos vão meditar – começando por Locke e passando, mais tarde, por Hume e depois Kant –, com o objetivo de atingir algo equivalente no campo da filosofia (explicitamente, no caso de Kant).

É a ideia de "lei da natureza" exprimível matematicamente que, originada com Galileu, está aqui em vias de se afirmar. A partir de então, as três raízes do pensamento científico, que podem ser resumidas da seguinte forma, estão colocadas. Primeiro princípio: sobre qualquer problema é possível uma guinada do olhar; essa guinada é tal que o que parecia complexo se torna simples. Segundo princípio: a experimentação permite estabelecer regularidades na natureza. Terceiro princípio: existem leis universais da natureza, válidas para todos os objetos físicos, e essas leis são suscetíveis de serem expostas de forma matemática.

A ciência moderna

É com Descartes que, tradicionalmente, consideramos o início da filosofia moderna. Nas ciências, Descartes é o primeiro a mostrar que a álgebra e a geometria podem servir para representar os mesmos objetos. Uma reta, objeto geométrico, pode ser descrita por uma equação (expressão algébrica). Essa transposição do geométrico ao algébrico vai ter um grande futuro na ciência. Descartes é também aquele que primeiro propôs a lei da refração dos raios luminosos. A oposição que se tornou tradicional, ao menos depois de Husserl, entre a ciência e a filosofia não tinha, portanto, qualquer sentido na era clássica. A filosofia era então concebida como o espelho das ciências. Retracemos brevemente algumas grandes etapas do pensamento filosófico, a fim de efetuar uma primeira demarcação do momento em que se opera a ruptura entre ciência e filosofia. Nós a encontraremos, sobretudo, no século XX.

Locke pretende expor a filosofia contida na obra de Newton e desenvolve um empirismo que toma o contrapé do racionalismo cartesiano. Hume medita, cético, sobre os fundamentos da ciência, tomando por certo que ela repousa sobre a indução (seguiremos em detalhe suas reflexões no próximo capítulo). Kant, matemático e físico, tenta justificar os fundamentos metafísicos das ciências modernas, mostrando que elas supõem operações intrínsecas da razão. A partir de Kant, geralmente opomos duas noções: o realismo e o idealismo.

Qualificamos de "realista" toda doutrina que admite a existência de objetos independentes de nossa percepção. O realismo se encontra sustentado de forma coerente e contínua por Aristóteles, para quem as coisas existem realmente, mesmo se nós não conhecemos exatamente sua natureza. Entretanto, o realismo é confrontado com a aporia da representação. As coisas, objetos ou seres vivos, que o realista diz existir "realmente", não lhe são acessíveis na prática senão por meio de "representações". Eu posso descrever esta maçã no cesto de frutas ao lado do cacho de uvas, posso notar as manchas sobre sua casca próximas à região onde se fixa o pedúnculo que a sustentava na árvore. Mas, ainda assim, são representações. Digamos que eu possa me apoderar da maçã, tocá-la. Digamos que eu possa mordê-la e comê-la e, nesse momento, descobrir outros aspectos do ser da maçã: sua textura, seu gosto etc. Ainda são representações. O toque parece me fornecer uma representação mais material do objeto que a visão, na medida em que ele parece implicar um contato direto do meu corpo com o objeto. Mas há, no caso do toque, ilusões, assim como no caso da visão. O homem que perdeu o braço crê sentir dores no membro que não possui mais. E podemos dizer o mesmo do paladar. Um homem que sofre pode estar certo da realidade de seu sofrimento. Ele não pode dizer o mesmo das causas de seu sofrimento, pois elas emergem da representação. A representação é uma ideia incompleta e provisória de um objeto. Ela é seguramente útil para a vida. Apesar disso, ela não pode sozinha ser considerada uma garantia da verdade. Dessa dúvida em torno do valor da representação nasce uma série de problemas que envolvem a noção de "realismo".

Descartes experimentou essa dúvida acerca do realismo. O conhecimento, ele nos diz, abre-se unicamente do fundo de uma dúvida. E essa mesma dúvida é a única coisa de que não podemos duvidar. O idealismo absoluto, assim que ele é sustentado de forma coerente, como fez Berkeley, leva não somente a duvidar da realidade do mundo exterior, mas a afirmar que a única realidade é aquela de nossas ideias. O idealismo de Berkeley encampa, na história da filosofia, uma tentativa extrema. Seu radicalismo o expõe a dificuldades teóricas talvez maiores do que aquelas que ele pretende resolver. Não obstante, ele permanece destacável pela lógica que o comanda. Ele permite, entre outras coisas, definir o idealismo. Qualificamos de idealista uma doutrina que só reconhece como reais as ideias.

E como fica, então, a doutrina de Kant, que qualificamos também de idealismo, precisando, em linhas gerais, que se trata de um idealismo crítico? As impressões dos sentidos só nos chegariam, explica Kant, sob uma forma rapsódica e incoerente, se não dispuséssemos de estruturas capazes de dar forma a essas impressões. Graças a essas estruturas, as impressões que chegam à minha retina são mais do que uma série de pontos coloridos e cintilantes. Eles formam o mar sob o sol e as manchas brancas que o salpicam; eu os identifico como veleiros vagando sobre a superfície do oceano. Essa identificação dos objetos que eu percebo é possível graças àquilo que Kant chama um "conhecimento *a priori*". Através desse conhecimento *a priori*, que não é dado por nenhuma experiência, mas que é condição de toda experiência, eu reconheço as coisas que me cercam como coisas. Entretanto, eu nunca sei o que elas são realmente. Eu não sei o que é "a coisa em si". Trata-se aqui de um idealismo crítico. Kant, ainda que idealista (pois ele coloca o início do conhecimento nas ideias, não nas coisas), critica o idealismo de Berkeley, chamado por ele de "dogmático". Não é porque não sabemos o que é "a coisa em si" que a coisa em si não existe. Kant é, portanto, ao mesmo tempo realista (as coisas existem) e idealista (o conhecimento que nós temos começa com as ideias). Em diversas ocasiões Kant exprimiu sua dívida para com o filósofo escocês David Hume. Seguiremos as reflexões desse filósofo. Veremos de que maneira o conceito de indução se tornou um problema, abrindo assim o domínio de reflexão hoje identificado pelo nome de "filosofia do conhecimento".

TRECHO

Princípios matemáticos da filosofia natural, de Isaac Newton

DEFINIÇÃO I

A quantidade de matéria é a medida da mesma, oriunda conjuntamente da sua densidade e grandeza.

O ar duplamente mais denso, num duplo espaço, é quádruplo. O mesmo se diga da neve e do pó condensados por compressão ou liquefação. Igual razão vale para todos os corpos que por qualquer causa são condensados diversamente. Neste ponto não levo em consideração o meio, se é que aqui existe algum, que penetra livremente pelos interstícios entre as partes. É essa quantidade que muitas vezes tomo a seguir sob o nome de corpo ou massa. Conhecemo-la pelo peso de qualquer corpo, pois esta é proporcional ao peso, o que achei em experiências feitas cuidadosamente sobre os pêndulos, como se mostrará adiante.

DEFINIÇÃO II

A quantidade do movimento é a medida do mesmo, provinda conjuntamente da velocidade e da quantidade de matéria.

O movimento do todo é a soma dos movimentos de cada uma das partes, e, por conseguinte, num corpo duplo em quantidade, com igual velocidade, ele é duplo, e com duas vezes a velocidade, é quádruplo.

DEFINIÇÃO III

A força inata (ínsita) da matéria é um poder de resistir pelo qual cada corpo, enquanto depende dele, persevera em seu estado, seja de descanso, seja de movimento uniforme em linha reta.

Essa força é sempre proporcional a seu corpo, e não difere da inércia da massa senão no nosso modo de conceber. É pela inércia da matéria que todo corpo dificilmente sai de seu estado de descanso ou de movimento. Logo, a força inata pode ser chamada pelo nome muito sugestivo de força de inércia. Mas um corpo só exerce essa força quando da mutação de seu estado por outra força impressa em si; e o exercício dessa força pode ser considerado sob o duplo aspecto de resistência e de ímpeto: resistência, enquanto, para conservar o seu estado, o corpo se opõe à força impressa; ímpeto, enquanto o mesmo corpo, dificilmente cedendo à força do obstáculo oposto, esforça-se por mudar o estado deste. Atribui-se usualmente a resistência aos corpos em repouso, e o ímpeto aos que se movem, mas o movimento e o descanso, enquanto concebidos pelo vulgo, apenas se distinguem relativamente um do outro, nem se acham sempre em repouso os corpos que o vulgo considera parados.

DEFINIÇÃO IV

A ação impressa é uma ação exercida sobre um corpo para mudar seu estado de repouso ou de movimento uniforme em linha reta.

Esta força consiste somente na ação, nem permanece no corpo depois dela. De fato, um corpo persevera em todo novo estado, apenas pela força da inércia. Mas a força impressa é de diversas origens, como de percussão, de pressão e de força centrípeta.

DEFINIÇÃO V

A força centrípeta é aquela pela qual o corpo é atraído ou impelido ou sofre qualquer tendência a algum ponto como a um centro.

Assim é a gravidade, pela qual o corpo tende ao centro da terra, a força magnética, pela qual o ferro tende ao centro do ímã, e aquela força, seja qual for, pela qual os planetas são continuamente afastados dos movimentos retilíneos, obrigados a seguir linhas curvas. A quantidade, porém, da força centrípeta é de três espécies: absoluta, aceleradora e motriz.

(...)

ESCÓLIO

Até aqui só me pareceu ter que explicar os termos menos conhecidos, mostrando em que sentido devem ser tomados na continuação deste livro. Deixei, portanto, de definir, como conhecidíssimos de todos, o tempo, o espaço, o lugar e o movimento. Direi, contudo, apenas que o vulgo não concebe essas quantidades senão pela relação com as coisas sensíveis. É daí que nascem certos prejuízos, para cuja remoção convém distinguir as mesmas entre absolutas e relativas, verdadeiras e aparentes, matemáticas e vulgares.

O tempo absoluto, verdadeiro e matemático flui sempre igual por si mesmo e por sua natureza, sem relação com qualquer coisa externa, chamando-se com outro nome "duração"; o tempo relativo, aparente e vulgar é certa medida sensível e externa de duração por meio do movimento (seja exata, seja desigual), a qual vulgarmente se usa em vez do tempo verdadeiro, como são a hora, o dia, o mês, o ano.

O espaço absoluto, por sua natureza, sem nenhuma relação com algo externo, permanece sempre semelhante e imóvel; o relativo é certa medida ou dimensão móvel desse espaço, a qual nossos sentidos definem por sua situação relativamente aos corpos, e que a plebe emprega em vez do espaço imóvel, como é a dimensão do espaço subterrâneo, aéreo ou celeste definida por sua situação relativamente à terra. Na figura e na grandeza, o tempo absoluto e o relativo são a mesma coisa, mas não permanecem sempre numericamente o mesmo. Assim, p. ex., se a terra se move, um espaço do nosso ar que permanece sempre o mesmo relativamente, e com respeito à terra, ora será uma parte do espaço absoluto no qual passa o ar, ora outra parte, e nesse sentido mudar-se-á sempre absolutamente.

O lugar é uma parte do espaço que um corpo ocupa, e, com relação ao espaço, é absoluto ou relativo. Digo uma parte do espaço, e não a situação do corpo ou a superfície ambiente. Com efeito, os lugares dos sólidos iguais são sempre iguais, mas as superfícies são quase sempre desiguais, por causa da dessemelhança das figuras; as situações, porém, não têm, propriamente falando, quantidade, sendo antes afecções dos lugares que os próprios lugares. O movimento do todo é o mesmo que a soma dos movimentos das partes, ou seja, a translação do todo que sai de seu lugar é a mesma que a soma da translação das partes que saem de seus lugares, e por isso o lugar do todo é o mesmo que a soma dos lugares das partes, sendo, por conseguinte, interno e achando-se no corpo todo.

O movimento absoluto é a translação de um corpo e um lugar absoluto para outro absoluto, ao passo que o relativo é a translação de um lugar relativo para outro relativo. Desse modo, num navio a vela, o lugar relativo de um corpo é aquela parte do navio em que ele se acha, ou aquela parte da cavidade que o corpo ocupa, e que se move junto com o navio; e o descanso relativo é a permanência do corpo naquela mesma parte do navio ou de sua cavidade. O descanso verdadeiro, porém, é a permanência do corpo na mesma parte daquele espaço imóvel em que o próprio navio se move juntamente com sua cavidade e todo o seu conteúdo. Logo, se a terra está realmente parada, o corpo que está em repouso relativo no navio mover-se-á verdadeira e absolutamente na velocidade com que o navio se move na terra. Mas se a terra também se move, o verdadeiro e absoluto movimento do corpo surgirá em parte do verdadeiro movimento da terra no espaço imóvel, em parte do movimento relativo do navio na terra; e se o corpo também se mover relativamente no navio, surgirá seu verdadeiro movimento em parte do verdadeiro movimento da terra no espaço imóvel, em parte dos movimentos relativos, tanto do navio na terra, como do corpo no navio, e desses movimentos relativos nascerá o movimento relativo do corpo na terra. Assim é que se aquela parte da terra onde está o navio se move verdadeiramente para o Oriente com a velocidade 10 010 das partes, e o navio se dirige, graças às velas e ao vento, para o Ocidente com a velocidade de 10 partes, mas se o navegante andar no navio para o Oriente com 1 parte da velocidade, mover-se-á verdadeira e absolutamente no espaço imóvel, para o Oriente, com 10 001 partes da velocidade, e relativamente na terra, para o Ocidente, com nove partes da velocidade.

(...)

AXIOMAS OU LEIS DO MOVIMENTO

LEI I

Todo corpo permanece em seu estado de repouso ou de movimento uniforme em linha reta, a menos que seja obrigado a mudar seu estado por forças impressas nele.

Os projéteis permanecem em seus movimentos enquanto não forem retardados pela resistência do ar e impelidos para baixo pela força da gravidade. Uma roda [de brinquedo], cujas partes, por sua coesão, desviam continuamente dos movimentos retilíneos, não cessa de rodar senão enquanto é retardada pelo ar. Mas os corpos maiores que são os planetas e os cometas conservam por mais tempo seus movimentos, tanto os progressivos como os circulares, por causa da menor resistência dos espaços.

LEI II

A mudança do movimento é proporcional à força motriz impressa, e se faz segundo a linha reta pela qual se imprime essa força.

Se toda força produz algum movimento, uma força dupla produzirá um movimento duplo e uma tripla um triplo, quer essa força se imprima conjuntamente e de uma vez só, quer seja impressa gradual e sucessivamente. E esse movimento, por ser sempre orientado para a mesma direção que a força geratriz, se o corpo se movia antes, ou se acrescenta a seu movimento, caso concorde com ele, ou se subtrai dele, caso lhe seja contrário, ou, sendo oblíquo, ajunta-se-lhe obliquamente, compondo-se com ele segundo a determinação de ambos.

LEI III

A uma ação sempre se opõe uma reação igual, ou seja, as ações de dois corpos um sobre o outro sempre são iguais e se dirigem a partes contrárias.

Tudo quanto impele ou atrai o outro é do mesmo modo impelido ou atraído por ele. Se alguém aperta com o dedo uma pedra, seu dedo será apertado pela pedra. Se o cavalo puxa uma pedra amarrada numa corda, o cavalo também será, igualmente, puxado pela pedra, pois a corda esticada dos dois lados, tanto levará, pelo esforço a relaxar-se, o cavalo para a pedra, como esta para o cavalo, e tanto impedirá o progresso de um quanto promover o do outro. Se um corpo, batendo num outro, mudar por sua força, de qualquer modo, o movimento dele também mudará, sofrendo por sua vez, por força do outro, a mesma mudança em seu movimento, num sentido oposto ao do outro (devido à igualdade da pressão mútua). Por essas razões, tornam-se iguais não as mudanças de velocidades, mas as dos movimentos (a saber, nos corpos não impedidos de outro modo). Com efeito, porque os movimentos mudam igualmente, as mudanças das velocidades, feitas da mesma forma em direções opostas, são reciprocamente proporcionais aos corpos.

Fonte: Newton 1979, pp. 5-15.

Sugestões de leitura

Os livros de Alexandre Koyré, especialmente *Do mundo fechado ao universo infinito* (1979), constituem uma excelente introdução à temática abordada neste capítulo. Podemos complementá-la com leituras diretas dos autores evocados, notadamente de Galileu. O *Diálogo sobre os dois máximos sistemas do mundo* deve ser lido na sequência do *Traité du ciel*, de Aristóteles (ver capítulo precedente). É o texto que valeu a Galileu suas decepções com a Inquisição. Esses episódios se tornaram, como sabemos, verdadeiros ícones do gesto científico. Há numerosos estudos, recentes ou menos recentes, sobre cada uma das figuras do que chamamos a "tríade clássica". Citemos o estudo de Jean-Jacques Szczeciniarz sobre Copérnico, *Copernic et la révolution copernicienne* (1998), aquele de Fabian Chareix sobre Galileu, *Le mythe Galilée* (2002), o *Newton*, de Marco Panza. Poderemos encontrar um quadro do conjunto do nascimento da ciência moderna em *O nascimento da ciência moderna na Europa*, de Paolo Rossi (2001).

Bibliografia

BACON, F. (1999). *Novum Organum*. São Paulo: Nova Cultural.

CHAREIX, F. (2002). *Le mythe Galilée*. Paris: PUF.

CLAVELIN, M. (1996). *La philosophie naturelle de Galilée: Essai sur les origines et la formation de la mécanique classique*. Paris: A. Michel.

DESCARTES, R. (2004). *Discurso do método*. Porto Alegre: L&PM.

DUHEM, P. (1954). *Le système du monde: Histoire des doctrines cosmologiques de Platon a Copernic*. Paris: Hermann.

GALILEI, G. (1999). *O ensaiador*. São Paulo: Nova Cultural.

HACKING, I. (1989). *Concevoir et expérimenter: Thèmes introductifs à la philosophie des sciences expérimentales.* Trad. para o francês de B. Ducrest. Paris: Christian Bourgois.

HUME, D. (1999). *Investigação acerca do entendimento humano.* São Paulo: Nova Cultural.

HUSSERL, E. (2012). *A crise das ciências europeias e a fenomenologia transcendental.* Trad. Urbano Zilles. Porto Alegre: EDIPUCRS. (Coleção Filosofia)

KANT, E. (1999). *Crítica da razão pura.* São Paulo: Nova Cultural.

KOYRÉ, A. (1961). *La révolution astronomique: Copernic, Kepler, Borelli.* Paris: Hermann.

_____ (1979). *Do mundo fechado ao universo infinito.* Rio de Janeiro: Forense-Universitária; São Paulo: Edusp.

_____ (1992). *Estudos galilaicos.* Lisboa: Dom Quixote.

KUHN, T.S. (1990). *A revolução copernicana.* Trad. Marília Costa Fontes. Rio de Janeiro: Edições 70. (Perfil)

LOCKE, J. (1999). *Ensaio acerca do entendimento humano.* São Paulo: Nova Cultural.

NEWTON, I. (1979). *Princípios matemáticos da filosofia natural.* Trad. Carlos Lopes de Mattos *et al.* São Paulo: Abril Cultural. (Os Pensadores)

PANZA, M. (2003). *Newton.* Paris: Les Belles Lettres.

PERRIN, J. (1921). *Les atomes.* Paris: F. Alcan.

RABAUDY, C. (1976). *E. Meyerson: Identité et réalité.* Paris: Hatier.

SZCZECINIARZ, J.-J. (1998). *Copernic et le mouvement de la terre.* Paris: Flammarion.

VERNEAUX, R. (1972). *Kant: Critique de la "Critique de la raison pure".* Paris: A. Montaigne.

3. A indução torna-se problema

Problemática da indução

A obra de David Hume marca uma reviravolta na filosofia das ciências, por seu caráter de filosofia do conhecimento. Isso ocorre ao menos por três razões. Em primeiro lugar, é essa obra que, segundo a célebre declaração de Kant, vai despertar o conhecimento de seu sono dogmático. É ela também que vai servir de emblema e modelo aos empiristas lógicos do Círculo de Viena, como veremos mais adiante, no momento em que eles buscavam garantias filosóficas a seu projeto de uma "concepção científica do mundo". Por fim, é igualmente ela que, segundo Karl Popper, apresenta de modo mais eficaz a aporia que convém, de acordo com ele, superar, caso desejemos fundar uma filosofia das ciências válida: é isso que Popper vai nomear como "a solução do problema de Hume". A obra de Hume será também invocada pelo filósofo Willard von Orman Quine e por Nelson Goodman no século XX. Ela se mostra, então, uma encruzilhada especulativa privilegiada.

Mas qual parte da obra de Hume é objeto de uma atenção tão aguda? Há um aspecto dessa obra que a torna particularmente sugestiva aos filósofos? De fato, existe uma problemática particular exposta em algumas páginas da obra de Hume e que determina a volta constante a esse autor. Portanto, interessa situar com precisão a problemática inaugurada

Filosofia das ciências | 65

por Hume, sem omitir o contexto histórico de suas primeiras formulações. Essa problemática é conhecida como "problemática da indução". Ela foi primeiramente apresentada no *Tratado da natureza humana* (1740), que Hume publica aos 23 anos de idade, e é retomada em *Investigação acerca do entendimento humano*, publicado em 1748.

A obra de Hume está longe de poder ser considerada a primeira a tratar da indução. Na verdade, se tivéssemos de estabelecer uma genealogia da noção de indução, Francis Bacon teria mais chances de aparecer como o primeiro teórico dessa noção. O que é a indução? Alan Chalmers emprega esse termo, por exemplo, em seu livro *O que é ciência, afinal?* para qualificar o procedimento científico no seu conjunto. É indutiva uma explicação na qual reservamos um lugar central ao procedimento de generalização: se A foi *n* vezes visto seguido de B, então A é sempre seguido de B; se A é sempre seguido de B, então A é causa de B. No limite, o número *n* pode ser reduzido a um – como em inúmeros exemplos aplicados aos raciocínios políticos. A indução é o fato de induzir o que vai ser, considerando aquilo que foi. Hans Reichenbach (*apud* Popper 1974, p. 28), por exemplo, vai escrever no século XX:

> (...) esse princípio [a indução] determina a verdade das teorias científicas. Eliminá-lo da Ciência significaria nada menos que privá-la do poder de decidir quanto à verdade ou falsidade de suas teorias. Sem ele, a Ciência perderia indiscutivelmente o direito de separar suas teorias das criações fantasiosas e arbitrárias do espírito do poeta.

A indução se opõe tanto à dedução quanto à intuição. À dedução, pois deduzir significa conduzir um raciocínio apenas com a ferramenta da lógica. É, por exemplo, a operação que realiza aquele que deduz, pela presença de um indivíduo em um determinado lugar, que ele não estava em outro. Dessa forma, se um assassinato foi cometido em Marsac, vamos parar de desconfiar do homem de quem suspeitávamos se ele demonstrar que estava em Toulouse no momento do crime. Raciocínio implícito: se ele está em Toulouse, não pode estar em Marsac. Trata-se aí de uma

66 | Papirus Editora

dedução. A indução, por sua vez, procede (a princípio) considerando o que é observado mais de uma vez.

A indução se opõe também à intuição, pois aquele que raciocina por indução faz um cálculo (eventualmente probabilístico) que consiste em colocar em série observações já realizadas para formar um prognóstico sobre observações futuras. Aquele que raciocina por intuição, ao contrário, avança um prognóstico que ele próprio, frequentemente, é incapaz de justificar. A indução calcula, a intuição adivinha.

Origens da noção de indução

Bacon (1999, p. 81) foi quem insistiu sobre o papel dessa noção enquanto regulador último do espírito científico, o qual deve renunciar a adivinhar para se sujeitar a calcular. Eis o que ele escreve, em seu estilo imagético característico, no *Novum Organum*:

Assim, não é de se dar asas ao intelecto, mas chumbo e peso para que lhe sejam coibidos o salto e o vôo. É o que não foi feito até agora; quando vier a sê-lo, algo de melhor será lícito esperar-se das ciências.

E ele especifica, na sequência, sobre o que se funda essa esperança: uma nova concepção da indução que vai permitir "estabelecer os axiomas" da ciência, ou seja, descobrir as leis da natureza.

Mas, para que essa indução ou demonstração possa ser oferecida como uma ciência boa e legítima, deve-se cuidar de um sem-número de coisas que nunca ocorreram a qualquer mortal. Vai mesmo ser exigido mais esforço que o até agora despendido com o silogismo. E o auxílio dessa indução deve ser invocado, não apenas para o descobrimento de axiomas, mas também para definir as noções. E é nessa indução que estão depositadas as maiores esperanças. (*Ibid.*)

Assim, aquilo que chamamos hoje de ciências da natureza, ou, às vezes, ciências experimentais, vai ser nomeado como ciências "indutivas" depois de Bacon. Ciências indutivas porque presumimos que é a indução que forma o cerne de seu método. Qualquer que seja o domínio de sua investigação, elas sempre procedem pela utilização do mesmo método, o qual, portanto, estaria fundado sobre uma "passagem à regra" assegurada pelo princípio da indução. Para Bacon, a indução (*inductio*) é o próprio nome do "novo método", que deve suplantar o método dos antigos. Ainda mais precisamente, esse método da ciência do porvir é a *inductio vera et legitima*, a indução verdadeira e legítima.

São essas ciências "indutivas" que, em razão de suas consequências múltiplas sobre a vida dos homens, vão ser o objeto de análises que vão se desenvolver, sobretudo a partir do século XIX, sob a égide da "filosofia das ciências". Assim, o primeiro texto em inglês que tem em seu título a expressão *philosophy of science*, escrito por William Whewell e publicado em 1840, vai ter como título completo a expressão: filosofia das ciências *indutivas* (ver mais adiante).

A noção de indução perdeu muito de seu atrativo depois que alguns trabalhos de filósofos das ciências do século XX chamaram a atenção para outros aspectos do pensamento científico. Mas isso não nos deve fazer esquecer que, ao menos de Bacon até Popper, ela foi considerada como a noção central da filosofia das ciências, e que Hume, insistindo sobre a precariedade dos fundamentos dessa noção, fez surgir um campo de debates dos quais somos herdeiros e que ainda estrutura as discussões de numerosos epistemólogos. Dessa forma, em seu livro intitulado *A filosofia das ciências no século XX*, Anouk Barberousse, Max Kistler e Pascal Ludwig consagram um capítulo a esse problema. Eles escrevem que a indução é um problema lógico voltado "à questão de saber se – e, se assim for, como – semelhantes inferências [indutivas] podem ser racionalmente justificadas ou se apenas são fundadas numa crença irracional" (Barberousse, Kistler e Ludwig 2001, p. 31). Trata-se aqui de uma das formas de colocação daquilo que a tradição filosófica reteve sob o nome de "problema de Hume". Apenas uma dentre muitas, pois, como ainda veremos, esse problema pode ser compreendido de várias maneiras, de modo que uma questão à primeira vista muito simples se tornou um dos enigmas mais célebres e mais resistentes da filosofia das ciências.

Os textos contemporâneos dedicados à questão da indução têm normalmente uma tonalidade lógica. Reside nesse fato uma espécie de paradoxo, como sublinhou Ian Hacking. De um lado, esses textos e seus autores desejam atingir as questões mais gerais, desenvolvendo exemplos que supostamente podem ilustrar as situações mais variadas. De outro, eles parecem convencidos de que não têm nada a aprender com a forma com que é concretamente conduzida a investigação científica. A razão pela qual o problema merece ser formulado parece tão evidente que sequer é necessário evocá-la. Bertrand Russell (1912, s.p.) está entre aqueles que explicitamente destacam essas coordenadas:

> Mas se quisermos fazer inferências destes dados – se quisermos conhecer a existência da matéria, de outras pessoas, do passado anterior ao começo de nossa memória individual, ou do futuro, devemos conhecer princípios gerais de algum gênero por meio dos quais possamos fazer tais inferências. Devemos saber que a existência de uma espécie de coisa, A, é um sinal da existência de uma outra espécie de coisa, B, seja ao mesmo tempo que A, seja em algum tempo anterior ou posterior, como, por exemplo, o trovão é um sinal da existência anterior do relâmpago. Se acaso não conhecêssemos isso, nunca poderíamos ampliar nosso conhecimento para além da esfera de nossa experiência privada; e esta esfera, como temos visto, é sumamente limitada. A questão que temos de considerar agora é se esta ampliação é possível, e em caso afirmativo, como se realiza.

Essa autonomização do problema da indução vai conduzir a uma especialização dos debates, que vão assumir um caráter técnico. Entretanto, ainda hoje o problema não pode ser considerado "resolvido" (e há problemas "resolvidos" em filosofia?). Nelson Goodman vai escrever, em um livro publicado mais de dois séculos depois das formulações de Hume, *Fato, ficção e previsão*, a propósito da indução: "em suma, eu creio que a situação resta confusa" (ver adiante). Retomemos, portanto, as coisas de seu início.

Hume e a indução

Como fazer da mais natural das noções um problema filosófico fundamental? Como transformar as indicações que nos fornece o bom senso mais comum em enigma metafísico? A essas questões David Hume encontrou a mais potente das respostas: duvidando daquilo que é mais evidente. Longe de buscar, como Descartes, encontrar na dúvida a garantia de que ele existe, de que ele pensa, de que ele é, a dúvida em Hume conduz a outra coisa. Mas, como em Descartes e como talvez em qualquer metafísico, a dúvida é a arma-mestra do pensamento; pois, se Hume se apresenta como alguém que se opõe a toda metafísica, ele próprio é, de fato, metafísico.

Eu não duvido sequer um instante de que as batidas de um martelo que eu tenho em mãos sejam a causa de o prego, a olhos vistos, entrar progressivamente na madeira com a qual eu desejo construir um armário. É uma coisa que parece, portanto, evidente; e eu passaria até mesmo por louco, se me viesse à mente duvidar disso. Entretanto, é justamente disso que Hume nos pede para duvidar um instante. O martelo vem, com a força de seu deslocamento, bater contra a cabeça do prego. É um fato. O prego, como se soubesse o que deveria fazer diante desse sinal, afunda-se então na madeira. É ainda um fato. Mas o que prova que um seja a causa do outro? O hábito de vermos os pregos obedecerem aos martelos, e nada mais. A rigor, diz Hume, não existe nenhuma conexão obrigatória. Apenas o hábito nos faz ver uma necessidade onde só existe a sucessão regular, cuja observação se tornou um hábito.

O raciocínio de Hume é conduzido à bola de bilhar, sem dúvida mais familiar à boa sociedade de Edimburgo. Mas ele diz a mesma coisa:

> Quando vejo, por exemplo, que uma bola de bilhar desliza em linha reta na direção de outra, mesmo se suponho que o movimento na segunda me seja acidentalmente sugerido como o resultado de seu contato ou impulso, não posso conceber que cem diferentes eventos poderiam igualmente resultar desta causa? Não podem ambas as bolas permanecer em absoluto

repouso? Não pode a primeira bola voltar em linha reta ou ricochetear na segunda em qualquer linha ou direção? Todas estas suposições são compatíveis e concebíveis. Por que, então, deveríamos dar preferência a uma que não é mais compatível ou concebível que o resto? Todos os nossos raciocínios *a priori* nunca serão capazes de nos mostrar fundamento para esta preferência.

Em uma palavra: todo efeito é um evento distinto de sua causa. Portanto, não poderia ser descoberto na causa e deve ser inteiramente arbitrário concebê-lo ou imaginá-lo *a priori*. E mesmo depois que o efeito tenha sido sugerido, a conjunção do efeito com sua causa deve parecer igualmente arbitrária, visto que há sempre outros efeitos que para a razão devem parecer igualmente coerentes e naturais. Em vão, portanto, pretenderíamos determinar qualquer evento particular ou inferir alguma causa ou efeito sem a ajuda da observação e da experiência. (Hume 1999, pp. 51-52)

Notemos, nessa passagem, o uso que faz Hume da expressão *a priori*, que vai ter um papel central no pensamento de Kant. Se essas são as passagens principais que vão valer a Hume o lugar que ele ocupa na filosofia das ciências, não são elas, porém, que vão guiar seus contemporâneos; pois, se é verdade que Hume obteve em vida uma celebridade que ultrapassava em muito as fronteiras da Escócia e se estendia especialmente à França, onde ele esteve por diversas vezes,[1] isso, no entanto, não ocorreu graças aos seus trabalhos sobre a indução, mas, sobretudo, aos seus trabalhos de historiador. Afinal, ele foi também autor de uma *Histoire de la Grande Bretagne,* obra monumental hoje caída no esquecimento. Hume não duvida, ele próprio, que a parte mais consistente e significativa de sua obra reside em suas especulações metafísicas, que são ignoradas, quando não tornadas derrisórias, por seus contemporâneos. Dessa forma, ele vai tentar fazer uma apresentação mais

---

1. Ele encontrou na França, por exemplo, Jean-Jacques Rousseau, com quem se relacionou por meio de uma amizade tempestuosa: "frieza, mau humor, suspeitas e outros comportamentos *à la* Rousseau, até chegar à doçura e aos votos de reconhecimento eterno", escreveu André Leroy.

concisa e apurada que a inicial. Esse é o objetivo da segunda obra, na qual ele aborda as mesmas questões, *Investigação acerca do entendimento humano*, recuperando ideias já expostas no primeiro livro *Tratado da natureza humana*. Foi em vão.

Em cada uma das obras em que Hume apresentou o "problema da indução", ele fornece exemplos enigmáticos tendo em vista sua própria simplicidade. Certamente, esses exemplos contribuem para o equívoco que cerca suas especulações. Dessa forma, ele se pergunta como sabemos que amanhã o Sol nascerá. E responde: por indução. Ontem o Sol se pôs, depois ele nasceu, e eu presumo que vai ocorrer o mesmo amanhã. Não tenho outros motivos para pensar que o Sol vai nascer amanhã senão o fato de que tem existido um certo número de precedentes.

Ora, é evidente que temos ao menos uma outra razão para pensar assim. A bola de bilhar preta, que tem inscrito sobre sua superfície o número "oito" e que rola sobre o feltro verde da mesa de *snooker*, vai fazer de novo aparecer, assim que ela realizar uma revolução completa, o mesmo número inscrito sobre sua superfície? Evidentemente que sim. E eu não efetuo uma indução para pensar isso, mas simplesmente calculo que, se nada vier a perturbar a bola em seu movimento, então o número "oito", uma vez efetuada a rotação completa, vai reaparecer tão seguramente quanto um anão escondido em uma caixa, toda vez que eu reabri-la. Não se trata aqui de indução, mas de lógica: se B está em A, então B está em A. A Terra é similar a uma bola de bilhar iluminada por uma lâmpada, e nós, que estamos em sua superfície, somos similares ao número "oito", seja iluminado pela lâmpada, seja no escuro. Não é apenas por indução que sabemos que o Sol vai nascer amanhã, mas também por dedução. Portanto, é, no mínimo, um exemplo mal escolhido, pois nesse caso a indução é impura: podemos, ao contrário, concluir que o Sol vai nascer amanhã sobre um dado ponto do planeta Terra sem jamais ter visto o Sol aí nascer. Do mesmo modo que eu posso concluir que a luz do sol ilumina uma determinada parte do planeta Marte neste exato momento em que escrevo estas linhas, sem nunca ter estado lá.

Ora, todos os exemplos de Hume têm essa mesma forma. Sabemos que o fogo provoca fumaça, segundo ele, por indução. Mas não é o único meio de saber disso. Ou talvez fosse o único meio na *época de Hume*. Hoje sabemos, por exemplo, suficientemente sobre a natureza da matéria para compreender o que liga o fogo à fumaça. Poderíamos dizer que tudo aquilo que sabemos sobre o fogo, sabemos por causa de uma série de induções sucessivas. Mas isso é se fechar em um círculo, pois é tomar por dado que a ciência só admite resumos de conhecimentos obtidos por indução – ora, esse é o ponto que buscávamos estabelecer.

Hume apresenta na sequência o exemplo da corda de violão que, tensionada, produz certo som: outro exemplo, segundo ele, de uma conexão cuja necessidade só podemos "sentir" por meio do hábito. Mas podemos também, se tivermos um conhecimento suficiente da natureza das coisas, compreender que são as moléculas da atmosfera que são agitadas pela corda que vibramos, e que aquilo que chamamos som é essa agitação, na medida em que ela é percebida por nossos ouvidos. Se eu não conheço a natureza das coisas, eu posso acreditar, com efeito, que a conexão entre a vibração da corda e o som tem apenas como fundamento o hábito; mas, uma vez que a conheço, concebo que existe outra razão para essa conexão e que, consequentemente, o hábito não é o único motivo possível da minha ideia de causa. Eu posso até inversamente presumir que, a cada vez que considero que meu conhecimento das coisas se deve apenas ao hábito, tenho um sinal de que ainda não adquiri um conhecimento de sua natureza.

Outro exemplo: o calor acompanha constantemente a chama, diz Hume, mas não temos qualquer meio de saber por que é assim. É realmente verdade? Se dispusermos, como vai ser o caso de Boltzman (que encontraremos mais adiante), de uma teoria do calor, compreenderemos que a chama corresponde à agitação das partículas que compõem um corpo, assim como o calor. Portanto, o que nos diz Hume sobre a conexão necessária não é válido em qualquer época, mas somente enquanto não dispomos de uma forma de ver que permita compreender por que um fenômeno está ligado a outro. Eis, portanto, uma primeira objeção que podemos dirigir a Hume: é preciso dizer que as conexões causais estão fundadas sobre o hábito somente enquanto não sabemos as elucidar de outro modo. Mas podemos opor a essa objeção uma contraobjeção, que envia o problema de Hume ao primeiro plano, dando-lhe um novo sentido, diferente e mais profundo.

Retomada do problema por Bertrand Russell

Bertrand Russell, em seu livro *Os problemas da filosofia*, levanta a objeção que acabamos de formular. Ele também retoma o famoso exemplo de Hume sobre a convicção que temos de que o Sol vai nascer amanhã, mas ele não se contenta em responder retoricamente que sabemos que o Sol vai nascer unicamente pelo hábito de observações repetidas e nunca contrariadas. Russell não se contenta, como fazem muitos autores, em repetir a resposta que o próprio Hume dá. Ele examina uma objeção que Hume não faz a si mesmo. Ele diz: suponhamos que aquele a quem perguntamos "como sabemos que o Sol vai nascer amanhã?" nos responda desenvolvendo o argumento que apresentamos acima sobre o número oito na bola de bilhar: "a Terra, podemos dizer, é um corpo que gira livremente, e este corpo não deixa de girar a menos que alguma coisa interfira externamente, e não existe nada externamente que possa colidir com a Terra de hoje até amanhã" (Russell 1912, s.p.).

Mas aqui, Russell vai se esquivar rapidamente da crítica de Hume. Ele (*ibid.*) escreve que: "Evidentemente, poderíamos duvidar de que estejamos completamente certos de que não existe nada externamente que possa interferir", (por exemplo, um asteroide que se chocará sobre a Terra). Mas, segundo Russell (*ibid.*), não é essa a questão mais interessante a ser colocada: "A dúvida que interessa é em relação a se as leis do movimento continuarão atuando até amanhã. Se se levanta tal dúvida, nos encontraremos na mesma posição em que nos encontrávamos quando se levantou a dúvida sobre o nascimento do sol", (dito de outra forma, só temos, a esse respeito, como garantia aquilo que provém do hábito). E Russell (*ibid.*) insiste:

> A *única* razão para acreditar que as leis do movimento continuarão atuando é a de que elas têm atuado até aqui, na medida em que nosso conhecimento do passado nos permite julgar isso. (...) Mas a verdadeira questão é esta: um número qualquer de casos em que se cumpriu uma lei no passado proporciona evidência de que se cumprirá o mesmo no futuro?

O que prova, a mim que li Hume, que em dez anos, em cem anos, em mil anos, em tanto tempo quanto houver bolas de bilhar e homens para observar seus movimentos, sempre a bola branca, atingida pela vermelha sob um ângulo de 45 graus sem movimento próprio de rotação, vai partir para a esquerda com um ângulo de 45 graus, e que, dividida entre as duas bolas, a quantidade de movimento da primeira vai ser conservada depois? O que me assegura que as leis da natureza vão continuar as mesmas? Resposta: nada. Trata-se simplesmente de um postulado.

Axioma e postulado

Na história das ciências, conhecemos um exemplo bastante célebre de um suposto axioma que se tornou postulado – diferentemente do axioma, o postulado é tido como verdadeiro e conserva assim o estatuto de uma hipótese fundadora acompanhada da consciência desse estatuto. Encontramos esse axioma no grande livro de geometria da Antiguidade: *Os elementos*, de Euclides. Esse livro apresenta uma série de proposições apoiadas sobre axiomas e seguidas de demonstrações. O décimo segundo axioma do livro I se apresenta da seguinte forma: "E se uma linha reta, encontrando-se com outras duas retas, fizer os ângulos internos da mesma parte menores que dois retos, estas duas retas produzidas ao infinito concorrerão para a mesma parte dos ditos ângulos internos" (Euclides 2009, p. 98).

Podemos tirar uma consequência desse axioma/postulado, aquela a partir da qual frequentemente evocamos essa proposição: seja uma reta e um ponto exterior a ela; por esse ponto passa uma, e apenas uma, reta paralela à primeira. A formulação de Euclides não é límpida em um primeiro contato e é difícil ver surgir a evidência que ela exprime, a menos que recorramos a um esquema. Eis como tal esquema pode ser obtido. Tomemos um plano. Nesse plano, eu traço uma primeira reta qualquer, a reta D. Depois, eu traço a reta D'. Em seguida, eu traço uma reta D" que corta, ao mesmo tempo, D e D'. Eu posso definir dois lados da reta D": de um dos lados, a soma dos ângulos que formam as duas retas que cortam D' é inferior a dois ângulos retos, e, do outro, essa soma é superior a esse valor. O axioma/postulado diz que as duas retas se cortam do lado em que a soma é inferior a dois ângulos retos.

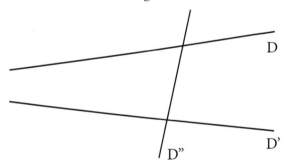

Esse resultado é tão intuitivo (se a soma dos ângulos é inferior a dois ângulos retos, significa que as retas se aproximam uma da outra e, portanto, que elas virão necessariamente a se cruzar, se prolongarmos suficientemente seu traçado), que Euclides o considerava como um axioma, ou seja, ele constatava a impossibilidade de demonstrá-lo, ainda que sentisse sua verdade. Entretanto, ele se enganava. Ou, mais do que isso, sua intuição estava limitada a uma forma de geometria que é aquela que hoje chamamos justamente de "euclidiana". Portanto, esse axioma se tornou, depois dos trabalhos de Lobatchevski, um simples postulado: uma possibilidade geométrica entre outras. Na geometria de Lobatchevski, por um ponto passa uma infinidade de retas paralelas a uma determinada reta. A geometria euclidiana não é falsa; é um caso particular da geometria, tomada em sentido amplo, que os trabalhos de Lobatchevski começam a desvelar.

Esse episódio é rico de significação tanto do ponto de vista da história quanto da filosofia das ciências, e ele é frequentemente considerado exemplar de um procedimento científico ao mesmo tempo interrogativo e inventivo. Mas, se nós o apresentamos com algum detalhamento, foi para indicar que a uniformidade das leis da natureza, que era um axioma antes de Hume, torna-se um postulado com ele. Exatamente como se Hume tivesse sido, antes da hora, o Lobatchevski da indução. O mundo em que vivemos é seguramente, na prática, regido por leis estáveis e imutáveis. Entretanto, não temos nenhum conhecimento direto das causas dessa estabilidade. Apenas o hábito – que sabemos ser, às vezes, preguiçoso – convida-nos a crer nessa estabilidade.

Daqui a análise de Hume vai deslizar a outro problema, o da crença. Dado que não temos nenhuma prova direta ou racional da estabilidade das leis da natureza, dado que ela é um simples postulado, por que temos, no entanto, a convicção de que a natureza é regida por leis imutáveis? Passamos então de uma questão ontológica a uma psicológica, de uma questão dirigida à natureza e a suas regularidades que aí se desenrolam a uma questão sobre nossas crenças e as razões que as motivam. É esse deslizamento do ontológico ao psicológico que confere à obra de Hume certa equivocidade, a despeito de sua clareza de expressão.

Nelson Goodman: O novo enigma da indução

Mas se o "verdadeiro" problema que coloca Hume se volta à natureza de nossa crença, à nossa tendência em confundir axioma e postulado, não podemos mais nos contentar, ao colocar o problema da indução, com a vibração da corda do violão, o Sol que nasce amanhã ou o calor que acompanha o fogo. Devemos forjar exemplos mais sofisticados, sob o risco de cairmos no esoterismo. Esse será o raciocínio de Nelson Goodman mais de dois séculos depois das publicações de Hume.

Temos o hábito de manipular os predicados da cor. Desse modo, dizemos "esta coisa é vermelha" (ou verde, ou azul). Mas nós poderíamos inventar uma categoria diferente, para designar, por exemplo, a cor das peras. É evidente, na verdade, que não dispomos de uma categoria conveniente para falar da cor de uma pera. A pera é verde na primavera até meados do verão. Depois, ela é amarela e se torna dourada no outono. Nós podemos descrever esse processo e analisá-lo como processo de amadurecimento ao qual está associada uma mudança de cor. Mas poderíamos também querer nos mostrar mais lógicos e dizer que a pera tem uma só cor, dando-lhe um nome. Por exemplo, poderíamos chamá-la verde-amarelo, ou ainda "veramarelo". Nós podemos de fato dizer que as peras são veramarelas, dando a essa expressão a seguinte definição: é veramarela uma coisa que é verde antes de meados do verão e amarela depois. É um pouco sofisticado e estranho como linguagem, mas não é impossível. Não é absurdo.

Não nos surpreende que a pera mude de cor, pois sabemos que ela é a base de um conjunto de processos biológicos, cujo resultado poderia perfeitamente ser essa mudança de aparência. Suponhamos agora que a mesma coisa seja pensada com respeito a um objeto notoriamente inerte. Um objeto mineral, uma pedra. Sim, uma pedra transparente como, por exemplo, uma esmeralda. A transparência da pedra e sua cor resultam de leis físicas. Essas leis são imutáveis. É por isso que não temos motivo para imaginar para a esmeralda um predicado que, já no caso da pera, parecia curioso e supérfluo. Entretanto, é isso que Goodman nos convida a fazer. Vale lembrar que, depois de Hume, a ideia de supor coisas totalmente inabituais em filosofia se impôs como um tipo de método.

Então, estamos agora em vias de supor a existência de uma mudança na cor das esmeraldas, que vai se produzir em um momento indeterminado do futuro, sem necessidade de supor um fenômeno sazonal: basta imaginar uma transformação em um momento qualquer, com a única condição de que seja "no futuro". Assim, essas esmeraldas são verdes antes do momento da transformação e azuis depois. E como prevemos essa mudança de aparência da esmeralda, decidimos criar uma nova categoria de cor que depende do tempo: ser verde antes do momento da transformação e azul depois. E, como no caso das peras, damos a essa cor dependente do tempo um nome específico. Diremos que esses objetos que passam do verde ao azul no tempo *t* e permanecem azuis na sequência são "verzuis". É a isso que Goodman pretende chamar nossa atenção, o fato que, observando as esmeraldas antes do tempo *t*, eu confirmo tanto a proposição que diz que as esmeraldas são verdes quanto a que diz que as esmeraldas são verzuis, já que, antes de *t*, uma esmeralda verzul é verde. Depois de *t*, no entanto, podemos claramente distinguir uma esmeralda verzul de uma esmeralda verde, já que, nesse momento, ser verzul equivale a ser azul. Tudo isso, portanto, para nos mostrar que as observações não provam nada em si mesmas, e que é preciso se interrogar também sobre as categorias que formamos, sobre sua estrutura. De um ponto de vista lógico, o predicado "ser verzul" é equivalente ao "ser verde". Mas não se trata, nesse caso, apenas de lógica. Outra coisa deve ser considerada, e o exemplo foi apresentado para tentar nos fazer sentir em que pode consistir essa "outra coisa", essa coisa qualquer que reside no próprio predicado.

Onde está, então, o ponto decisivo dessa experiência do pensamento? Nisto: algumas das propriedades que atribuímos, com ou sem razão, às coisas que nos circundam – por exemplo, "esta pedra é verde" ou "este homem é desleal" – têm uma certa validade, um certo interesse, uma certa utilidade. Goodman diz que essas propriedades possuem, elas mesmas, uma propriedade intrínseca: elas podem dar lugar a "projeções" pertinentes. Outras propriedades, ainda que equivalentes no plano lógico, não são projetáveis. A propriedade "ser verde" é projetável; a propriedade "ser verzul" não é, e por não ser projetável ela não pode ser verificada, mesmo por meio de um grande número de observações concordantes. Trata-se então, para Goodman, de precisar em que consiste essa propriedade de "ser projetável". O que distingue uma propriedade projetável (como ser verde) de uma não projetável (como ser verzul)? Resposta: a implantação da propriedade. Uma propriedade é implantada se ela está fortemente ligada ao objeto que tem essa propriedade. Por exemplo, a propriedade "ser verde" não está implantada na pera, pois ela vai mudar com a estação. Por isso, o predicado "veramarelo", que definimos anteriormente, é sofisticado, mas não é absurdo, se nós o aplicamos às peras. Em contrapartida, o predicado "verzul" não está implantado na esmeralda, pois ele suporia uma mudança de cor na pedra. Conclusão: os predicados podem se dividir em predicados "implantados", abrindo espaço a proposições que não são absurdas, e predicados não implantados, abrindo espaço a proposições que parecem absurdas (como, por exemplo, a proposição segundo a qual quanto mais eu observo esmeraldas verdes, mais eu comprovo que elas são verzuis). As propriedades projetáveis são, portanto, propriedades implantadas.

Análise do argumento de Goodman

Seguimos a demonstração de Goodman até seu resultado final e sabemos agora aonde ele pretendia chegar. Goodman trata de esmeraldas, portanto, de objetos concretos que existem na natureza. Entretanto, o que assusta em suas reflexões é que elas parecem sempre evitar aquilo que poderíamos chamar a "confrontação física" com o objeto. Ele trata de esmeraldas, mas em momento algum ele coloca a questão sobre o que é em si mesma uma esmeralda e o que é a cor verde para a esmeralda. Será que essa cor corresponde ao que Locke nomeava uma qualidade primeira, ou a uma qualidade segunda? Essa questão é importante, pois, como vimos, o objetivo de Goodman é definitivamente mostrar que as propriedades projetáveis são as propriedades implantadas. Ora, a distinção entre qualidade primeira e segunda é precisamente uma distinção que remete ao grau de implantação de uma "qualidade".

> Posto isto, deve-se distinguir nos corpos duas espécies de qualidades. *Em primeiro lugar*, aquelas inteiramente inseparáveis do corpo, qualquer que seja o estado em que se encontre, de modo que ele as conserva sempre em todas as alterações e mudanças que sofra, por maior que seja a força que possa exercer-se sobre ele. Estas qualidades são de tal natureza que os nossos sentidos as encontram constantemente em cada partícula de matéria com grandeza suficiente para ser percebida e a mente considera-as inseparáveis de cada partícula de matéria, mesmo que seja demasiado pequena para que os nossos sentidos a possam perceber individualmente. Por exemplo: tomai um grão de trigo e dividi-o em duas partes; cada parte possui ainda

80 | Papirus Editora

solidez, extensão, figura e mobilidade; dividi-o uma vez mais e as partes ainda conservam as mesmas qualidades; e se continuas a dividi-lo até que as partes se tornem insensíveis, nenhuma delas perderá jamais qualquer dessas qualidades. Porque a divisão (que é tudo quanto um moinho ou um triturador ou qualquer outro corpo faz a outro, quando o reduz a partes insensíveis) não pode nunca suprimir num corpo a solidez, a extensão, a figura e a mobilidade, mas unicamente faz, daquilo que antes era apenas uma, várias massas de matéria distintas e separáveis; todas essas massas de matérias, consideradas a partir desse momento como tantos corpos distintos, constituem um certo número determinado, uma vez acabada a divisão. A essas qualidades chamo *qualidades originais* e *primárias* de um corpo, as quais, a meu ver, podemos considerar causas produtoras das nossas ideias simples de solidez, extensão, figura, movimento ou repouso e número.

Há, *em segundo lugar*, qualidades tais que, nos próprios corpos, não são mais do que potências para produzir em nós várias sensações por meio das suas qualidades primárias, isto é, pelo volume, pela figura, pela textura e movimento das suas partes insensíveis. Tais são as cores, os sons, os paladares, etc. A estas dou o nome de *qualidades secundárias*. (Locke 2005, pp. 157-158)

Locke seguramente teria respondido, se tivéssemos lhe colocado a questão, que a cor da esmeralda é uma qualidade segunda. Pois, o fato de supor, mesmo hipoteticamente, que uma esmeralda poderia ser azul implica que tomemos a cor como uma qualidade segunda. Com efeito, se a cor verde da esmeralda fosse uma qualidade primeira, ou, dito de outra forma, se essa cor pertencesse à própria definição de uma esmeralda, então uma esmeralda azul não seria sequer concebível. O objeto deixaria de ser uma esmeralda ao mesmo tempo em que mudaria de cor. Qualidade segunda = qualidade não implantada. Goodman poderia, certamente, não estar de acordo com as distinções de Locke, mas está claro que ele toma por certo que a esmeralda poderia ser azul sem deixar de ser uma esmeralda. E é esse ponto que a análise de Locke permite diferenciar.

Além disso, Goodman parece inclinado a jogar com outra sutileza. Na verdade, ele não diz que as esmeraldas são verdes ou azuis; ele diz que elas "são vistas" verdes ou azuis, como se ele pretendesse introduzir uma nuance entre aquilo que um objeto é e aquilo que ele parece ser.

Filosofia das ciências | 81

Novamente, parece que essa precaução de linguagem corresponde a um tipo de fuga da confrontação física. A cor de um objeto não é um fenômeno puramente subjetivo. Um daltônico, incapaz subjetivamente de distinguir o verde do vermelho, sem dúvida pode realizar essa distinção se dispuser de um aparelho que permita determinar o comprimento de onda do fluxo luminoso emitido por um objeto. Da mesma maneira, o tipo de fluxo luminoso emitido por uma esmeralda pode ser determinado até mesmo por um cego, caso ele disponha de um aparelho de detecção adequado. Não se trata, portanto, de um domínio do "visto como". É um dado mensurável e objetivo. Se introduzirmos na ficção de Goodman o elemento de um encontro direto com o objeto "esmeralda", veremos que, nessa ficção, trata-se de fato de uma mudança que supostamente pode intervir em um momento t do futuro, mudança essa voltada a uma qualidade da esmeralda (sua cor) considerada como uma qualidade segunda.

O pragmatismo de Hume

Mas, se seguimos assim o raciocínio de Goodman, foi por ele nos colocar na direção de um aspecto importante da reflexão de Hume. Dissemos que as esmeraldas eram verdes em função de um conjunto de leis naturais. A ideia de Goodman foi, então, introduzir por meio do pensamento uma mudança sub-reptícia das leis da natureza, que modifica as qualidades segundas da esmeralda em um tempo t do futuro. Nós lembramos que Russell propunha a seguinte questão: o que nos prova que as próprias leis da natureza não vão mudar? A resposta está sugerida pelo enigma de Goodman: a natureza é cega, ela não saberia mudar suas leis, ela não saberia espontaneamente modificar as qualidades segundas de um objeto, pois ela não tem imaginação. A permanência das leis da natureza é a intuição da ausência de imaginação nas fibras da natureza.

Russell, em seu estudo sobre indução, imagina um caso de indução fatídica. Uma galinha induziu do ruído dos passos do fazendeiro, que toda manhã ressoavam no terreiro, que eles indicavam a chegada do alimento.

Indução justificada somente até o dia em que o fazendeiro vem lhe torcer o pescoço. Estamos na mesma situação diante das leis da natureza, insiste Russell: nós fomos em vão convencidos de que elas vão se reproduzir identicamente a si mesmas, pois nada nos prova que elas não vão nos surpreender um dia, nada prova a necessidade das leis que observamos. Ora, podemos opor uma objeção a esse raciocínio, já que a natureza não tem qualquer razão para se comportar como o fazendeiro. Contrariamente a ele, ela não tem imaginação, apetite, programa, intenção. O fazendeiro pode considerar que a galinha está suficientemente gorda para ser mais útil em um espeto do que no galinheiro. A natureza não saberia fazer o mesmo. Ela não pode mudar de opinião para adotar um comportamento diferente daquele que ela teve até então.

Por quê? Porque ela é feita de elementos intercambiáveis. Ora, se esses elementos que compõem a natureza devem permanecer intercambiáveis, então a modificação das leis que se aplicam a um deles deveria simultaneamente se aplicar a todos os outros (a fim de que eles permaneçam intercambiáveis), tal como fomos conduzidos a supor no caso das esmeraldas. Todas as esmeraldas, na ficção de Goodman, deveriam mudar de cor "ao mesmo tempo". Portanto, já que a natureza é feita de elementos intercambiáveis – ou, ao menos, supomos que seja feita de elementos intercambiáveis –, logicamente supomos também que essas leis são invariáveis, e não apenas por causa do hábito.

Em uma narrativa de ficção científica, Isaac Asimov coloca em cena personagens que, graças talvez a leituras de David Hume, jogam bilhar. Em um dado momento, uma das bolas segue uma trajetória perfeitamente incongruente. Ela se dirige com determinação, mas também com liberdade, a um sentido que não é aquele que esperaríamos de uma bola de bilhar em movimento livre. Em outros termos, ela contraria com seu movimento as leis naturais. Apesar disso, "todas as coisas permanecem idênticas". A bola de bilhar era, até então, intercambiável com todas as outras bolas de mesma massa. Qualquer bola teria tido, em seu lugar, exatamente o mesmo comportamento. Mas, de repente, em um tempo t, a matéria que a constitui se singulariza. Seria excessivo dizer que esse comportamento

Filosofia das ciências | 83

não segue mais nenhuma regra (pois a bola vai com determinação em direção ao crânio de um homem em que vai se afundar), mas ao menos não segue mais a regra comum e habitual.

A bola é feita de resina e seu movimento é o resultado do movimento de cada um dos átomos que a compõem. Em outros termos, se ela muda repentinamente de comportamento, significa que os inúmeros átomos que a compõem adotaram simultaneamente essa nova regra de comportamento. A bola de bilhar, ela própria intercambiável com outras bolas de bilhar, é composta de elementos que são intercambiáveis entre si. É, portanto, muito difícil, ainda que não impossível, conceber mudanças semelhantes de comportamento em bolas de bilhar – é, na verdade, uma mudança do campo gravitacional que, na narrativa, está na origem da mudança de comportamento da bola de bilhar, mas isso não altera em nada as conclusões que podemos tirar dessa modificação. Essa é a razão pela qual tais mudanças, por ora, encontram-se apenas em narrativas de ficção científica.

Indo além, encontraremos a intuição de Hume. Na verdade, como já havia percebido Kant, é precisamente porque existem regularidades na natureza que nosso espírito é capaz de apreendê-las. Se tais regularidades não existissem, estaríamos diante de um caos que nenhuma representação poderia organizar. Exatamente como o olho que percebe os raios luminosos: o olho não existiria, se não houvesse na natureza raios luminosos graças aos quais a realidade pudesse revelar seu conteúdo ao aparelho ótico que o constitui. Da mesma forma, a noção de causalidade não existiria entre nós, se a causalidade não tivesse antes existido na natureza, pois é a presença dessa regularidade na natureza que faz com que possuir a capacidade de representar constitua uma vantagem na evolução das espécies. Essa dimensão evolucionista da interpretação está, com certeza, totalmente ausente em Hume. Entretanto, ela é, de certa forma, pressentida por ele.

Hume, perguntando-se sobre a noção de causalidade, estava na mesma situação de alguém que se pergunta sobre a visão supondo que o olho se constituiu sem relação com os fenômenos luminosos. Ele ficaria espantado com a coincidência que representaria a presença simultânea de um fenômeno e de seu sistema de detecção. Ele não compreenderia a ligação que existe entre os dois. Ora, a essa ligação a teoria da evolução dá uma solução simples e invariável: como estamos em condições de detectar um fenômeno, como, dito de outro modo, possuímos uma faculdade, qualquer que seja, significa que essa faculdade deve ser útil à vida. E, se ela é útil, significa que ela funciona de modo eficaz. Mas funcionar de modo eficaz é simplesmente dar uma representação suficientemente confiável do funcionamento da natureza. Em outros termos, se existem na natureza fenômenos erráticos – o que não está excluído –, nós só podemos ignorá-los, pois nenhum sentido que permitisse sua detecção pôde ser desenvolvido. O problema da indução vai estar sempre mal colocado, enquanto o fizermos sem relação com o organismo que concebe a indução: o organismo humano e sua origem natural.

Hume insistia sobre o caráter prático do saber que contém "o instinto indutivo". Ele sublinha, em diversas ocasiões, que não duvida, de fato (na prática), da regularidade das leis da natureza, e que seria confundir inteiramente seu propósito crer que ele pretende nos conduzir à dúvida sobre essa regularidade. Hume se interroga sobre o fundamento teórico de nossa crença nessa regularidade. Não encontrando nenhum, ele chega perto de concluir que seu caráter é puramente prático. Assim, aquilo que Hume mostra em definitivo é: o princípio da indução é verdadeiro na prática e somente na prática. Ele é verdadeiro para nós, cujo pensamento é essencialmente comandado por necessidades práticas. O pensamento não tem por função primeira nos servir na elaboração de teorias. Sua função inicial é comandada por imperativos e necessidades práticas.

Essa é a ideia que concebeu mais tarde Charles Sanders Pierce. Segundo Pierce, nossas faculdades perceptivas e cognitivas são um produto da evolução de nossa espécie. Diz-se que elas nos informam sobre a realidade, mas é unicamente em função da vantagem que pôde representar tal faculdade para a sobrevivência das criaturas que foram nossos ancestrais. Essa solução pragmática do problema da indução tem o mérito de evitar que a questão deslize rumo a uma sofisticação excessiva.

Depois da indução

Toda essa agitação em torno da noção de indução é justificada pelo fato de que supomos que a indução é indispensável à ciência. Com efeito, a ciência visa conhecimentos gerais. Ora, apenas a indução permite passar das observações particulares às regras gerais. Mas essa suposição é ela própria fundada? É certo que a ciência se apoia sobre a validade dessa noção, concebida frequentemente de forma intuitiva? Claude Bernard, em seu livro *Introdução à medicina experimental*, fala um pouco sobre a indução. Seu ponto de referência teórico é a noção de determinismo. Eis o que ele diz:

> Define-se a indução dizendo que é um processo do espírito que vai do particular ao geral, enquanto a dedução seria o processo inverso que iria do geral ao particular. Decerto, não tenho a pretensão de entrar aqui em discussão filosófica que estaria fora de lugar e da minha competência; apenas, na qualidade de experimentador, limitar-me-ei a dizer que, na prática, parece-me muito difícil justificar esta distinção e separar, nitidamente, a indução da dedução. Se o espírito do experimentador procede, igualmente, partindo de observações particulares para chegar aos princípios, às leis, ou às proposições gerais, procede também, necessariamente, dessas mesmas proposições gerais ou leis para chegar aos factos particulares que deduz logicamente de tais princípios. Somente, quando a certeza do princípio não é absoluta, trata-se sempre de uma dedução provisória que reclama a verificação experimental. Todas as aparentes variedades do raciocínio dependem, apenas, da natureza do assunto de que se trata, e da sua maior ou menos complexidade. Mas, em todos os casos, o espírito do homem funciona sempre de forma silogística; não poderia conduzir-se de outra maneira. (Bernard 1978, p. 61)

Assim, nosso estudo do conceito de indução se completa com o julgamento de um praticante da ciência, cujas afirmações convêm examinar mais em detalhe. No lugar do princípio de indução, Claude Bernard parece querer colocar o princípio por ele chamado "determinismo". Esse deslizamento do princípio de indução ao princípio de determinismo orienta as reflexões da filosofia das ciências – e, se sim, em que sentido, com quais consequências e em função de quais desafios? Qual é precisamente sua aplicação? Vamos colocar essas questões no próximo capítulo.

TRECHO

Investigação acerca do entendimento humano, de David Hume

SEÇÃO V. SOLUÇÃO CÉTICA DESTAS DÚVIDAS

PRIMEIRA PARTE

Tanto a paixão filosófica como a paixão religiosa parecem expostas — embora procurem extirpar nossos vícios e corrigir nossos hábitos — ao inconveniente, quando manejadas com imprudência, de servirem apenas para encorajar uma inclinação predominante e conduzir o espírito resolutamente na direção que previamente mais o *atraia,* devido às tendências e inclinações do temperamento natural. Certamente, enquanto aspiramos à magnânima firmeza do saber filosófico e tentamos encerrar nossos prazeres nos limites de nosso próprio espírito, podemos, finalmente, tornar nossa filosofia, como aquela de Epicteto e outros estóicos, num sistema mais refinado de egoísmo e persuadir-nos racionalmente de nos desligar de toda virtude como também de todos os prazeres sociais. Enquanto refletimos a propósito da vaidade da vida humana e pensamos na natureza fútil e transitória das riquezas e das honras, estamos, talvez, durante todo este tempo, lisonjeando nossa indolência natural que, por aversão à azáfama do mundo e à fadiga dos negócios, procura um pretexto racional para entregar-se completa e livremente à preguiça. Há, contudo, uma corrente filosófica que parece menos exposta a este inconveniente, pois ela não se liga a nenhuma paixão desordenada do espírito e nem se alia a qualquer tendência ou propensão natural: é a filosofia acadêmica ou cética. Os acadêmicos falam sempre da dúvida e da suspensão do juízo, do risco das resoluções apressadas, em confinar as investigações do entendimento a estreitos limites e em renunciar a todas as especulações que transbordam as fronteiras da vida e da prática cotidianas. Nada, por conseguinte, pode ser mais contrário a tal filosofia do que a indolente letargia do espírito, sua atrevida arrogância, suas elevadas pretensões e sua credulidade supersticiosa. Toda paixão é mortificada por ela, exceto o amor à verdade; e esta paixão não é jamais, nem pode ser, elevada a um grau demasiado alto. É surpreendente, todavia, que esta filosofia, que em quase todos os aspectos deve ser inofensiva e inocente, seja o objeto de tantas acusações e de tantas censuras infundadas. Mas, talvez, a própria

Filosofia das ciências | 87

circunstância que a torna tão inocente seja justamente o que a expõe ao ódio e ao ressentimento públicos. Porque ela não adula nenhuma paixão desordenada, não obtém muitos adeptos; porque ela se opõe a tantos vícios e tantas tolices, levanta contra si um grande número de adversários, que a estigmatizam como profana, libertina e irreligiosa.

Não temos necessidade de recear que esta filosofia, enquanto trata de limitar nossas investigações à vida diária, solape os raciocínios da vida diária e estenda suas dúvidas até o ponto de destruir toda ação como também toda especulação. A natureza manterá ternamente seus direitos e prevalecerá sobre todos os raciocínios abstratos. Embora devêssemos concluir, a exemplo da seção anterior, que em todos os raciocínios derivados da experiência o espírito avança sem apoiar-se em argumentos ou processo do entendimento, não há perigo que estes raciocínios, dos quais depende quase todo conhecimento, sejam afetados por tal descoberta. Se o espírito não é levado a dar este passo por um argumento, deve ser persuadido por outro princípio de igual peso e autoridade; e este princípio manterá sua influência contanto que a natureza humana permaneça invariável. Vale a pena investigar qual é a natureza deste princípio.

Suponde que um homem, dotado das mais poderosas faculdades racionais, seja repentinamente transportado para este mundo; certamente, notaria de imediato a existência de uma contínua sucessão de objetos e um evento acompanhado por outro, mas seria incapaz de descobrir algo a mais. De início, não seria capaz, mediante nenhum raciocínio, de chegar à idéia de causa e efeito, visto que os poderes particulares que realizam todas as operações naturais jamais se revelam aos sentidos; nem é razoável concluir, apenas porque um evento em determinado caso precede outro, que um é a causa e o outro, o efeito. Esta conjunção pode ser arbitrária e acidental. Não há base racional para inferir a existência de um pelo aparecimento do outro. E, numa palavra, aquele homem, desprovido de experiência, jamais poderia conjeturar ou raciocinar sobre qualquer questão de fato, nem teria segurança de algo que não estivesse imediatamente presente à sua memória ou aos seus sentidos.

Suponde de novo que o mesmo homem tenha adquirido mais experiência e que tenha vivido o suficiente no mundo para observar que os objetos ou eventos familiares estão constantemente ligados; qual é a conseqüência desta experiência? Imediatamente infere a existência de um objeto pelo aparecimento do outro. Entretanto, não adquiriu, com toda a sua experiência, nenhuma idéia ou conhecimento do poder oculto, mediante o qual um dos objetos produziu o outro; e não será um processo do raciocínio que o obriga a tirar esta inferência. Mas ele se encontra determinado a tirá-la; e mesmo se ele fosse persuadido de que seu entendimento não participa da operação, continuaria pensando o mesmo, porquanto há um outro princípio que o determina a tirar semelhante conclusão.

Este princípio é o costume ou o hábito. Visto que todas as vezes que a repetição de um ato ou de uma determinada operação produz uma propensão a renovar o mesmo ato ou a mesma operação, sem ser impelida por nenhum raciocínio ou processo do entendimento, dizemos sempre que esta propensão é o efeito do costume. Utilizando este termo, não supomos ter dado a razão última de tal propensão. Indicamos apenas um princípio da natureza humana, que é universalmente reconhecido e bem conhecido por seus efeitos. Talvez não possamos levar nossas investigações mais longe e nem aspiramos dar a causa desta causa; porém, devemos contentar-nos com que o costume é o último princípio que podemos assinalar em todas as nossas conclusões derivadas da experiência. Já é, contudo, satisfação suficiente poder chegar até aqui sem irritar-nos com nossas estreitas faculdades, estreitas porque não nos levam mais adiante. Certamente, temos aqui ao menos uma proposição bem inteligível, senão uma verdade, quando afirmamos que, depois da conjunção constante de dois objetos, por exemplo, calor e chama, peso e solidez, unicamente o costume nos determina a esperar um devido ao aparecimento do outro. Parece que esta hipótese é a única que explica a dificuldade que temos de, em mil casos, tirar uma conclusão que não somos capazes de tirar de um só caso, que não discrepa em nenhum aspecto dos outros. A razão não é capaz de semelhante variação. As conclusões tiradas por ela, ao considerar um círculo, são as mesmas que formaria examinando todos os círculos do universo. Mas ninguém, tendo visto somente um corpo se mover depois de ter sido impulsionado por outro, poderia inferir que todos os demais corpos se moveriam depois de receberem impulso igual. Portanto, todas as inferências tiradas da experiência são efeitos do costume e não do raciocínio.

O costume é, pois, o grande guia da vida humana. E o único princípio que torna útil nossa experiência e nos faz esperar, no futuro, uma série de eventos semelhantes àqueles que apareceram no passado. Sem a influência do costume, ignoraríamos completamente toda questão de fato que está fora do alcance dos dados imediatos da memória e dos sentidos. Nunca poderíamos saber como ajustar os meios em função dos fins, nem como empregar nossas faculdades naturais para a produção de um efeito. Seria, ao mesmo tempo, o fim de toda ação como também de quase toda especulação.

Filosofia das ciências | 89

Mas aqui deve ser conveniente notar que, embora nossas conclusões derivadas da experiência nos levem além de nossa memória e de nossos sentidos e nos assegurem da realidade de fatos que ocorreram em lugares mais distantes e em épocas remotas, é necessário que um fato esteja sempre presente aos sentidos e à memória, do qual podemos de início partir para tirar essas conclusões. Se um homem encontrasse num país deserto os remanescentes de edifícios suntuosos, concluiria que o país, em tempos remotos, tinha sido cultivado por habitantes civilizados; mas, se nada desta natureza lhe ocorresse, jamais poderia chegar a semelhante inferência. Pela história, conhecemos os eventos de épocas passadas; todavia, devemos prosseguir consultando os livros que contêm estes ensinamentos e, a partir daí, remontar nossas inferências de um testemunho a outro até chegar às testemunhas oculares e aos espectadores desses eventos remotos. Numa palavra, se não partirmos de um fato presente à memória ou aos sentidos, nossos raciocínios serão puramente hipotéticos; e seja qual for o modo como estes elos particulares estejam ligados entre si, toda a cadeia de inferência não teria nada que lhe servisse de apoio e jamais por meio dela poderíamos chegar ao conhecimento de uma existência real. Se vos perguntasse por que acreditais em determinado fato que relatais, deveis indicar-me alguma razão; e esta razão será um outro fato em conexão com o primeiro. Entretanto, como não podeis proceder desta maneira *in infinitum,* deveis finalmente terminar por um fato presente a vossa memória ou aos vossos sentidos, ou deveis admitir que vossa crença é inteiramente sem fundamento.

Qual é, portanto, a conclusão de toda a questão? É simples; no entanto, deve-se confessar que ela se acha muito distante das teorias filosóficas correntes. Toda crença, em matéria de fato e de existência real, procede unicamente de um objeto presente à memória ou aos sentidos e de uma conjunção costumeira entre esse e algum outro objeto. Ou, em outras palavras, como o espírito tem encontrado em numerosos casos que dois gêneros quaisquer de objetos — a chama e o calor, a neve e o frio — sempre têm estado em conjunção, se, de novo, a chama ou a neve se apresentassem aos sentidos, o espírito é levado pelo costume a esperar calor ou frio, e a *acreditar* que esta qualidade existe realmente e que se manifestaria se estivesse mais próxima de nós. Esta crença é o resultado necessário de colocar o espírito em determinadas circunstâncias. E uma operação da alma tão inevitável como quando nos encontramos em determinada situação para sentir a paixão do amor quando recebemos benefícios; ou a de ódio quando nos defrontamos com injustiças. Todas estas operações são uma espécie de instinto natural que nenhum raciocínio ou processo do pensamento e do entendimento é capaz de produzir ou de impedir.

A esta altura, poderíamos perfeitamente terminar nossas pesquisas filosóficas. Na maioria dos problemas jamais poderíamos adiantar um único passo; e em todas as questões deveríamos terminar aqui, depois das mais incessantes e curiosas investigações. Mas ainda nossa curiosidade será perdoável, talvez digna de elogio, se nos levar a investigações mais avançadas e nos fizer examinar com maior exatidão a natureza desta *crença* e desta *conjunção costumeira,* isto é, de onde ela procede. Por este meio podemos encontrar explicações e analogias que satisfarão, ao menos, àqueles que amam as ciências abstratas e se contentam com especulações que, por mais rigorosas que sejam, ainda podem conservar certo grau de dúvida e de incerteza. Quanto aos leitores de gosto diverso, o resto desta seção não lhes é destinada, e, se eles não a lerem, ainda assim podem compreender perfeitamente as investigações posteriores.

Fonte: Hume 1999, pp. 59-64.

Sugestões de leitura

Para continuar a reflexão que foi apresentada neste capítulo, convém seguramente começar pela leitura de Hume. Trata-se de um autor cuja leitura não exige nenhuma preparação particular. Suas reflexões se destacam por sua clareza. No capítulo precedente, evocamos exclusivamente a questão da indução. O essencial das reflexões de Hume sobre essa questão se encontra no volume I do *Tratado da natureza humana* (especialmente na terceira parte, intitulada "Do conhecimento e da probabilidade") e no *Investigação acerca do entendimento humano* (especialmente nas seções IV e V, intituladas, respectivamente, "Dúvidas céticas" e "Solução cética destas dúvidas").

Mas Hume também escreveu sobre as paixões. O livro II do *Tratado da natureza humana* é consagrado a esse tema. Entretanto, no fim do livro I, encontramos uma longa passagem de grande originalidade sobre a noção de identidade pessoal: "Da identidade pessoal". As intuições que Hume desenvolve sobre o caráter fragmentado do eu antecipam alguns temas que vão ser tratados tanto pela filosofia quanto pela psicologia e pela literatura, mais de um século depois: com Nietzsche na filosofia, com Ribot na psicologia, com Rimbaud e Proust também (podemos encontrar uma bela síntese dessa presença do tema do "eu dividido" em numerosos campos de reflexão e saber no livro de Édouard Bizub, *Proust et le moi divise. La recherche: Creuset de la psychologie expérimentale (1874-1914)* (Droz, 2006). O livro mostra como o tema perpassa a psicologia e a literatura, passando pela filosofia e poesia).

Para seguir com o tema da indução, podemos consultar a obra de Jules Lachelier intitulada *Du fondement de l'induction*, publicada em 1871. Constataremos que, se a questão da indução é considerada central e fundadora de todo conhecimento científico, a obra de Hume não se beneficia, no entanto, de um tratamento privilegiado (o próprio Hume é citado somente em duas ocorrências e suas teses são apresentadas sob o título mais geral "escola escocesa"):

> A indução é a operação pela qual passamos do conhecimento dos fatos àquele das leis que os regem. A possibilidade dessa operação não foi posta em dúvida por ninguém e, por outro lado, parece estranho que certos fatos, observados em um tempo e um espaço determinados, sejam suficientes para que estabeleçamos uma lei aplicável a todos os lugares e todos os tempos. A experiência mais bem feita só serve para nos ensinar adequadamente como os fenômenos se ligam diante de nossos olhos: mas, que eles devam se ligar sempre e por toda parte da mesma maneira, é o que ela não nos ensina, apesar de não hesitarmos em afirmá-lo. Logo, como uma tal afirmação é possível e sobre que princípio ela é fundada? Essa é a questão, tão difícil quanto importante, que tentaremos resolver. (Lachelier 1992, p. 3)

Notemos que, assim que Claude Bernard tentar estabelecer as regras do raciocínio experimental, ele tampouco vai fazer qualquer referência a Hume, que não é citado nem uma só vez na *Introdução à medicina experimental*. Voltaremos a isso no próximo capítulo.

Mas o trajeto intelectual que vai conduzir à filosofia que se quer a mais sintonizada com o progresso das ciências, a filosofia analítica, vai conservar um parentesco com o tema da indução, considerado o fundamento daquelas nossas afirmações que são verificadas pelos fatos, mas que são tão surpreendentemente difíceis de estabelecer. Podemos continuar pelos textos de Ernest Mach (titular da cadeira de *Filosofia das ciências indutivas* criada para ele em Viena em 1895), especialmente *L'analyse des sensations, le rapport du physique au psychique* (1886). Russell, no início do século XX, coloca claramente em destaque os desafios da questão. Eis o que ele escreve em *História da filosofia ocidental*:

> A filosofia de Hume, verdadeira ou falsa, representa a bancarrota da racionalidade do século XVIII. (...) É importante, por conseguinte, descobrir se há alguma resposta a Hume dentro da estrutura de uma filosofia que é toda ou principalmente empírica. Se não, não há diferença intelectual alguma entre a sanidade e a loucura. O lunático que se julga um ovo escaldado será condenado unicamente por estar em minoria (...). (Pp. 221-222)

O Círculo de Viena se inspira amplamente nas ideias de Hume. Karl Popper vai se apresentar, até com certa ênfase, como tendo "resolvido o problema de Hume".

Será principalmente depois da Segunda Guerra Mundial que o debate sobre a indução vai ganhar uma atmosfera técnica e lógica, na qual vamos ver filósofos refletir longamente sobre proposições no começo simples, como a famosa "a neve é branca", depois progressivamente mais e mais sofisticadas, mas ainda conservando certa simplicidade em sua forma, como as proposições de Goodman sobre as esmeraldas. Um estilo se afirma, tanto no que concerne as problemáticas abordadas quanto no que concerne as ferramentas dessas investigações. Para entrar nessas questões, podemos sugerir a leitura dos livros de Nelson Goodman e Saul Kripke.

Um dos pontos a se destacar, nesses dois autores, é a influência da obra de Ludwig Wittgenstein. Este é, sem dúvida, o momento de se interrogar sobre a proposição do próprio Wittgenstein sobre o problema da indução. Ora, há uma anedota sobre esse tema tão significativa quanto surpreendente.

Ela surge em 25 de outubro de 1946 no Cambridge Moral Science Club, do qual Wittgenstein era o presidente. No livro *Beyond Wittgenstein's poker: New light on Popper and Wittgenstein*, Peter Munz conta que era costume nesse clube convidar um orador para apresentar um *puzzle* filosófico a cada reunião. Os membros do clube se esforçavam, em seguida, para mostrar que uma análise da linguagem com a qual o suposto quebra-cabeça tinha sido formulado bastava para solucionar o problema. Em suma, tratava-se de mostrar que não havia um verdadeiro "problema" filosófico. Tudo se resolvia no quebra-cabeça que o uso incorreto da linguagem gerava por si mesmo. Naquele dia de outubro, o convidado era Karl Popper, que acabava de ser nomeado pela London School of Economics. Além de Wittgenstein, Bertrand Russell estava presente na sala. Popper diz, então, que, apesar de ter aceitado participar do jogo que consistia em colocar um problema e fazer com que a sagacidade das pessoas presentes fosse capaz de mostrar que não se tratava de um problema, ele estava convencido de que existiam "problemas" verdadeiros em filosofia. E acrescenta que eles pareciam-lhe mais interessantes e significativos que os presumidos quebra-cabeças, vistos por ele como perda de tempo. Wittgenstein dirige então a Popper o desafio de citar um único problema filosófico verdadeiro. Popper responde: "O problema da indução". Wittgenstein, um Sócrates dos tempos modernos, replica: "O que você quer dizer por indução?". Mas, menos paciente que o educador de Mênon, ele pega um atiçador que estava próximo à lareira e o agita de forma suficientemente ameaçadora para que Russell peça que devolva o objeto em seu lugar. Wittgenstein obedece, mas sai do recinto batendo a porta. O debate termina. Não vamos saber nada mais da posição de Wittgenstein sobre a questão da indução.

Bibliografia

BACON, F. (1999). *Novum Organum*. São Paulo: Nova Cultural.

BARBEROUSSE, A.; KISTLER, M. e LUDWIG, P. (2001). *A filosofia das ciências no século XX*. Lisboa: Instituto Piaget. (Pensamento e Filosofia)

BERNARD, C. (1978). *Introdução à medicina experimental*. Trad. Maria José Marinho. Lisboa: Guimarães.

BLANCHÉ, R. (1975). *L'induction scientifique et les lois naturelles*. Paris: PUF.

BOSS, G. (2009). *John Stuart Mill. Induction et utilité*. Zurique: Editions du Grand Midi.

CHALMERS, A.F. (1993). *O que é ciência, afinal?*. São Paulo: Brasiliense.

EUCLIDES (2009). *Os elementos*. São Paulo: Ed. da Unesp.

GOODMAN, N. (1991). *Fato, ficção e previsão*. Lisboa: Presença.

HACKING, I. (2004). *L'ouverture au probable. Elements de logique inductive*. Trad. para o francês de M. Dufour. Paris: A. Coli.

HUME, D. (1999). *Investigação acerca do entendimento humano*. São Paulo: Nova Cultural. (Os Pensadores)

_____ (2009). *Tratado da natureza humana*. São Paulo: Ed. da Unesp.

KRIPKE, S.A. (1996). *Règles et langage privé? Introduction au paradoxe de Wittgenstein*. Paris: Le Seuil.

LACHELIER, J. (1992). *Du fondement de l'induction: Suivi de Psychologie et métaphysique et de Notes sur le pari de Pascal*. Ed. crítica por J. Moutaux. Paris: Fayard.

LALANDE, A. (1929). *Les théories de l'induction et de l'expérimentation*. Paris: Boivin & Cie.

LOCKE, J. (2005). *Ensaio sobre o entendimento humano*. V. 1. Lisboa: Fundação Calouste Gulbenkian.

NICOD, J. (1961). *Le problème logique de l'induction*. Prefácio de B. Russell. Paris: PUF.

POPPER, K. (1974). *A lógica da pesquisa científica*. 2ª ed. São Paulo: Cultrix.

_____ (1975). *Conhecimento objetivo: Uma abordagem evolucionária*. Belo Horizonte: Itatiaia; São Paulo: Edusp.

RUSSELL, B. (1912). *The problems of philosophy*. Home University Library. [Em português, Os *problemas da filosofia*. Trad. Jaimir Conte. Florianópolis, 2005. Disponível na internet: http://www.cfh.ufsc.br/~conte/russell06. html, acesso em 11/4/2013.]

_____ (1969). *História da filosofia ocidental*. São Paulo: Editora Nacional.

4. O determinismo

Introdução: A origem do termo "determinismo"

O princípio de determinismo é considerado por Claude Bernard como o princípio fundador de todas as ciências experimentais: "sua negação seria a ruína da ciência", explica ele. Em sua forma mais sintética, ele se enuncia do seguinte modo: "as mesmas causas produzem os mesmos efeitos". Não saberíamos conceber uma ciência, ou seja, um conhecimento das leis regulares do universo ou de uma de suas partes, se supuséssemos que as mesmas circunstâncias, uma vez reunidas, não produzissem aquilo que tinha sido observado uma primeira vez, mas sim outra coisa. Em outros termos, a ciência só começa com a condição de suplantar o ceticismo de Hume, que conduzia à questão das razões pelas quais o mundo vai funcionar amanhã tal como funcionou ontem: as leis do universo são as mesmas em todo lugar e todo tempo. Essas diversas formulações são idênticas e apenas repetem o princípio central do determinismo, segundo o qual "as mesmas causas produzem invariavelmente os mesmos efeitos".

Os objetos que temos o hábito de nomear "objetos técnicos" são certamente aqueles que, a cada dia, sob nossos olhos, mostram a que ponto esse princípio, na falta de ser demonstrável, é confiável. Por exemplo: se em um volume de ar contendo gasolina eu lanço uma faísca, então vai se produzir uma explosão que, transformando as moléculas

Filosofia das ciências | 97

de hidrocarboneto em gás carbônico, vai aumentar o volume que elas ocupam. O gás produzido assim pode ser utilizado para mover um pistão, o qual vai provocar, com seu movimento, a rotação de um eixo, utilizado, por sua vez, para mover as rodas de um automóvel. É esse o princípio de toda a indústria automobilística. Mas, se o encontro das mesmas causas – suspensão de gasolina e faísca – não produzisse invariavelmente os mesmos efeitos, então nenhum automóvel teria podido jamais funcionar. Inversamente, enquanto automóveis dotados de motor à explosão funcionarem, isso significa que as causas que constituem o encontro da faísca e da gasolina vão produzir o mesmo efeito. Em outro exemplo, se pressionarmos o botão "z" de um teclado de computador, será um "z" que vai surgir na tela, e não um "b" ou um "f". Ainda nesse caso, as mesmas causas (tecla "z" pressionada) produzem os mesmos efeitos (letra "z" na tela). De forma geral, os objetos que chamamos "técnicos" são objetos que tiram partido do princípio de determinismo. Nós os chamamos, por essa razão, de máquinas: elas executam diversas operações de acordo com as demandas que lhes dirigimos.

Todo cientista adere conscientemente ou não, segundo Claude Bernard, ao princípio do determinismo. Ele chama esse princípio de "axioma" (evidência não demonstrável, como vimos antes), mas a palavra "postulado" teria, sem dúvida, sido mais conveniente:

> É preciso admitir, como axioma experimental, que tanto *nos seres vivos como nos corpos brutos as condições de existência de todos os fenômenos estão determinadas de uma maneira absoluta*. O que equivale a dizer, em outros termos, que desde que a condição de um fenómenos é conhecida e preenchida, o fenómeno deve reproduzir-se sempre e necessariamente, segundo a vontade do experimentador. A negação desta proposição seria a negação da própria ciência. Na verdade, sendo a ciência apenas o determinado e o determinável, deve-se, forçosamente, admitir como axioma que, em condições idênticas, todo o fenómeno é idêntico, e desde que as condições deixem de ser as mesmas, o fenómeno deixa de o ser. Este princípio é absoluto, tanto para os fenómenos dos corpos brutos como para os dos seres vivos, e a influência da vida, qualquer que seja a ideia que dela se faça, nada poderia alterar. (Bernard 1978, p. 89)

Claude Bernard é o primeiro a empregar em francês o termo "determinismo". Até então, sempre tínhamos considerado que o ponto decisivo do método científico era a indução. Para Claude Bernard não há, propriamente falando, indução. Há apenas um axioma fundamental, do qual o cientista nunca deve duvidar. Ele duvida e deve duvidar de todas as ideias que lhe chegam, mas nunca do princípio da ciência – o determinismo. É esse único princípio que deve, segundo Claude Bernard, ser objeto de uma convicção inabalável do cientista. O espírito científico é, portanto, aquele que duvida de tudo, exceto desse princípio. Se, como Descartes, propusermos que pensar é duvidar, então devemos reconhecer que, seguindo o próprio Claude Bernard, a ciência (como vai dizer mais tarde Heidegger) "não pensa". Ao menos ela não pensa seus próprios princípios. Ela não se volta dubitativamente aos seus princípios, mesmo que ela duvide de todas as construções que elabora com base nesses princípios. Voltaremos a essa sentença de Heidegger.

O estatuto da dúvida na ciência é bastante particular: fé total e incondicional no princípio segundo o qual as mesmas causas produzem sempre os mesmos efeitos; dúvida constante a respeito das ideias que elaboramos sobre as ligações que unem as causas aos efeitos (pois é isso, de fato, que é imaginado pelo pensador). Poincaré escreveu em 1913:

A sciencia, com razão ou sem ella, é determinista; por toda a parte em que penetra, faz entrar o determinismo. Enquanto só se trata de physica ou mesmo de biologia, isso offerece diminuta importancia; o dominio da consciencia mantem-se inviolavel. Que acontecerá no dia em que a moral, por sua vez, se tornar objecto de sciencia? Ella se impregnará, necessariamente, de determinismo, o que será, sem duvida, a sua ruina [*sic*]. (1924, p. 206)

Passamos então, com Claude Bernard, de um mundo a outro: das ciências indutivas às deterministas. E, mais do que isso, de um conjunto de problemas fundamentais a outro conjunto. De fato, ainda hoje existem, ao menos, duas formas de colocar os problemas das ciências da natureza.

A primeira tenta encontrar um fundamento das ciências na lógica. Ela inevitavelmente se dirige ao problema da indução que vimos no capítulo precedente. A segunda tenta encontrar um fundamento das ciências na própria natureza. Ela se dirige, não menos inevitavelmente, ao problema do determinismo.

Relação entre indução e determinismo

Entretanto, existem ligações entre as noções de indução e de determinismo. A indução pode ser considerada seja sob seu ângulo lógico (nos interrogamos sobre seus fundamentos), seja sob seu ângulo psicológico (nos interrogamos sobre as razões de nossa crença nela). O determinismo toma as coisas, por assim dizer, pelo lado oposto. Ele afirma de partida que os fenômenos físicos que se produzem na natureza são inteiramente determinados por leis uniformes e imutáveis. É seu postulado. Podemos, em certa medida, questionar esse ponto, e especialmente no século XX alguns vão fazê-lo. Mas, para Claude Bernard, esse é o ponto essencial sobre o qual não saberíamos nutrir a menor dúvida.

É o fato de ter colocado implicitamente esse princípio que permitiu às ciências físicas conhecer o destacável salto de seu desenvolvimento depois de Galileu e Newton. O mesmo princípio deve, segundo Claude Bernard (1978, p. 100), ser estendido sem restrição aos seres vivos: "Nas ciências biológicas, assim como nas ciências físico-químicas, é possível o determinismo porque, tanto nos corpos vivos como nos brutos, a matéria não pode ter nenhuma espontaneidade".

Nenhuma espontaneidade? Não se trata aqui exatamente do ponto que destacamos do comentário do texto de Russell sobre a indução e sua comparação com um reflexo condicionado pelo hábito, que sugeria que a natureza poderia se comportar como o fazendeiro que vem alimentar sua galinha e, um dia, decide ele próprio se alimentar, ao invés de alimentá-la? Presumimos que a natureza não tem qualquer imaginação. Ela não saberia inventar novas regras. Consequentemente, ela segue sempre as mesmas, expressas naquilo que nomeamos as "leis da natureza".

No final da *Introdução à medicina experimental*, Claude Bernard examina um certo número de objeções que puderam ser levantadas contra o princípio do determinismo. Essas objeções provêm particularmente do domínio da observação médica. Ele relata os seguintes fatos:

A este propósito, um membro da sociedade, Gerdy, cirurgião da Caridade, professor da Faculdade de Medicina, e conhecido por diversas obras de cirurgia e fisiologia, pediu a palavra para atacar as minhas conclusões. "A explicação anatómica que acaba de dar, disse-me, das experiências de Brodie e Magendie é justa, mas não admito a conclusão geral a que chegou. Com efeito, diz que em fisiologia os resultados das experiências são idênticos; nego que seja assim. Essa conclusão seria exacta para a natureza bruta, mas não pode sê-lo para a natureza viva. Todas as vezes, acrescentou, que a vida intervém nos fenómenos, pode-se estar em idênticas condições, e os resultados serem diferentes." Como prova da sua opinião, Gerdy citou casos de indivíduos atingidos da mesma doença a quem havia administrado os mesmos medicamentos e que tinham reagido de forma diferente. Recordava, também, casos de operações semelhantes realizadas nos mesmos doentes, mas seguidos de cura em um caso e de morte no outro. Todas estas diferenças resultam, segundo ele, de que a vida modifica por si mesma os resultados, embora as condições da experiência tenham sido semelhantes; o que não podia suceder, pensava, nos fenómenos dos corpos brutos, em que a vida não intervém. Na Sociedade filomática, tais ideias suscitaram imediata oposição geral. Toda a gente fez notar a Gerdy que as suas opiniões eram nem mais nem menos, que a negação da ciência biológica, e que se iludia completamente sobre a identidade das condições nos casos de que falava, na medida em que as doenças que considerava como semelhantes e idênticas não o eram completamente, e que atribuía à influência da vida o que devia ser considerado como consequência da nossa ignorância de fenómenos tão complexos como os da patologia. Gerdy persistiu em sustentar que a *vida* tinha como efeito modificar os fenómenos de maneira a fazê-los diferir, nos diversos indivíduos, mesmo quando as condições em que se desenvolviam eram idênticas. Gerdy acreditava que a vitalidade de um não era a vitalidade de outro, e que por consequência deviam existir entre os indivíduos diferenças que era impossível determinar. Não quis abandonar a sua ideia, entrincheirou-se na palavra *vitalidade,* e não foi possível levá-lo a compreender que era somente uma palavra vazia de sentido que não correspondia a nada, e que dizer que uma coisa se deve à vitalidade, corresponde a confessar que nos é desconhecida. (*Ibid.,* p. 225)

Quando as mesmas causas não produzirem os mesmos efeitos, significa que estamos iludidos pelas aparências: as causas não eram exatamente as mesmas. Esse vai ser todo o jogo do debate que vai se desenvolver especialmente no século XX, e que colocará em questão a noção de determinismo.

O método experimental

Bergson (2006, p. 235) escreve em *O pensamento e o movente*: "O que a filosofia deve a Claude Bernard é, sobretudo, a teoria do método experimental". Claude Bernard propõe, assim como um lógico propõe um postulado, o determinismo absoluto das leis da natureza. O espírito humano não pode jamais ter um conhecimento direto dessas leis, acrescenta ele, mas somente um conhecimento por representação. Essas representações são sempre "aproximadas" e não podem aspirar à exatidão: "A aproximação é a objetivação inacabada, mas é a objetivação prudente, fecunda, verdadeiramente racional, pois é ao mesmo tempo consciente de sua insuficiência e de seu progresso", escreverá Bachelard (2004, p. 300) em sua tese de filosofia publicada em 1927 sob o título *Ensaio sobre o conhecimento aproximado*. De Claude Bernard a Karl Popper, passando por Bachelard, vemos assim se afirmar essa tese segundo a qual a verdade das ciências se aproxima sempre mais de seu objeto, sem nunca verdadeiramente tocá-lo, sem nunca entregar a verdade última.

Introdução à medicina experimental é o grande livro metodológico de Claude Bernard que Bergson (2006, pp. 235-236) colocava sobre o mesmo plano do *Discurso do método* de Descartes: "Em ambos os casos, encontramo-nos diante de um homem de gênio que começou por fazer grandes descobertas e que se perguntou depois como havia que proceder para fazê-las: marcha aparentemente paradoxal e, no entanto, a única natural, a maneira inversa de proceder tendo sido tentada com bem maior freqüência e nunca tendo sido bem sucedida".

Portanto, Claude Bernard é inicialmente um praticante da ciência. Ele nasceu em 1813, filho de um produtor de vinho de uma cidade da Borgonha. Com 19 anos, chega a Lyon para trabalhar junto com um farmacêutico. Ele se forma em medicina em 1843 e vai ser, sucessivamente, professor no *Collège de France,* na *Sorbonne* e no Museu Nacional de História Natural. Depois de um trabalho de pesquisa aprofundado e fecundo, inicia a recapitulação das aquisições, segundo ele, mais importantes de sua pesquisa. Mas a intenção de Claude Bernard não é apenas documental. Não se trata apenas de informar sua opinião sobre o método científico. Ele pretende também provocar uma emulação, ele quer criar uma escola de fisiologia, quer promover uma maneira de abordar as questões levantadas pelos seres vivos. Ele quer convencer sobre o valor de um método. E essa intenção é completada por uma ideia: para chegar a convencer, é preciso antes expor a verdade do procedimento científico. Claude Bernard devia explicitar os princípios que estavam no plano de fundo de suas descobertas. Aquilo que ele fazia espontaneamente, cegamente, em seu laboratório, ele pretendia agora trazer à luz, tornar manifesto. E isso implica uma tomada de posição sobre a ciência em geral e sobre aquilo que os filósofos puderam dizer dos procedimentos cognitivos colocados em jogo na atividade científica antes dele.

A primeira parte da *Introdução à medicina experimental* é consagrada a considerações gerais sobre o "raciocínio experimental". É ao longo de sua exposição, precisamente na seção V, que Claude Bernard encontra a questão da indução. A passagem mescla protestos de humildade teórica – Claude Bernard não tem "a pretensão de entrar aqui em discussão filosófica" – e invocações do bom senso do praticante – "na qualidade de experimentador, limitar-me-ei a dizer" (1978, p. 61). E o que o experimentador vai pronunciar? Que não podemos separar

Filosofia das ciências | 103

nitidamente a indução da dedução (assim como, aliás, da intuição). Na atividade concreta do pesquisador, essas operações se mesclam e se afetam reciprocamente, de modo que pretender destacar uma dentre elas se mostra, mais do que tudo, uma tomada arbitrária de partido teórico. A atividade efetiva do pesquisador recusa para si mesma tal dogmatismo.

O que teria feito Hume diante do fígado de um animal, depois de constatar que produzia açúcar? Teria ele se perguntado o que aconteceria se o órgão fosse lavado e, assim, limpo de todo o açúcar que poderiam conter os canais sanguíneos que o atravessam? Teria ele se colocado as questões: "Mas de onde vem esse açúcar? Seria ele produzido pelo próprio órgão?". Ou teria ele perguntado, contemplando a justaposição curiosa que a natureza lhe colocava sob os olhos, de um lado, um órgão do corpo, de outro, uma substância química, "O que pode um ter a ver com o outro?". Teria Hume meditado sobre a ausência de ligação necessária entre os dois? É bastante possível e até bem provável, se nos ativermos ao espírito de sua obra: sem essa ligação, a experiência se interromperia. Não continuaríamos a caminhar, uma vez que víssemos um abismo se abrir diante de nossos pés. Claude Bernard (*ibid.*, pp. 61-62) concebe o procedimento científico como uma caminhada sobre um terreno em que convém, portanto, antes de tudo, vencer o abismo através de um princípio absoluto:

Assim como ao caminhar naturalmente, o homem só pode avançar pondo um pé à frente do outro, também na marcha natural do espírito, o homem só pode avançar colocando uma ideia à frente da outra. O que equivale a dizer que é sempre necessário um primeiro ponto de apoio, tanto ao espírito como ao corpo. O ponto de apoio do corpo é o solo de que o pé tem a sensação; o ponto de apoio do espírito é o conhecido, ou seja, a verdade ou um princípio de que o espírito tem consciência. O homem só pode aprender indo do conhecido para o desconhecido; mas, por outro lado, como o homem não tem, ao nascer, a ciência infusa e só sabe o que aprende, parece que nos encontramos em um círculo vicioso e que o homem está condenado a não poder conhecer nada. Assim seria, com efeito, se o homem não tivesse na razão o sentimento das relações e do determinismo que se tornam o critério da verdade; porém, em qualquer caso, só pelo raciocínio e pela experiência pode obter essa verdade ou aproximar-se dela. Primeiro não seria exacto dizer que a dedução pertence, exclusivamente, às matemáticas, e a indução às outras ciências. As duas formas de raciocínio, *investigador* (indutivo) e *demonstrativo* (dedutivo), pertencem a todas as ciências possíveis porque, em todas as ciências, há coisas que não se sabem e outras que se sabem ou supõem saber.

Quando os matemáticos estudam assuntos que desconhecem, induzem como os físicos, como os químicos ou os fisiologistas. Para provar o que afirmo, bastará citar as palavras de um grande matemático.

É o determinismo que constitui o solo sobre o qual o pensamento pode avançar. É claro que o pensamento pode se enganar; ele, inclusive, engana-se sempre; mas, se ele quer avançar, há algo de que nunca pode duvidar: o fato de que sob seus pés há uma realidade cujas regras são imutáveis. É esse princípio que permite evitar a vertigem do problema da indução:

Quando elaboramos uma teoria geral das ciências, a única coisa de que estamos certos, é que, falando com propriedade, todas essas teorias são falsas. Elas limitam-se a ser verdades parciais e provisórias que nos são necessárias, como degraus em que repousamos, para avançar na investigação; representam apenas o estado actual do nosso conhecimento e, por conseguinte, deverão vir a modificar-se com o desenvolvimento da ciência, e tanto mais quanto menos essas ciências estiverem avançadas na sua evolução. Por outro lado, as ideias, tal como havíamos dito, ocorrem-nos à vista dos factos que foram previamente observados e que a seguir interpretamos. Ora, inúmeras causas de erro podem emiscuir-se nas nossas observações e, apesar de toda a atenção e sagacidade, faltam-nos os meios de verificação ou são demasiado imperfeitos. Resulta, portanto, de tudo isto, que se o raciocínio nos guia na ciência experimental, não nos impõe, necessariamente, as suas consequências. O nosso espírito pode sempre permanecer livre para as aceitar ou as discutir. Se uma ideia se nos apresenta, não devemos rejeitá-la apenas por não estar de acordo com as consequências lógicas de uma teoria reinante. Podemos seguir o nosso sentimento e a nossa ideia, dar livre curso à imaginação, desde que todas essas ideias constituam pretexto para instituir novas experiências que possam levar-nos a fornecer factos probatórios ou inesperados e fecundos. (*Ibid.*, p. 51)

Vemos que a ideia que Claude Bernard retira de sua prática avança: um princípio serve de base, o determinismo. As ideias que temos dos fenômenos naturais são, no geral, sempre falsas. Elas podem, no entanto, aproximar-se mais ou menos da verdade. Assim, a ideia segundo a qual "o fígado produz açúcar" é, sem dúvida, correta, mas ela não tem nenhuma significação em si mesma. Ela só adquire significação no contexto de um organismo: o açúcar produzido pelo fígado é depois utilizado por outros órgãos, e é essa necessidade que dá um sentido à produção de açúcar pelo fígado. Ora, do conjunto desse mecanismo metabólico que se desenvolve no organismo temos apenas uma ideia bastante imperfeita e até confusa. Mesmo a ideia segundo a qual o fígado produz açúcar é ainda uma verdade relativa: o único objetivo a que a ciência pode chegar.

Afirma Claude Bernard (*ibid.*, p. 41) que, para chegar a essas verdades relativas, o espírito procede (sem que ele próprio sempre se dê conta) através de certo método:

Cada homem tem, à primeira vista, ideias sobre o que o rodeia, e é levado a interpretar antecipadamente os problemas da natureza, antes de os conhecer pela experiência. Esta tendência é espontânea; uma ideia preconcebida sempre foi, e sempre será, o primeiro movimento de um espírito investigador. O método experimental, porém, tem como objectivo transformar esta concepção *a priori*, fundada sobre uma intuição ou um sentimento vago das coisas, em uma interpretação *a posteriori*, estabelecida sobre o estudo experimental dos fenómenos. É por esse motivo que também chamaram ao método experimental, o *método a posteriori*.

Lembramos que Hume presumia que o homem, de partida, não fazia ideia alguma sobre o que via e que era levado naturalmente a reparar nas repetições que se produziam na natureza, transformando-as em regras. Essa tendência a se habituar a ver um fenômeno se seguir a outro é, segundo ele, espontânea. Um hábito é sempre o primeiro salto do espírito. A dúvida cética transforma essa tendência espontânea em problema, a fim de conduzir o espírito a conceber aquilo que há de misterioso ou arbitrário em seus próprios procedimentos, em seu próprio movimento. Hume (1999, p. 54) escreve:

> (...) sempre presumimos quando vemos qualidades sensíveis análogas que elas têm poderes ocultos análogos, e esperamos que a estas seguirão efeitos semelhantes àqueles que já temos experimentado. Se nos fosse mostrado um corpo de cor e consistência análogas às do pão que havíamos comido anteriormente, não teríamos nenhum escrúpulo em repetir o experimento, prevendo com certeza que ele nos alimentará e nos sustentará de maneira semelhante. Ora, eis um processo do espírito e do pensamento cujo fundamento gostaria de conhecer.

Buscar "conhecer esse fundamento" conduz a uma miríade de interrogações, nas quais o pensamento não chega a adquirir a estabilidade própria que lhe assegure uma garantia para sua prática experimental concreta. A interrogação degenera em um ceticismo que Kant vai considerar como a marca de um impasse. A dúvida de que Hume trata aqui é precisamente aquela que o cientista deve evitar, por ser o único meio de ele conduzir sua investigação de modo inventivo e fecundo.

As ciências da vida

Mas, para compreender plenamente o caráter polêmico do pensamento de Claude Bernard, para apreender os motivos que o fazem voltar constantemente à noção de "determinismo" como base de todo o pensamento da ciência, convém restituir os termos de um debate que começa com Descartes. Esse debate conduz às relações entre os dois grandes grupos de ciências da natureza: as ciências da matéria e as ciências da vida.

A ideia de que certos corpos, os corpos dos seres vivos, escapariam àquilo que Claude Bernard chama de "determinismo" desenvolveu-se a partir de Descartes e em resposta à sua provocação sobre os seres vivos, inclusive o homem, serem mecânicos – sendo o homem, no entanto, dotado de uma alma, o que não ocorre com os animais. Essa reação ao mecanismo cartesiano se desenvolveu principalmente sob a denominação de "vitalismo", uma ideia que cumpriu um papel capital no desenvolvimento das ciências da vida (talvez tanto como estímulo de novas ideias quanto como freio). Essa é uma ideia que Claude Bernard combate. De fato, é precisamente esse combate que o conduziu a reformular a noção de determinismo e a lhe dar essa forma simples e lapidar: "mesmas causas, mesmos efeitos".

Copérnico, Galileu e Newton tiveram em comum o fato de terem se ocupado de problemas envolvendo os corpos inertes, quer se tratasse do sistema dos planetas ou dos corpos materiais tal como se apresentam à percepção comum do homem. A lei da gravitação é, obviamente, universal e, sendo assim, ela se aplica aos seres vivos da mesma forma que aos planetas e aos cascalhos. Mas não por serem corpos viventes, e sim por serem corpos materiais. Por sinal, a célebre maçã cuja lenda sustenta que esteve na origem, no caso de Newton, de uma fecunda erupção de *serendipity* ("iluminação acidental") é ela mesma um ser vivo (vegetal). Esse corpo, vivo como é, comporta-se como as bolas de bilhar, feitas em marfim na época, evocadas por Hume.

As leis que a ciência clássica descobre são, portanto, leis tão gerais que ignoram a distinção entre corpo animado e corpo inanimado. Entretanto, é evidente que na semente da qual vai nascer uma ameixeira há algo de diferente do que na pedra que está a seu lado no jardim. É evidente também que o besouro que caminha entre a semente e a pedra tem algo de diferente. Mas isso é realmente evidente? Não para Descartes, que sustenta que os animais são máquinas (*Discurso do método*, Parte V). Um sistema mecânico e um sistema biológico não diferem, segundo ele, senão por seu grau de sofisticação. É apenas a complexidade de sua organização interna que faz nascer uma diferença aparente entre as

108 | Papirus Editora

máquinas inertes e as máquinas vivas. Os corpos viventes são compostos de um número bastante grande de partes finamente agenciadas, que nós não podemos esperar descrever integralmente (*a fortiori* com o estado do saber de que dispunha Descartes). O princípio de sua organização não difere, no entanto, daquele de uma máquina. É um mecanismo semelhante a um relógio ou a um autômato, cujo funcionamento cria aquilo que chamamos "a vida". Para Descartes, não há duas mecânicas, uma para os corpos brutos, outra para os corpos viventes. Apenas uma. Essa afirmação pode parecer banal hoje, mas era audaciosa diante das provas que podíamos acessar na época de Descartes. Em todo caso, ela tem o mérito de ser simples e direta. Apenas quando se trata do homem é que a resposta de Descartes toma um ar mais complexo.

O homem também é um ser vivo. O caráter maquinal do vivente deveria, portanto, igualmente se aplicar a ele. É possível? Sim, afirma Descartes, na medida em que o homem é constituído por um corpo. Mas ele também possui uma alma. Para sustentar essa explicação, que parece introduzir uma exceção arbitrária no mundo vivo, distinguindo o homem de qualquer outro ser vivo, Descartes vai imaginar uma conexão entre o corpo e a alma que, segundo ele, efetua-se no nível daquilo que ele nomeia "glândula pineal", à qual atribui um papel decisivo de interface. Essa glândula, também chamada "epífise", tem a forma de um pequeno cone de alguns milímetros de diâmetro. É conhecida desde a época de Galeno (~129-200). Está situada aproximadamente no centro do cérebro, e tem como particularidade ser, aparentemente, única, enquanto as outras estruturas cerebrais se apresentam em dois exemplares, dispostos segundo uma simetria bilateral característica. O fato de que essa glândula estivesse presente no cérebro de todos os vertebrados – e, portanto, não apenas no homem – não pareceu ter constituído, aos olhos de Descartes, uma objeção notável à sua teoria, tornada derrisória por Espinosa (1992, pp. 444-445):

É que ele [Descartes] admite que a Alma, ou seja, o espírito, está unida principalmente a uma parte do cérebro, isto é, à glândula chamada pineal, por meio da qual a Alma sente todos os movimentos que se produzem no

Corpo, assim como os objetos externos. Admite ainda que a Alma pode movê-la em vários sentidos só pelo facto de o querer. Admite que esta glândula está suspensa no meio do cérebro de tal maneira que ela pode ser movida pelo mais pequeno movimento dos espíritos animais. (...) Por certo, eu não posso admirar-me suficientemente que um filósofo, que tinha determinado firmemente nada deduzir senão de princípios evidentes e de nada afirmar senão aquilo que percebesse clara e distintamente e que tantas vezes censurara nos Escolásticos por eles terem querido explicar as coisas obscuras por qualidades ocultas, admita uma hipótese mais oculta que todas as qualidades ocultas. Que entende ele – por favor – pela união da Alma e do Corpo? Que conceito claro e distinto tem ele – pergunto – de um pensamento estreitissimamente unido a uma determinada parcelazinha de quantidade?

Tendo ou não razão, Julien Offray de La Mettrie (1709-1751) vai considerar estar à altura de situar qual o verdadeiro alcance do discurso de Descartes. Para ele, a glândula pineal é uma invenção destinada à conciliação das autoridades teológicas de seu tempo. A alma é ela própria tão mecânica quanto o corpo. Nossos pensamentos, atividade de nossa alma, são produto da matéria que nos constitui tanto quanto o resto do corpo. La Mettrie é o primeiro a afirmar, de modo radical e sem nuance, um monismo da matéria de caráter mecanicista.

Mas, antes mesmo que La Mettrie tenha assim empurrado (ou acreditado empurrar) o raciocínio de Descartes até sua expressão última, foram erigidas contra este objeções relativas à ideia de que é possível conceber uma ciência dos seres vivos a partir do modelo das ciências mecânicas. O físico pode se interrogar sobre a natureza e a origem da matéria, do espaço, do tempo. O médico (só falaremos de "biólogo" bem mais tarde) se questiona sobre a natureza e a origem da organização que permite a essa matéria ter as características da vida. Uma das formas de responder à questão da origem dessas organizações particulares da matéria consiste em supor a existência de forças especiais, específicas do vivente. É essa ideia que Claude Bernard vai encontrar no caminho da fisiologia e, segundo ele, é ela que atrapalha o desenvolvimento dessa ciência (ideia que se desenvolveu contra o mecanismo de Descartes).

Vitalismos e animismos

A principal novidade do mecanismo é afirmar a unidade da física contra o dualismo cosmológico de Aristóteles, que definia duas regiões no universo (sublunar e supralunar). Entretanto, a redução desse dualismo vai pagar o preço do aparecimento de um novo, dessa vez entre o corpo e a alma. O dualismo cartesiano é, por assim dizer, o preço a pagar pela invenção do monismo cosmológico, que permite aceder à afirmação do mecanismo da natureza. Mas, se é necessário um dualismo na natureza, se o pensamento precisa ao menos de duas formas de pensar que reconheçam sua independência mútua, por que esse dualismo teria de ser justamente aquele do corpo e da alma, e não aquele do vivente e do não vivente? Esse é mais ou menos o raciocínio de Stahl (1660-1734), fundador de uma forma renovada de animismo.

A ideia de uma unidade materialista da natureza já existe em Demócrito e Epicuro. Para Claude Bernard, o fundamento da doutrina dos atomistas antigos, o fundamento do materialismo, repousa precisamente na afirmação da "identidade entre os fenômenos dos corpos inorgânicos e aqueles dos corpos vivos". Os atomistas, com efeito, só consideram uma única espécie de matéria, cujos elementos se ligam uns aos outros tanto nos corpos inorgânicos quanto nos viventes. Descartes, ao contrário, dá uma definição física (mecanicista) da vida e uma definição metafísica da alma. A vida dos animais, segundo ele, assim como a dos homens, é um efeito das leis da mecânica. O corpo dos animais e dos homens é uma máquina com suas engrenagens, suas polias, suas cordas, suas molas, suas bombas. Ora, tudo isso abre duas problemáticas bem distintas, que vão constituir as duas grandes questões da biologia, inaugurada por volta de um século e meio depois. A primeira questão envolve a fisiologia. Em que consistem, exatamente, as engrenagens, polias, cordas e molas? Quais são os tecidos que asseguram as funções do corpo? De que eles são feitos? Como funcionam? A segunda questão envolve a gênese. Como se instala toda essa mecânica? Uma coisa é compreender o funcionamento de máquinas vivas, outra é compreender a maneira pela qual essas máquinas se constituem, a forma com que elas são montadas. A via de resolução do primeiro problema vai ser indicada por Claude Bernard; a via de resolução do segundo, por Charles Darwin. Enfim, uma terceira questão envolve saber como os dois problemas se ligam um ao outro. A solução vai ser fornecida pela teoria celular e pela genética. O conjunto de respostas que derivam dessas abordagens constitui a biologia contemporânea. Sobre esse ponto, não encontraremos nada mais preciso e claro do que o texto de Claude Bernard, publicado na *Revue des deux mondes* em 1878 com o título "Définition de la vie".

O médico Georg Ernest Stahl tenta então conceber um sistema que renovasse a ideia de que haveria na natureza forças especiais capazes de "animar" a matéria. Ele desenvolve uma concepção animista, que pretende inscrever na esteira do pensamento de Van Helmont (1579-1644). Stahl sustenta, contra Descartes, que os fenômenos da vida são de natureza diferente daqueles dos corpos inertes. Ele rejeita as explicações que destacam a comunhão de fenômenos físicos e químicos na matéria viva, e combate os médicos que adotaram o mecanicismo cartesiano (os iatroquímicos*). Ele sustenta que as forças que possibilitam a vida são diferentes daquelas que possibilitam as reações químicas. Estas tenderiam a destruir o corpo vivo. Se o corpo se conserva, só pode ser em razão de uma pressão que provém de uma força oposta às reações químicas, e não das próprias reações químicas. É todo o pensamento vitalista que está aqui em germe. Para Stahl, a força vital é dotada de uma intenção. Não é possível distingui-la da inteligência: é uma alma. Disso decorre que sua doutrina se apresenta como animista. Ela é um princípio vital. Aliás, quando Bordeu, alguns decênios mais tarde, elaborar a doutrina vitalista, ele vai apresentá-la como uma versão apurada, rigorosa e científica da doutrina de Stahl, incapaz de distinguir as intuições corretas das imaginações arbitrárias.

---

*   Estudiosos que, impulsionados pela alquimia, acreditavam no papel determinante dos compostos e processos químicos para o funcionamento do corpo humano e para o tratamento de doenças, antes consideradas combatíveis apenas através de forças ocultas e ervas medicinais. Mesmo assim, a iatroquímica defendia alguns valores ainda de cunho sobrenatural. [N.T.]

Atrás do animismo de Stahl se dissimula, segundo Bordeu, o núcleo de um pensamento verdadeiro, o vitalismo.

Os vitalistas da escola de Montpellier Théophile de Bordeu (1722-1776) e Paul-Joseph Barthez (1734-1806) vão se considerar aptos a fazer uma triagem nas intuições animistas de Stahl, liberando-as de suas derivas e seus excessos. Assim, o vitalismo é uma reação ao homem-máquina de La Mettrie, tal como o animismo de Stahl era uma reação ao animal-máquina de Descartes. Muitas vezes em sua obra, Claude Bernard expôs, a fim de melhor combatê-lo, esse obstáculo ao pensamento fisiológico que é, segundo ele, o vitalismo.

Ele faz isso com uma clareza particular no seu último curso, intitulado *Leçons sur les phénomènes communs aux animaux et aux végétaux*. Vemos aí sua apresentação da doutrina de Bichat. O julgamento de Claude Bernard atinge uma espécie de ápice da ambivalência. Bichat é um gênio, afirma inicialmente Claude Bernard. Por quê? Porque ele foi o primeiro que soube colocar a problemática completa da ciência fisiológica em termos científicos. Mas ele é também aquele que parou no meio do percurso, em razão de seus preconceitos vitalistas:

Os vitalistas negam o determinismo, porque, segundo eles, as manifestações vitais teriam como causa a ação espontânea eficaz, voluntária e livre de um princípio imaterial. As consequências desse erro são consideráveis: o papel do homem na presença de fatos vitais seria aquele de um simples espectador, não de um agente; as ciências fisiológicas seriam conjecturais, e não certeiras; a experiência não saberia esperá-las; a observação não saberia predizê-las. Trata-se assim, como vemos, de uma doutrina preguiçosa por excelência: ela desarma o homem; ela relega as causas para fora dos objetos; ela transforma metáforas em entidades substanciais; ela faz da fisiologia um tipo de metafisiologia inacessível.

Assim, vemos que a doutrina vitalista conduz necessariamente ao indeterminismo. Essa é precisamente a conclusão necessária à qual Bichat foi conduzido quase a despeito de si mesmo. Quando ele começa a expor suas afirmações tão claras e tão científicas, pensamos que ele vai se agarrar solidamente a essas afirmações, que se tornaram as bases da ciência moderna, repudiando as ideias vitalistas que elas contêm. Bichat emite, na verdade, a ideia geral, luminosa e fecunda de que em fisiologia, tanto quanto em física, os fenômenos devem estar presos a propriedades inerentes à matéria viva, como à sua causa. "A relação das propriedades como causas com os fenômenos como efeitos é, diz ele, um axioma quase fastidioso de ser repetido hoje na física e na química. Se meu livro estabelecer um axioma análogo para as ciências fisiológicas, ele terá cumprido seu objetivo."

Mas, depois desse início tão claro, ele distingue as propriedades vitais das propriedades físicas, umas agentes da vida, outras agentes da morte. Ele as coloca em confronto, opondo-as. Suas propriedades vitais disputam com as propriedades físicas, como fazia a alma de Stahl. É uma negação extremamente categórica do determinismo em fisiologia. Vejamos a quais heresias científicas Bichat é fatalmente conduzido: "Sendo as propriedades físicas, diz ele, fixas, constantes, as leis das ciências que tratam delas são igualmente constantes e invariáveis; podemos prevê-las, calculá-las com exatidão. As propriedades vitais tendo por caráter essencial a instabilidade, todas as funções vitais sendo suscetíveis a uma infinidade de variações, não podemos nada prever, nada calcular em seus fenômenos. Disso se conclui, acrescenta ele, que leis absolutamente diferentes presidem a uma e a outra classe de fenômenos".

Bichat diz ainda: "A física e a química se tocam, porque as mesmas leis presidem a seus fenômenos; mas um imenso intervalo as separa da ciência dos corpos organizados, porque existe uma enorme diferença entre essas leis e aquelas da vida. Dizer que a fisiologia é a física dos animais é apresentar uma ideia extremamente inexata: eu adoraria dizer também que a astronomia é a fisiologia dos astros". (Bernard 1966, pp. 56-57)

Diante de tudo isso, Claude Bernard extrai a ideia de que nada é mais urgente do que afirmar ser possível uma ciência dos fenômenos vivos. Para que a fisiologia se constitua, é preciso, em primeiro lugar, que esse argumento que venceu o impulso criativo de um Bichat seja ele próprio vencido. É preciso afirmar que esse suposto indeterminismo dos fenômenos vivos não existe, a despeito da popularidade de que usufruiu em toda a escola vitalista. É, antes de tudo, por causa de o vitalismo ser um indeterminismo que Claude Bernard forja o conceito de "determinismo".

O vitalismo é o obstáculo a superar para que se constitua uma ciência fisiológica, e o determinismo é o conceito que deve permitir superá-lo.

O determinismo de Laplace

Entretanto, a maioria dos textos que se propõem, na sequência, a explicar a noção de "determinismo" não fazem referência a Claude Bernard e a essa problemática do suposto indeterminismo dos fenômenos que ocorrem nos corpos vivos. Eles fazem referência a outro texto que nunca é evocado por Claude Bernard, de autoria de Pierre-Simon Laplace. O resultado é que podemos acompanhar a aparição e o desenvolvimento da noção de determinismo sob dois aspectos distintos: o laplaciano e o bernardiano. A formulação laplaciana é cronologicamente a primeira, ainda que, na época em que foi elaborada, o termo "determinismo" não estivesse em uso no francês.

Pierre-Simon Laplace (1749-1827), matemático, astrônomo e físico, é um dos principais cientistas do período napoleônico e autor de um modelo de formação do sistema solar a partir de uma nebulosa conhecido como "sistema de Laplace-Kant" (tendo Kant proposto na mesma época e de modo independente um modelo análogo). Laplace contribuiu de modo decisivo para o surgimento da astronomia matemática, retomando e ampliando o trabalho de seus predecessores, no tratado intitulado *Mécanique céleste* (1799-1825). Essa obra-prima em cinco volumes transformou a abordagem geométrica da mecânica desenvolvida por Newton em uma abordagem fundada na análise matemática. Em 1799, ele é nomeado ministro do Interior no consulado; em 1806, Napoleão 1º lhe confere o título de conde do Império; em 1817, depois da restauração dos Bourbons, ele é nomeado marquês. Laplace também é conhecido por uma anedota na qual Deus era relegado ao nível da simples suposição. Napoleão foi informado que a obra que Laplace tinha vindo lhe entregar em parte alguma mencionava o nome de Deus. Aceitando essa obra, Napoleão fez a seguinte observação: "Senhor Laplace, disseram-me que escreveu essa obra volumosa sobre o sistema do Universo sem qualquer menção ao seu Criador". Laplace respondeu: "Sua Majestade, eu não precisei dessa hipótese". Napoleão comentou sobre essa resposta com Lagrange, que exclamou: "Ah! É uma bela hipótese! Ela explica muitas coisas". Napoleão repetiu essa resposta a Laplace, que afirmou que, se a hipótese explicasse tudo, ela não permitiria nenhuma previsão e, portanto, não entraria em seu campo de estudo.

Laplace é o autor de uma formulação bastante famosa do princípio do determinismo, frequentemente considerada sua expressão mais completa e mais rigorosa:

> Devemos considerar o estado presente do Universo como o efeito de seu estado anterior e como a causa do que vai se seguir. Uma inteligência que, em um dado instante, conhecesse todas as forças que animam a natureza e a situação respectiva dos seres que a compõem, e, além disso, fosse suficientemente ampla para submeter todos esses dados à análise, compreenderia na mesma fórmula os movimentos dos maiores corpos do Universo e aqueles do mais leve átomo; nada lhe seria incerto, e o futuro bem como o passado estariam presentes em seus olhos. O espírito humano, na perfeição que soube dar à astronomia, oferece um frágil esboço dessa inteligência. Suas descobertas em mecânica e em geometria, somadas àquela da gravitação universal, puseram-no à altura de compreender nas mesmas expressões analíticas os estados passados e futuros do sistema do mundo. Aplicando o mesmo método a alguns outros objetos de seus conhecimentos, o espírito conseguiu reconduzir a leis gerais os fenômenos observados e a prever aqueles que circunstâncias dadas devem fazer surgir. (Laplace 2010, pp. 42-43)

Essa passagem demanda várias observações. A primeira: é conveniente destacar o contexto no qual esse texto foi publicado. O texto encontra-se no início do *Ensaio filosófico sobre as probabilidades* de 1814 (portanto, por volta de meio século antes da formulação completa da noção de determinismo por Claude Bernard). É o resultado de aulas dadas aos alunos das escolas normais às quais Laplace, com Lagrange, foi convocado como professor de matemática, por um decreto da

Convenção Nacional. O texto é apresentado como um ensaio introdutório ao *Calcul des probabilités*. Mas o que faz com que a expressão de uma convicção sobre o funcionamento do universo esteja encabeçando um tratado sobre as probabilidades? Trata-se para Laplace de destacar uma interpretação possível de sua apresentação: os fenômenos pelos quais ele vai se interessar só podem ser conhecidos por nós por meio de uma abordagem probabilística. Não podemos concluir, no entanto, que eles sejam essencialmente regidos pelo acaso. É apenas nossa incapacidade de integrar um número gigantesco de dados que nos impede de aceder à lógica dos fenômenos. Disso resulta o ensaio introdutório, que insiste sobre o fato de que a necessidade de nos voltarmos ao emprego das probabilidades se deve apenas a essa complexidade.

Segunda observação: o texto constitui uma extensão da mecânica newtoniana dos menores objetos do universo. Nós nos lembramos de que a grande força da mecânica newtoniana havia sido mostrar que o movimento da Lua em torno do planeta Terra não era regido por leis diferentes daquelas que comandam o movimento da queda de uma maçã no bosque no outono. Nos dois casos, uma massa de matéria (a Lua ou a maçã) é atraída por outra massa de matéria (a Terra). Em teoria, o mesmo princípio pode ser aplicado a corpos tão pequenos quanto desejemos; e sempre com o mesmo resultado, com a mesma previsibilidade. Por conseguinte, se aplicarmos o princípio aos próprios átomos, ainda que seu número desafie qualquer cálculo, uma previsão teoricamente bem precisa pode ser obtida.

É necessário notar, e esta será a terceira observação, que o texto tomou, de certa forma, uma coloração mais precisa aos nossos olhos do que devia ter no tempo do próprio Laplace. Com efeito, quando ele trata do "átomo mais leve", Laplace não evoca uma noção tão precisa quanto aquela que podemos ter hoje. A teoria atômica é, no início do século XIX, uma hipótese ainda controversa – voltaremos ainda à sua história. Portanto, é necessário tomar a expressão "o átomo mais leve" do texto de Laplace como um equivalente de "a menor porção de matéria concebível". A inteligência de que fala Laplace é aquela que poderia aplicar

Filosofia das ciências | 117

os princípios da mecânica de Newton não apenas fazendo-a descer do céu à Terra, como vai dizer mais tarde Gaston Bachelard, mas insinuando-a no cerne das mais ínfimas parcelas da matéria. Evidentemente, destaca Laplace, seria preciso tal capacidade de cálculo para compor essa inteligência que ela acaba condenada a permanecer pura ficção. Todavia, já que temos condições de prever o movimento dos corpos celestes, nada se opõe, de direito, à ideia de que podemos prever o movimento das partículas mais ínfimas de matéria.

Enfim, como quarta observação, notemos que frequentemente se faz referência a essa inteligência como o "demônio de Laplace", ainda que ele próprio nunca tenha empregado tal expressão (existe um demônio de Maxwell, que é capaz de fazer a triagem entre as partículas lentas e as rápidas de um gás, mas não um demônio de Laplace).

O sentido bernardiano da palavra "determinismo" indica, como vimos, que é determinista toda doutrina que admite o princípio geral segundo o qual as mesmas causas produzem os mesmos efeitos. Esse emprego de "determinismo" vai se propagar a um número bastante grande de campos do saber. Dessa forma, falaremos de determinismo físico-químico, como faz o próprio Claude Bernard, mas também de determinismo psicológico, social, político, histórico. Pretendemos assim especificar o nível no qual buscamos o encadeamento das causas determinantes que supostamente dão conta de uma determinada situação. O determinismo laplaciano é, nesse sentido, um determinismo mecanicista.

Há uma ligação entre o sentido bernardiano e o laplaciano da palavra "determinismo"? Inicialmente, é fácil mostrar que, se admitirmos o determinismo no sentido de Laplace, admitiremos, ao mesmo tempo, o determinismo no sentido de Claude Bernard. Com efeito, a totalidade do universo, na formulação de Laplace, resume-se a um número muito elevado, mas não infinito, de partículas de matéria – os átomos – em um dado espaço, suscetíveis de se deslocarem no tempo por meio da energia que lhe conferem os choques com outras partículas e a energia de seu próprio movimento. Se recolocássemos cada átomo do universo exatamente na posição que ocupava

118 | Papirus Editora

com o seu movimento no despertar do dia 14 de julho de 1789,[1] veríamos ocorrer os mesmos acontecimentos na mesma ordem: tomada da Bastilha, noite do 4 de agosto, Varennes, Comitê de Salvação Pública, Bonaparte etc. Mesmas causas – e aqui as causas se resumiriam a partículas de matéria animadas por movimentos específicos – mesmos efeitos.

Em contrapartida, a fórmula "as mesmas causas produzem os mesmos efeitos" não implica necessariamente o determinismo de Laplace. Essa fórmula não diz nada de preciso sobre a estrutura material do universo. O determinismo no sentido de Laplace engloba o determinismo no sentido de Claude Bernard; mas o inverso não é verdadeiro. Podemos, de fato, sustentar uma tese que seja determinista no sentido físico-químico, sem nos pronunciarmos sobre o determinismo mecânico dos fenômenos. E Claude Bernard, aliás, tem consciência dessa nuance. Ele nada afirma sobre a natureza dos fenômenos que são regidos por um determinismo estrito: nada além do próprio determinismo. Todo o resto é hipótese.

Duas noções de indeterminismo

Mas o que seria precisamente a negação do princípio do "determinismo"? Como vimos, Claude Bernard assegura que seria "a ruína da ciência". Será que podemos, ao menos a título de ensaio, tentar representar aquilo que poderia ser tal ruína? O que seria um mundo não determinista? Seria um mundo no qual as mesmas causas podem ter efeitos variáveis. Por exemplo (para permanecer no determinismo mecanicista): o mesmo grupo de átomos cujas posições e velocidades individuais ocupam um certo volume de espaço em um momento t, vai ocupar, em um momento posterior, ou a mesma posição ou talvez uma outra. Em outros termos: o conhecimento da posição e da velocidade de

---

1. Algo que é, evidentemente, impossível na prática, mas que, em seu princípio, não difere do ato de recolocar, em um apartamento, todos os móveis exatamente no lugar onde estavam em uma determinada data, ou, em uma mesa de bilhar, todas as bolas exatamente no lugar que ocupavam em certo momento.

Filosofia das ciências | 119

partículas materiais não permitiria prever a evolução do sistema. Ora, os sistemas desse gênero manifestamente existem. Mais do que isso, poderíamos dizer que estamos imersos em sistemas desse tipo. Assim, uma vez conhecidas as características de uma massa de ar atmosférico em um tempo *t*, uma configuração dessa massa de ar um dia depois (com tempestade em São Francisco) é possível; mas outra também é (tempo aberto em São Francisco). De modo que o meio em que estamos nos força a considerar uma evidente objeção ao princípio do determinismo. Essa objeção pode ela própria se exprimir de duas formas que, embora tenham quase os mesmos efeitos observáveis, possuem significações ontológicas inteiramente diferentes.

A primeira forma de colocar a objeção consiste em dizer (com um ceticismo que ultrapassa, se for possível, aquele de Hume) que nós não temos qualquer prova decisiva do determinismo dos fenômenos físicos, que se trata apenas de um simples postulado. Nada prova que a natureza, em sua estrutura íntima, segue leis imutáveis. Nada permite afirmar que ela se conforma às regras que nosso espírito crê poder descobrir. A impressão que podemos ter da imutabilidade dessas leis poderia vir de um simples efeito estatístico. Assim, podemos sustentar, por exemplo, que as partículas materiais não seguem sempre as mesmas leis, mas que seguem leis erráticas, mesmo que estatisticamente ordenadas. Uma multidão avançando da praça da Bastilha à da República parece seguir um movimento ordenado, ainda que os indivíduos que a compõem peguem, às vezes, a direita, na rua Du chemin vert, às vezes, a esquerda, na rua Saint Gilles. As presumidas "leis da natureza" refletiriam, então, mais tendências do que comportamentos realmente guiados por um legalismo físico absoluto. Sabemos que essa hipótese ontológica foi combatida por Einstein por meio de uma fórmula definitiva: "Deus não joga dados".* Entretanto, essa versão do indeterminismo foi, na verdade, muito raramente sustentada.

---

*   Esta frase foi proferida por Einstein no 5º Congresso de Física do Instituto Solvay, em 1927, para discordar do princípio da incerteza de Heisenberg. Niels Bohr, um dos físicos presentes, reagiu à opinião de Einstein, dizendo: "Pare de dizer a Deus o que ele deve fazer". Teria tido início, assim, um longo debate entre os dois cientistas

A segunda versão do indeterminismo é inteiramente compatível com o princípio do determinismo. Com efeito, ela consiste em sustentar um não determinismo de fato sobre a base de um determinismo de direito. Em outros termos, ela consiste em manter a ideia segundo a qual as mesmas causas produzem os mesmos efeitos (o cerne bernardiano do princípio), acrescentando que é impossível reproduzir exatamente, nos fatos, as condições iniciais de um dado acontecimento. Falamos então de "dependência extrema das condições iniciais". Paul Valéry resumia essa objeção notando que o princípio "as mesmas causas produzem os mesmos efeitos" não tem, na realidade, nenhuma utilidade, já que as mesmas causas jamais se reproduzem. Se um sistema é determinista por seu princípio de evolução, mas é tão complexo que seria ilusório esperar reproduzir precisamente as condições iniciais, podemos considerar que ele é pseudodeterminista. Essa é a objeção que Henri Poincaré (1909, pp. 69-70) vai endereçar ao determinismo em *Science et méthode:*[2]

> Uma causa bem pequena que nos atinge determina um efeito considerável que não podemos deixar de ver, e dizemos então que esse efeito se deve ao acaso. Se nós conhecêssemos exatamente as leis da natureza e a situação do universo no instante inicial, nós poderíamos predizer exatamente a situação desse mesmo universo no instante ulterior. Mas, mesmo quando as leis naturais não forem mais secretas para nós, não poderemos conhecer a situação inicial senão aproximativamente. Se isso nos permite prever a situação ulterior com a mesma aproximação, é tudo de que precisamos, podendo dizer que o fenômeno foi previsto e que é regido por tais leis. Mas não é sempre assim: pode acontecer o caso de pequenas diferenças nas condições iniciais engendrarem enormes diferenças nos fenômenos finais; um pequeno erro nas primeiras produziria um erro enorme nas últimas. A previsão se torna impossível e nós nos deparamos com o fenômeno fortuito.

---

sobre a física quântica, caracterizado por inúmeras discordâncias e respeito mútuo. Para mais detalhes sobre a relação Einstein-Bohr, cf. Bohr 1995. [N.T.]

2. Paul Valéry (1973, p. 649), retomando a intuição de Poincaré, vai escrever: "Quando dizemos que as mesmas causas produzem os mesmos efeitos, não dizemos nada. Pois as mesmas causas não se reproduzem nunca – e, além disso, nós nunca podemos conhecer todas as causas".

Notemos que é a ideia de Laplace que Poincaré empresta para desenvolver sua própria noção de determinismo:

Mas essa concepção não é mais a nossa; nós nos tornamos deterministas absolutos, e aqueles que querem preservar os direitos do livre arbítrio humano deixam ao menos o determinismo reinar incondicionalmente no mundo inorgânico. Todo fenômeno, por mínimo que seja, tem uma causa, e um espírito infinitamente poderoso, infinitamente bem informado das leis da natureza, teria conseguido prevê-lo desde o começo dos séculos. Se um tal espírito existisse, não poderíamos jogar com ele nenhum jogo de azar, pois perderíamos sempre.

Para ele, na verdade, a palavra acaso não faria sentido, ou, antes, simplesmente não existiria. É por causa de nossa fraqueza e de nossa ignorância que ela existe para nós. E, mesmo sem sair de nossa fraca humanidade, o que é acaso para o ignorante não o é para o sábio. O acaso é unicamente a medida de nossa ignorância. Os fenômenos fortuitos são, por definição, aqueles cujas leis ignoramos. (*Ibid.*, p. 66)

Esse tipo de sistemas, evoluindo facilmente rumo a efeitos diferentes a despeito das semelhanças das condições iniciais, foi estudado particularmente por Ilya Prigogine. São sistemas que têm a propriedade de evoluir de forma notoriamente imprevisível. Portanto, podemos distinguir na natureza sistemas relativamente estáveis, nos quais o princípio "as mesmas causas produzem os mesmos efeitos" se aplica de forma, senão exata, ao menos aproximada, e outros sistemas, nos quais esse princípio não se aplica no mesmo grau. Assim, o princípio deveria ser entendido não como absoluto – o inverso daquilo que Claude Bernard pensava –, mas como um princípio cujo grau de aplicação varia em função do sistema em questão. Desse ponto de vista, apresentam um interesse particular os sistemas vivos, que são, com efeito, bastante complexos; mais do que isso, são os mais complexos que conhecemos. Portanto, poderíamos esperar que eles pertencessem, dada essa complexidade, aos sistemas instáveis, aos quais o princípio do determinismo não se aplica muito bem. Mas é justamente o inverso. São sistemas destacadamente estáveis. Por exemplo, a célula que se desenvolve e gera um coelho, vai gerar um coelho, e apenas isso. O processo não vai se desviar, não vai conduzir a outro animal. Os sistemas físicos, incluindo os sistemas vivos, podem, então, ser caracterizados por um fator que descreve o grau de determinismo que podemos neles observar. Em geral, quanto mais o sistema é simples, mais esse grau é elevado; mas há exceções, e delas fazem parte os sistemas vivos. Insistindo sobre o fato de que o princípio do determinismo poderia se aplicar aos sistemas vivos, Claude Bernard parece ter tido a intuição dessa exceção.

Genealogia da noção de determinismo

Assim que identificamos um princípio tão nevrálgico quanto esse do determinismo, princípio cujas consequências sobre as formas de pensar e de compreender o mundo são múltiplas, é tentador pesquisar sua origem na história das ideias. Buscaremos, então, traçar sua genealogia, considerando que pesquisar a origem de uma ideia consiste em buscar os primeiros signos de sua expressão.

A noção de determinismo se volta ao mundo e às modificações de todo tipo que aí se produzem. Assim que nos interessamos por essa noção como historiadores das ideias, perguntamo-nos quando, em quais condições intelectuais, em que contexto e em relação a quais problemas particulares essa ideia se apresentou pela primeira vez. Não vamos procurar a fórmula "as mesmas causas produzem os mesmos efeitos", mas as formulações que parecem implicar essa afirmação e que, retrospectivamente, podem aparecer como prolegômenos da fórmula.

Voltando, passo a passo, após Claude Bernard, identificamos vários predecessores que exprimiram uma ideia análoga: Laplace, certamente, como vimos, mas também Holbach, Diderot, Espinosa e, finalmente, a fonte talvez mais antiga, a ideia de destino para os estoicos na Antiguidade. Com esse percurso rumo à raiz da ideia de determinismo, nós revelamos sua profundidade filosófica. A ideia de determinismo não é somente, como sustentava Claude Bernard, fundadora de toda ciência experimental; ela é também, e quem sabe principalmente, uma ideia que está no centro da cultura ocidental. Seguir seu desenvolvimento e sua eclosão na ciência moderna significa seguir a transmutação de uma parte da filosofia em ciência. Voltemos, então, passo a passo a essas origens.

Em Laplace encontramos a formulação mais desenvolvida da noção de determinismo. Um pouco antes da célebre passagem que foi retomada aqui ("uma inteligência que (...)"), ele desenvolve interessantes considerações filosóficas que permitem situar o princípio ao qual vai fornecer uma expressão tão surpreendente na história do pensamento filosófico.

> Os eventos atuais têm com os precedentes uma ligação fundada no princípio evidente de que uma coisa não pode começar a ser sem que haja uma causa que a produza. Esse axioma, conhecido pelo nome de *princípio da razão suficiente,* se estende até mesmo às ações que se julgam indiferentes. A vontade mais livre não pode originá-las sem um motivo determinante; pois se todas as circunstâncias de duas posições fossem exatamente as mesmas, e essa vontade agisse numa e se abstivesse de agir em outra, a escolha seria um efeito sem causa; seria, diz Leibniz, o acaso cego dos epicuristas. (Laplace 2010, p. 42)

Portanto, é ao "princípio da razão" de Leibniz que o leitor (ou o aluno do curso) é remetido. Mas, o princípio da razão é verdadeiramente a mesma coisa que o princípio do determinismo? E, principalmente, é para o mesmo aspecto da natureza que os dois princípios pretendem guiar nossa atenção? Nada parece menos evidente. O princípio de Leibniz nos diz que tudo tem uma razão; o de Laplace nos diz que da mesma razão resulta o mesmo efeito. Há, certamente, um parentesco, mas a ênfase não está no mesmo lugar. Assim, na operação que consiste em buscar antecedentes a um pensamento seguindo as indicações de seus autores, encontramos, às vezes, pistas que são apenas aproximativas. Os autores não são sempre os melhores genealogistas de seu próprio pensamento.

Mais fecunda é a pista que conduz a Holbach. Aquilo que a ela nos conduz não provém de uma sugestão do autor, mas de uma espantosa analogia de formulação. Eis o que encontramos em *Sistema da natureza*:

Em um turbilhão de poeira que eleva um vento impetuoso, por mais confuso que ele pareça a nossos olhos; na mais atroz tempestade excitada por ventos opostos que agitam as ondas, não há uma única molécula de poeira ou de onda que seja colocada ao *acaso,* que não tenha sua causa suficiente para ocupar o lugar no qual ela se encontra, e que não aja rigorosamente segundo a maneira como deve agir. Um geômetra, que conhecesse exatamente as diferentes forças que agem nestes dois casos, e as propriedades das moléculas que são movidas, *demonstraria* que, segundo causas dadas, cada molécula age precisamente como deve agir, e não pode agir de outro modo senão deste. (*Apud* Starobinsky 2002, p. 292)

Não podemos deixar de nos surpreender pela semelhança desse texto com aquele de Laplace. Está claro que a ideia de um determinismo da natureza já está presente em Holbach. Paul-Henri Thiry, barão d'Holbach, nasceu em Edesheim em 8 de dezembro de 1723 e faleceu em Paris em 21 de janeiro de 1789, sendo considerado um filósofo "materialista" que escreveu em francês. Depois dos estudos de direito em Leyde, ele se instala em Paris em 1749 e se torna, então, advogado no Parlamento. Ele participa da *Enciclopédia* de Diderot e D'Alembert a partir de 1751 e redige artigos sobre metalurgia, geologia, medicina, mineralogia e química. A partir de 1760, começa a redigir obras filosóficas, frequentemente com um pseudônimo: seus escritos são anticlericais, anticristãos e explicitamente ateus, materialistas e fatalistas. Holbach pensa que a necessidade está na base das ações dos homens, assim como na base de todos os movimentos que observamos na natureza.

Holbach é um dos primeiros autores que não fazem nenhuma concessão a qualquer forma de deísmo (diferentemente, por exemplo, de seu amigo Diderot ou de Voltaire). Algumas de suas obras foram revistas e corrigidas por Diderot, o qual vai acrescentar no próprio *Sistema da natureza* um último capítulo, intitulado "Resumo do código da natureza".

O que vamos encontrar, se voltarmos ainda um passo no conjunto dessas afirmações? Holbach retoma, na verdade, uma ideia que constitui uma das afirmações de partida de Espinosa, apresentada em praticamente todas as suas obras e, claro, notadamente em *Ética,* em que ela aparece pela primeira vez na proposição 29 da parte I: "Nada existe, na natureza das coisas, que seja contingente; em vez disso, tudo é determinado, pela necessidade da natureza divina, a existir e a operar de uma maneira definida" (1992, pp. 444-445). Esse princípio, às vezes, é chamado de "necessitarismo". Ele se enuncia da seguinte forma: seja um fenômeno qualquer – pode se tratar tanto da hora exata da queda de uma estalactite de gelo, ocorrida em função do degelo do telhado de um chalé em Megève, quanto da queda de um tirano em uma revolução; se as mesmas causas se reunirem novamente, a estalactite vai cair no mesmo momento e o tirano da mesma forma? A essas questões, o necessitarismo de Espinosa responde: "Sim, necessariamente".

Ele propõe que "tudo ocorre na natureza segundo leis determinadas". Tudo – e isso é essencial para a ética de Espinosa –, incluindo os sentimentos que experimentamos. Nossos sentimentos estão prescritos em nós de maneira unívoca e determinável por situações que somos conduzidos a encontrar e por representações que fazemos dessas situações. Essa tese de Espinosa está ela própria inscrita na linhagem do fatalismo antigo.

O fatalismo é, por excelência, a doutrina estoica: "Que todas as coisas acontecem de acordo com o destino dizem Crísipos em sua obra *Do Destino*, Poseidônios no segundo livro de sua obra *Do Destino*, e Zênon e Bôetos no primeiro livro da obra *Do Destino*" (Laêrtios 1988, p. 215). O *fatum stoicum* não é uma potência irracional, mas a expressão da ordem impressa pela razão divina – o *logos* – no universo: "O destino é um encadeamento de causas daquilo que existe, ou a razão que dirige e governa o cosmos" (*ibid.*). Portanto, é menos um princípio que advém da religião do que da ciência, já que o deus estoico é a razão.

O destino é a cadeia causal dos acontecimentos: longe de excluir o princípio de causalidade, ele o supõe em sua própria essência. Cícero escreve em seu tratado *Sobre a adivinhação*:

> Mas eu chamo Destino o que os gregos chamam ει(μαρμένη, isto é, a ordem e a conexão das causas, quando uma causa unida à outra gera, a partir de si, um fato. (...) A partir disso entende-se que destino não é isso

que se diz supersticiosamente, mas isso que se diz filosoficamente, a causa eterna das coisas, o por que tais coisas que se passaram aconteceram, as que são iminentes acontecem e as que se seguem acontecerão. (*Apud* Gratti 2009, p. 102)

Entretanto, esse fatalismo não é o determinismo da ciência, pois nele a ciência acrescenta um ingrediente essencial: não apenas o fato de que tudo ocorre de uma maneira que não poderia ser diferente, de que tudo estava escrito, mas também que aquilo que virá é previsível, calculável, determinável. A secreta sedução da palavra "determinismo" vem daí: quem diz determinista, diz determinável. Poderíamos prever uma tempestade? Um terremoto? Uma revolução? O futuro de uma sociedade? O efeito de tal ou qual decisão política?

Assim, a partir de Newton e de maneira bastante explícita com Laplace, seu fiel intérprete, a noção geral de fatalismo toma uma forma um pouco diferente. As coisas não vão ocorrer apenas segundo leis intangíveis e imutáveis, mas também segundo princípios calculáveis e previsíveis.

Sugestões de leitura

Para aprofundar as temáticas abordadas neste capítulo, o melhor é certamente começar pela leitura dos dois grandes textos clássicos que anunciam a problemática do determinismo: *Ensaio filosófico sobre as probabilidades*, de Laplace, e a *Introdução à medicina experimental*, de Claude Bernard. Uma excelente introdução a este último texto é fornecida pelo artigo publicado por Bernard em 1878 na *Revue des deux mondes*, com o título "Définition de la vie". Esse artigo está acessível *on-line*. Nos anos 1970, o tema do indeterminismo – no sentido de dependência extrema das condições iniciais – vai ser abundantemente retomado e comentado. Naquela ocasião, as observações de Poincaré sobre o acaso vão ser exumadas, e vão se colocar geralmente em paralelo as afirmações de Laplace e os questionamentos de Poincaré. Alexandre Kojève consagrou um estudo a essa questão, que publicou com o título

L'idée du déterminisme dans la physique moderne et contemporaine. Trata-se principalmente de uma reflexão sobre o princípio de incerteza de Heisenberg, segundo o qual a posição e a velocidade de uma partícula elementar só podem ser determinadas pagando-se o preço da incerteza sobre uma ou outra das grandezas; quanto mais uma é determinada de forma precisa, mais a margem de incerteza cresce sobre a outra. Esse princípio foi por vezes nomeado, de forma inexata, princípio de indeterminação. Encontraremos, em outro volume consagrado ao determinismo, *La querelle du déterminisme,* publicado em 1990 pela editora Gallimard, uma revisão útil de David Ruelle (a respeito da teoria do caos) sobre a noção de indeterminação de Heisenberg. Ele escreve que:

> Nós não podemos em momento algum precisar de uma vez a posição e a velocidade de uma partícula. A incerteza sobre a posição e a velocidade é expressa pelas relações de incerteza de Heisenberg. Desse modo, na mecânica quântica, os conceitos clássicos de posição e de velocidade de uma partícula se tornam fluidos, mas sem que a própria mecânica quântica se torne indeterminista. (Ruelle 1990, pp. 153-162)

O conjunto do volume constitui uma ótima introdução ao aspecto contemporâneo da questão. Krzysztof Pomian redigiu uma introdução histórica, na qual ele fez a ideia de determinismo – sob a forma do fatalismo – voltar às superstições antigas que supostamente permitiam prever o futuro. O livro é construído ao redor da intervenção de um matemático, René Thom, que reafirma com força, assim como Claude Bernard, a necessidade do princípio do determinismo para a ciência, no artigo "Halte au hasard, silence au bruit". Vários autores foram convidados a responder a Thom: Edgar Morin, Ilya Prigogine, Henri Atlan entre outros. Cada qual defendeu à sua maneira o indeterminismo.

TRECHO

Introdução à medicina experimental, de Claude Bernard

Os princípios ou as teorias que servem de base a uma ciência, qualquer que ela seja, não caíram do céu; foi necessário lá chegar por um raciocínio investigador, indutivo ou interrogativo, como se quiser chamá-lo. Foi preciso, primeiro, observar alguma coisa que se havia passado dentro ou fora de nós. Nas ciências, há, do ponto de vista experimental, ideias a que se chamaram *a priori,* porque são o ponto de partida de um raciocínio experimental, mas do ponto de vista da idiogénese, são, na realidade, ideias *a posteriori.* Em resumo, a *indução* deve ter sido a forma do raciocínio primitivo e geral, e as ideias que os filósofos e os sábios consideram constantemente como ideias *a priori,* limitam-se a ser ideias *a posteriori.*

O matemático e o naturalista não diferem um do outro quando partem à procura dos princípios. Uns e outros induzem, põem hipóteses e experimentam, quer dizer, fazem tentativas para verificar a exactidão das suas ideias. Mas quando o matemático e o naturalista chegam aos respectivos princípios, diferem então completamente. Com efeito, tal como já havia dito, o princípio do matemático torna-se absoluto, porque não se aplica à realidade objectiva tal como ela é, mas às relações das coisas consideradas em condições extremamente simples e que, de certa maneira, o matemático escolheu e criou no seu espírito. Ora, tendo assim a certeza que só devem fazer-se intervir no raciocínio aquelas condições que determinaram, o princípio permanece absoluto, consciente, adequado ao espírito, e a dedução lógica é igualmente absoluta e certa; deixa de ser necessária a verificação experimental, basta a lógica.

A situação do naturalista é muito diferente; a proposição geral a que chegou, ou o princípio sobre o qual se apoiou, permanece relativo e provisório, porque representa relações complexas que nunca possui a certeza de vir a conhecer completamente. A partir daí o seu princípio é incerto, visto que é inconsciente e inadequado ao espírito; a partir daí, as deduções, ainda que muito lógicas, ficam sempre duvidosas, e torna-se preciso, então, invocar a experiência para controlar a conclusão de tal raciocínio dedutivo. Esta diferença entre os matemáticos e os naturalistas é capital do ponto de vista da certeza dos seus princípios e das conclusões a extrair; mas o mecanismo do raciocínio dedutivo é, exatamente, o mesmo para os dois. Ambos partem de uma proposição; somente o matemático diz: *Sendo dado este ponto de*

Filosofia das ciências | 129

partida, resulta dele, necessariamente, tal caso particular. O naturalista diz: *Se este ponto de partida fosse justo,* resultaria, como consequência, tal caso particular.

Quando partem de um princípio, o matemático e o naturalista empregam ambos, portanto, a dedução. Raciocinam construindo um silogismo; apenas, para o naturalista, é um silogismo cuja conclusão fica dubitativa e exige verificação, porque o seu princípio é inconsciente. É esse o raciocínio experimental ou dubitativo, o único que se pode empregar quando se raciocina acerca dos fenómenos naturais; se quiséssemos suprimir a dúvida e se dispensássemos a experiência, deixaria de existir um critério para saber se nos encontramos no falso ou no verdadeiro, porque, volto a repeti-lo, o princípio é inconsciente e torna-se necessário, então, fazer apelo aos sentidos.

De tudo isto concluirei que a *indução* e a *dedução* pertencem a todas as ciências. Não creio que uma e outra constituam, realmente, duas formas de raciocínio essencialmente distintas. O espírito do homem tem, por natureza, o sentimento ou a ideia de um princípio que rege os casos particulares. Parte sempre, instintivamente, de um princípio que adquiriu ou que inventa por hipótese; mas nunca pode caminhar nos raciocínios de outro modo que não seja pelo silogismo, quer dizer, caminhando do geral para o particular.

Em fisiologia, um determinado órgão funciona sempre por meio de um único e mesmo mecanismo; somente, quando o fenómeno se desenvolve em outras condições e em um meio diferente, a sua natureza permanece a mesma. Penso que para o espírito existe uma única forma de raciocínio, tal como para o corpo só existe uma única forma de caminhar. Apenas, quando um homem avança sobre um terreno sólido e plano, por um caminho directo que já conhece e abrange em toda a sua extensão, caminha para o fim com passo seguro e rápido. Quando, ao contrário, um homem segue um caminho tortuoso, envolto em trevas e sobre um terreno acidentado e desconhecido, receia os precipícios, e só avança com precaução e pouco a pouco. A cada momento vê se o pé colocado à frente assenta em um ponto resistente, para continuar assim verificando a cada passo, pela experiência, a solidez do solo, e modificando sempre a direção da sua marcha, segundo o que encontra. Assim é o experimentador, que nunca deve avançar nas suas pesquisas além do facto, para não correr o risco de se perder. Nos dois exemplos anteriores o homem avança sobre terrenos diferentes e em condições variáveis, mas caminha sempre graças ao mesmo processo fisiológico. Da mesma forma, quando o experimentador deduzir relações simples de fenómenos precisos e segundo princípios conhecidos, o raciocínio desenvolver-se-á de uma forma certa e necessária, ao passo que, quando se encontrar no meio de relações complexas, podendo apenas apoiar-se em princípios incertos e provisórios, o mesmo experimentador deverá, então, avançar com precaução e submeter à experiência cada uma das ideias que sucessivamente coloca à frente. Mas em ambos os casos, o espírito raciocinará sempre de forma idêntica e pelo mesmo processo fisiológico, com a diferença de partir de um princípio mais ou menos certo.

Quando um fenómeno qualquer nos impressiona na natureza, fazemos uma ideia acerca da causa que o determina. O homem, na sua primitiva ignorância, supôs divindades ligadas a cada problema. Hoje o sábio admite forças ou leis; alguma coisa que governa o fenómeno. A ideia que nos surge à vista de um fenómeno chama-se *a priori*. Ora, ser-nos-á fácil mostrar mais tarde que esta ideia *a priori*, que surgiu em nós a propósito de um facto particular, encerra sempre implicitamente, e de certa maneira sem nós sabermos, um *princípio* ao qual queremos referir o facto particular. De maneira que, quando acreditamos ir de um caso particular a um princípio, isto é, induzir, deduzimos realmente; apenas, o experimentador avança segundo um princípio suposto ou provisório que modifica a cada instante, porque caminha no seio de uma obscuridade mais ou menos completa. À medida que reunimos os factos, os nossos princípios tornam-se cada vez mais gerais e mais seguros; então adquirimos a certeza do que deduzimos. Porém, apesar disso, nas ciências experimentais, o nosso princípio deve permanecer sempre provisório, porque nunca conseguimos obter a certeza de que encerra mais do que factos e condições que conhecemos. Numa palavra, deduzimos sempre por hipóteses, até a verificação experimental. Um experimentador não pode, portanto, encontrar-se no caso do matemático, precisamente porque o raciocínio experimental permanece de sua natureza sempre dubitativo. Agora, poder-se-á, se quisermos, chamar ao raciocínio dubitativo do experimentador, a *indução,* e ao raciocínio afirmativo do matemático, a *dedução;* mas será uma distinção que se apoiará na certeza ou incerteza do ponto de partida do raciocínio, mas não sobre a forma de raciocínio.

Fonte: Bernard 1978, pp. 62-65.

Bibliografia

BACHELARD, G. (2004). *Ensaio sobre o conhecimento aproximado*. Rio de Janeiro: Contraponto.

BARTHEZ, P.J. e BARTHEZ, A.C.E. (1975). *Nouveaux éléments de la science de l'homme*. Augmenté du *Discours sur le génie d'Hippocrate, de mémoires sur les fluxions et les coliques iliaques, sur la thérapeutique des maladies, sur l'évanouissement, l'extispice, la fascination, le faune, la femme, la force des animaux*. Paris: G. Baillière.

BERGSON, H. (2006). *O pensamento e o movente*. São Paulo: Martins Fontes.

BERNARD, C. (1966). *Leçons sur les phénomènes de la vie communs aux animaux et aux végétaux*. Paris: Vrin.

_____ (1978). *Introdução à medicina experimental*. Trad. Maria José Marinho. Lisboa: Guimarães.

BOHR, N. (1995). *Física atômica e conhecimento humano*. Rio de Janeiro: Contraponto.

CÍCERO, M.T. (2009). "Sobre a adivinhação". Dissertação de mestrado de Beatris Ribeiro Gratti. Campinas: Unicamp.

DESCARTES, R. (2004). *Discurso do método*. Porto Alegre: L&PM.

DIOGÉNES LAÉRCIO (1988). *Vidas e doutrinas dos filósofos ilustres*. Brasília: Ed. da Unb.

ESPINOSA (1992). *Ética*. Lisboa: Relógio d'Água.

GRATTI, B.R. (2009). "Sobre a adivinhação, de Marco Túlio Cícero". Dissertação de mestrado em Linguística. Campinas: Unicamp/IEL.

HEIDEGGER, M. (2007). *Ensaios e conferências*. 4ª ed. Petrópolis: Vozes.

HOLBACH, P.H.D. (2010). *Sistema da natureza, ou das leis do mundo físico e do mundo moral*. São Paulo: Martins Fontes.

HUME, D. (1999). *Investigação acerca do entendimento humano.* São Paulo: Nova Cultural. (Os Pensadores)

LAÊRTIOS, D. (1988). *Vidas e doutrinas dos filósofos ilustres.* Brasília: Ed. da UNB.

LA METTRIE, J.O. (1982). *O homem-máquina.* Lisboa: Estampa. (Clássicos de Bolso)

LAPLACE, P.-S. (2010). *Ensaio filosófico sobre as probabilidades.* Rio de Janeiro: Contraponto/Ed. PUC-Rio.

POINCARÉ, H. (1909). *Science et méthode.* Paris: Flammarion.

_____ (1924). *Últimos pensamentos.* Rio de Janeiro: Garnier. (1ª edição, 1913)

PRIGOGINE, I. e STENGERS, I. (1984). *A nova aliança: A metamorfose da ciência.* Brasília: Ed. da Unb. (Pensamento Científico)

RUELLE, D. (1990). "Hasard et déterminisme: Le problème de la prédictibilité". *In*: POMIAN, K. (org.). *La querelle du déterminisme: Philosophie de la science aujourd'hui.* Paris: Gallimard.

STAROBINSKY, J. (2002). *Ação e reação: Vida e aventuras de um casal.* Trad. Simone Perelson. Rio de Janeiro: Civilização Brasileira.

VALÉRY, P. (1973). *Cahiers.* V. I. Paris: Gallimard.

WHEWELL, W. e YEO, R. (1996). *The philosophy of the inductive sciences.* Londres: Routledge/Thoemmes Press.

5. O positivismo

A filosofia das ciências

A expressão "filosofia das ciências" aparece por volta dos anos 1830. André-Marie Ampère (1775-1836), autor da teoria eletromagnética em 1827, inventor do telégrafo elétrico e do eletroímã, vai ser o primeiro a empregar a expressão "filosofia das ciências" em um livro que visa apresentar uma classificação "racional" das ciências. Na sequência, Auguste Comte vai explicar que ele poderia ter chamado sua doutrina de "filosofia das ciências", mas que ele finalmente preferiu a nomeação "filosofia positiva", a fim de ressaltar o caráter, segundo ele, mais crucial de sua doutrina: sua recusa do negativo. O positivismo se inscreve assim, de imediato, em uma relação polêmica no seio da filosofia, pois o negativo vai ser rapidamente assimilado à metafísica.

William Whewell (1794-1866) inaugurou, uma dezena de anos depois de seus primeiros usos em francês por Ampère e depois por Comte, o emprego da expressão inglesa *philosophy of science*, em uma obra cujo título completo é *Philosophy of inductive sciences, founded upon their history*. Ciências indutivas, ciências que usam a indução como método de construção da verdade. Whewell insiste sobre esse ponto: não há diferença fundamental entre o conhecimento comum e o conhecimento científico. O primeiro pratica induções exatamente como o segundo. Mas suas induções

Filosofia das ciências | 135

são menos rigorosamente controladas, mais aproximativas. O segundo é o uso convenientemente regulado do primeiro. Por exemplo: eu não vou pedir a Michel que vá me buscar leite, porque ele recusou na última vez. Eis um raciocínio muito comum, quase banal (conhecimento comum). Ele comporta uma indução implícita: eu presumo que se lhe pedir novamente a mesma coisa, Michel vai recusar de novo. Mas se reconhecemos aqui a forma do raciocínio indutivo, vemos também que ele é muito mais frágil e aproximativo do que, suponhamos, o mesmo raciocínio que se fundasse sobre uma dezena de recusas sucessivas da parte de Michel. As leis científicas são precisamente extraídas de eventos que são observados não uma, mas um grande número de vezes. Do conhecimento comum ao científico, a diferença não é de natureza, mas de grau. É o grau de controle ao qual são submetidas as afirmações que faz a diferença. Quando esse grau de controle é frágil, falamos de conhecimento comum; quando ele é elevado, falamos de conhecimento científico. Essa é a concepção inducionista da ciência, que poderíamos também chamar de concepção clássica da ciência.

A classificação de Ampère e de Comte

Com Comte e Ampère, assistimos a uma interessante renovação da questão da classificação das ciências e, principalmente, ao aparecimento das primeiras classificações "racionais". Não vai se tratar mais, simplesmente, de catálogos que ordenam o conjunto dos saberes em um quadro sinóptico, mas de "concepções de ciências" que conduzem a uma certa maneira de pensar sua articulação. Ora, da concepção de ciências que defendemos depende notadamente o estatuto que atribuímos às ciências experimentais em relação às, então nascentes, ciências humanas. Essa é uma questão crucial para toda teoria unificada da ciência. Na verdade, uma teoria unificada da ciência idealmente não propõe qualquer diferença entre as ciências da natureza e as ciências humanas.

A grande divisão que encontramos hoje nos saberes entre "ciências da natureza" e "ciências humanas" só vai se impor bem depois das classificações de Ampère e Comte. Entretanto, a problemática dessa divisão já está presente em suas reflexões. Essa divisão vai ser, na sequência, designada tanto pela oposição entre ciências da natureza e ciências da cultura (Rickert), quanto por aquela entre ciências da natureza e ciências do espírito (Dilthey), ou ainda pela divisão entre ciências empírico-analíticas e ciências histórico-hermenêuticas (Ricoeur). Mas essa divisão sempre vai colocar em destaque o fato de que a palavra "ciência" deve ser entendida ao menos em dois sentidos diferentes. Dilthey vai sustentar, por exemplo, que convém fazer uma distinção entre "explicar" e "compreender". As ciências da natureza buscam, segundo ele, explicar os fenômenos percebendo as relações constantes entre eles. As ciências humanas oferecem apenas pontos de "compreensão" dos fenômenos. Certamente nada disso ocorre no pensamento de Comte, para quem o espírito positivo começa quando, segundo sua célebre fórmula, renunciamos à questão "por quê?" para colocarmos apenas a questão "como?".

A afirmação de uma divisão dos saberes que toca tanto a forma de pensar quanto o objeto sobre o qual pensamos encontra-se já colocada em um contemporâneo de Bacon, Blaise Pascal (1623-1662). Este distingue o espírito de fineza (ou finura) do espírito de geometria:

> Diferença entre o espírito de geometria e o espírito de finura. Num os princípios são palpáveis, mas afastados do uso comum, de sorte que se tem dificuldade para virar a cabeça para esse lado, por falta de hábito: mas, por pouco que se vire, vêem-se os princípios plenamente; e seria preciso ter o espírito totalmente falso para raciocinar mal sobre princípios tão patentes que é quase impossível que eles escapem. Mas, no espírito de finura, os princípios estão no uso comum e diante dos olhos de toda gente. Não adianta virar a cabeça, nem fazer violência; a questão resume-se em se ter boa vista, mas é necessário tê-la boa: pois os princípios estão tão desconexos e em tão grande número que é quase impossível não escaparem. Ora, a omissão de um princípio conduz ao erro; assim é preciso ter a vista bem clara para ver todos os princípios e em seguida o espírito justo para não raciocinar de modo falso sobre princípios conhecidos. (Pascal 2005, p. 235)

Filosofia das ciências | 137

Também encontraremos essa distinção, mais tarde, em Husserl, que distingue o conhecimento científico e aquele do "mundo da vida", especialmente em *A crise das ciências europeias e a fenomenologia transcendental*. Igualmente a encontraremos em *As duas culturas – e uma segunda leitura*, de Charles Pierce Snow. Essas divisões teriam de ser seguidas com cuidado e nuances deveriam certamente ser trazidas, para não compararmos abusivamente noções resultantes de contextos tão diversos. Porém, indiquemos rapidamente que uma das grandes apostas da filosofia do século XX vai ser saber se é possível ou impossível abolir essa distinção. Os positivistas, de Comte à sociobiologia e, depois, à psicologia evolucionista contemporânea, tiveram por programa aboli-la. É não positivista toda doutrina que afirma a impossibilidade de abolir essa distinção (veremos em Popper um exemplo). É antipositivista uma doutrina que afirma a incomensurabilidade das formas de conhecimento, a impossibilidade de medi-las entre si (veremos em Kuhn um exemplo).

Veremos também que a afirmação central da filosofia analítica, o positivismo dos tempos modernos, repousa sobre a ideia de que uma "ciência unificada" é possível (afirmada com força pelo Círculo de Viena com sua "concepção científica do mundo"), levando a postular que nenhuma distinção fundamental deve ser feita entre espírito de fineza e espírito de geometria. Essa distinção que fazia Pascal é, então, puramente formal? É uma simples forma de se exprimir, sem repercussão epistemológica profunda? Ou é ela, ao contrário, uma intuição profunda daquilo que, de mil maneiras, a cultura científica sempre vai repetir, de uma forma ou de outra, e que Wittgenstein (2001, p. 281) expôs com tamanha clareza na única proposição do capítulo VII do *Tractatus logico-philosophicus*, "Sobre aquilo de que não se pode falar, deve-se calar": fatos e valores não podem decididamente falar a mesma linguagem?

Mas o que é precisamente o positivismo? Para responder, o melhor é seguir a forma pela qual Ampère e Comte estabeleceram suas classificações. Por meio das diferenças de suas formas específicas de proceder, revelam-se nitidamente os traços distintivos do espírito "positivo".

Ampère: Classificação racional

André-Marie Ampère (1775-1836) propôs a primeira classificação racional das ciências. Enquanto ele prepara um curso no *Collège de France*, onde é titular da cadeira de física geral e experimental, ele se interroga: "O que é a física geral e por quais caracteres precisos ela se distingue das outras ciências?" (Ampère 1966, p. v), avançando a seguinte resposta:

> Eu pensava que esse caráter devia ser determinado ao dizer que ela tem por objeto estudar as propriedades inorgânicas dos corpos e os fenômenos que apresentam, independentemente da utilidade que lhes atribuímos e das modificações que essas propriedades ou esses fenômenos provam, de acordo com os tempos, os lugares e os climas. Eu digo "propriedades inorgânicas dos corpos" para separar a física geral das ciências naturais; eu acrescento "independentemente da utilidade que lhes atribuímos" para distingui-la da tecnologia; eu digo, enfim, "independentemente das modificações que essas propriedades ou esses fenômenos provam, de acordo com os tempos, os lugares e os climas" para fixar de uma maneira exata os limites que a separam da geografia física e das outras ciências que têm por objeto o estudo do globo terrestre. (*Ibid.*, pp. v-vi)

Trata-se, portanto, em um primeiro momento, de simplesmente fornecer detalhamentos sobre o objeto de uma ciência particular: dizer em que precisamente consiste a física. Em um segundo momento, tratar-se-á de precisar o que são os ramos da física. Mas, finalmente, esse questionamento aparentemente limitado, quase estreito, vai conduzir a uma classificação do conjunto das ciências; e não apenas do conjunto das ciências existentes na época de Ampère, mas também, como vamos ver, igualmente das ciências vindouras.

Ampère menciona as tentativas de classificação das ciências efetuadas por Bacon e por D'Alembert. Mas é para logo notar sua fragilidade. Em primeiro lugar, esses ensaios não podiam dispor do modelo que representa a classificação das plantas. Essa classificação, que ele atribui a Jussieu, ainda que sua paternidade provenha mais de Lineu, é capaz de fazer aparecer uma ordem em meio à perfeita desordem na qual inicialmente nos aparece o mundo vegetal. É da mesma maneira, considera Ampère, que é preciso proceder para classificar os conhecimentos humanos. Em outros termos, é preciso considerá-los como espécies naturais, exatamente como o botânico considera o carvalho, a bétula, a castanheira, o salgueiro, o pinheiro etc.

Em segundo lugar, convém adotar uma ordem que tenha certa lógica e apresentá-la. Por exemplo, Bacon, como vimos com D'Alembert, começa operando uma grande divisão nos saberes: memória, imaginação, razão. Mas, adverte Ampère, essa divisão é arbitrária ou, em todo caso, ela não revela o princípio que a faz nascer. Além disso, uma terceira objeção, mais séria ainda, é que as disciplinas designadas como exemplo do uso dessas faculdades são, de fato, produtos das três faculdades em questão. Para efetuar uma classificação das ciências não podemos nos contentar, segundo Ampère (*ibid*., p. xx), em classificar os objetos pelos quais essas ciências se interessam: "Uma coisa é classificar os objetos de nossos conhecimentos, outra coisa é classificar os próprios conhecimentos, e outra coisa ainda é classificar as faculdades através das quais nós os adquirimos".

Por exemplo, não podemos nos contentar em dizer: a física se interessa pelos corpos inorgânicos, a biologia se interessa pelos corpos organizados de animais e de plantas etc., pois é preciso dar conta de outro fator. Tal fator é o "ponto de vista" por meio do qual podemos considerar as propriedades dos corpos. Podemos examinar um corpo, seu aspecto, sua textura, seu sabor, eventualmente seu peso; podemos igualmente examinar a forma como um corpo se comporta assim que as circunstâncias variem; podemos examinar o efeito de uma mudança de temperatura sobre o corpo; ou, ainda, podemos examinar o que ocorre assim que ele encontra outro corpo. "Surgem, então, dois pontos de vista principais, não somente para a física geral, mas, como veremos nesta obra, para todas as ciências que, como ela, abarcam o conjunto dos conhecimentos relativos ao objeto ao qual se reportam" (*ibid*., p. vii).

A análise continua. O tom é aquele da investigação que descobre ela mesma a forma pela qual procede: "Eu percebi primeiramente, eu percebi em seguida, etc." (Ampère era amigo de Maine de Biran, com quem trocou uma correspondência por vezes exaltada, durante a qual ambos pensavam elaborar uma "doutrina do eu"). O que Ampère tanto percebe? Que cada um dos pontos de vista principais que ele acabara de identificar podiam ser eles próprios subdivididos em dois pontos de vista. Podemos considerar aquilo que se oferece imediatamente à observação, ou ainda buscar conhecer aquilo que estava antes escondido e que só conseguiremos conhecer por dedução, "analisando e interpretando os fatos". E eis como se forma, segundo Ampère, a distinção, no interior da física geral, entre a física experimental e a química. A física experimental corresponde ao estudo dos corpos tal como eles aparecem, a química, ao estudo daquilo que os constitui.

Ampère distingue assim, no total, quatro "pontos de vista" sobre cada objeto. O primeiro corresponde ao inventário dos elementos observáveis do objeto; o segundo corresponde à revelação dos elementos escondidos; o terceiro, às leis de variação desse objeto; o quarto, enfim, à explicação causal das variações em referência aos elementos escondidos. Podemos dar o seguinte exemplo: um cristal de sal. Podemos, em primeiro lugar, descrever o objeto. Seu aspecto físico, seu tamanho: objeto de alguns milímetros, cuja superfície parece irregular, constituída de faces esbranquiçadas. Esse é o primeiro nível de descrição. Seus elementos escondidos: os átomos que o constituem, alguns de sódio, outros de cloro, reunidos segundo uma estrutura regular e como que ordenados de modo alternado nessa estrutura. Esse é o segundo nível. As variações do objeto: é o que ocorre assim que aquecemos o cristal de sal ou assim que o mergulhamos na água (ele se dissolve). Enfim, a explicação causal dessas variações: o cristal, constituído por um agenciamento de átomos de sódio e de cloro reunidos entre si por ligações eletrostáticas, troca suas ligações com a molécula de água, seu oxigênio e seu hidrogênio.

Ampère inscreve explicitamente, como dissemos, seu procedimento na lógica do botânico Bernard de Jussieu (1699-1777). Mas o que ele aproveitou desse autor? O método que consiste em notar simetrias em algumas plantas que estão ausentes em outras. Ele aproveitou dessa classificação o que lhe convinha para realizar um catálogo do conjunto dos elementos aparentemente muito disparatados, ou seja, proceder sempre de modo binário: "É assim que realizo divisões constantemente dicotômicas, revelando, nesta obra, que cada reino se divide em dois sub-reinos..." (*ibid.*, p. xiv).

"Eu percebi desse modo", continua Ampère, "que a zoologia, a botânica e a geologia se dividem da mesma maneira" (*ibid.*, p. x). E o mesmo ocorre com as ciências matemáticas, aquelas que são relativas à arte da cura e às artes industriais. Em suma, parece – é, ao menos, esse o sentimento de Ampère – que o sistema de classificação que ele inaugurou teria um caráter universal. Daí a ideia de que sua classificação constitui uma verdadeira "filosofia das ciências": "Eu sempre achei que os objetos dessas ciências diversas eram passíveis de serem considerados sob os mesmos pontos de vista, determinados pelas mesmas características distintivas que na física" (*ibid.*, p. x). A física se vê assim erigida como modelo de toda reflexão de filosofia das ciências. É refletindo sobre a primeira e mais geral de todas as ciências da natureza que podemos esperar descobrir as categorias, percebendo depois que se adaptam a todas as ciências. Um pouco como um costureiro que fizesse seu terno sobre um manequim, para depois adaptá-lo a todos os corpos humanos pensáveis. Para a filosofia das ciências, a física é o manequim mais adaptado.

Entretanto, nesse estágio, Ampère leva apenas em consideração as ciências que chamamos "ciências da natureza" (que ele chama de ciências "cosmológicas"), aquelas cujos objetos existem independentemente dos homens. "Só depois de algum tempo, no decorrer do mesmo ano, que pensei em classificar também as ciências relativas ao estudo do pensamento e das sociedades humanas, designadas nesta obra pelo nome de ciências noológicas" (*ibid.*, p. xi). Eis, portanto, o coroamento da classificação de Ampère. Dois grandes tipos de ciências caracterizadas por dois tipos de raciocínio distintos: as ciências cosmológicas, que chamaríamos de ciências da natureza, e as ciências noológicas, que chamaríamos de ciências humanas.

Mas o mais surpreendente no sistema de Ampère é que ele é tanto preditivo quanto dedutivo. Desse modo, o sistema permite prever

142 | Papirus Editora

o aparecimento de disciplinas que, no tempo de Ampère, ainda não existiam. Por exemplo, no interior das ciências médicas, o sistema dicotômico de Ampère o conduz a prever um espaço para uma ciência que ele nomeia *phrénygiétique*. Sua finalidade é o estudo de fenômenos patológicos resultantes de circunstâncias psicológicas: antecipação, nota Jacques Merleau-Ponty, daquilo que às vezes nomeamos como "medicina psicossomática". Entre as ciências nootécnicas, Ampère prevê a glossologia, que corresponde àquilo que chamamos linguística.

A classificação de Ampère apresenta a característica única de ter um aspecto preditivo. Além disso, devido à divisão inicial entre as ciências cosmológicas e as ciências noológicas, ela não pode ser considerada positivista. Merleau-Ponty (1977, pp. 113-118) propôs uma análise de *Essai sur la philosophie des sciences* de Ampère, na qual ele estabelece uma comparação entre o sistema proposto por este e aquele proposto por Comte. A particularidade do sistema de Ampère, nota Merleau-Ponty, é não excluir qualquer forma de atividade intelectual. A psicologia e a teologia aí encontram seu lugar, ao passo que são excluídas, como veremos, por Comte.

A classificação de Auguste Comte

Comte também propôs, mais ou menos na mesma época, uma classificação das ciências, que também se apresenta como uma classificação racional. Os fenômenos mais simples são, segundo ele, os mais gerais. Portanto, eles devem formar a base da classificação que engloba progressivamente, na sequência, fenômenos cada vez mais complexos, sem jamais perder de vista o espírito geral do método positivista, segundo o qual a hipótese científica "deve exclusivamente conduzir às leis dos fenômenos e jamais ao modo de produção". A própria classificação toma a seguinte forma: matemática, astronomia, física, química, biologia e, enfim, sociologia ou física social; cada ciência (ou cada fenômeno que essa ciência observa) depende das precedentes, sem, no entanto, estar unicamente sob sua dependência. Por exemplo, os corpos vivos estão, como os corpos inorgânicos, submetidos às leis matemáticas, da física e da química, mas, além disso, conformam-se às leis da biologia, que lhes são próprias. E assim por diante. O sistema de Comte, se prevê uma hierarquia entre as formas de conhecimento, explicada pela lei dos três estados, não prevê qualquer divisão em fatias entre as ciências da natureza e as ciências do espírito.

Comte não apenas deixa de prever tal divisão, mas suas escolhas terminológicas atestam que ele afasta essa ideia. Assim, como mencionamos, ele designa seu sistema por "filosofia positiva" e rejeita a expressão "filosofia das ciências". Por quê? Porque "filosofia das ciências" poderia levar a crer que ele pretendia aplicar a filosofia à ciência, assim como falamos de porto de Atenas (o Pireu) para designar o porto ligado a Atenas. Ora, Comte quer prevenir sua obra dessa interpretação. Seu sistema não é uma filosofia ligada às ciências constituídas. Ele se distingue precisamente por não pretender fazer qualquer diferença de natureza entre as ciências humanas e as ciências da natureza (ainda que essa distinção seja frequentemente destacada, mesmo na época de Comte). Ele engloba na filosofia positiva o estudo do conjunto dos fenômenos sociais. Trata-se, explica Comte, de colocar em evidência a existência de uma maneira uniforme de raciocinar aplicável a todos os temas sobre os quais pode se exercer o espírito humano.

Os sistemas de Comte e Ampère inauguram desde sua origem, portanto, as duas grandes opções da filosofia das ciências *stricto sensu*: opção unitária que afirma (em geral com um zelo militante) a uniformidade dos procedimentos de pensamento em sua era positiva, qualquer que seja o objeto ao qual estes últimos se apliquem; opção pluralista que, ao contrário, reconhece (em geral em nome do realismo da análise) a existência de vários modos de pensamento diferentes.

O positivismo de Auguste Comte

De fato, Comte reconhece a existência de modos diferentes de pensamento. Ele, inclusive, reconhece precisamente três: o modo de pensamento teológico, o modo de pensamento metafísico, o modo de pensamento positivo. É sua famosa "grande lei fundamental":

> Estudando, assim, o desenvolvimento total da inteligência humana em suas diversas esferas de atividade, desde seu primeiro vôo mais simples até nossos dias, creio ter descoberto uma grande lei fundamental, a que se sujeita por uma necessidade invariável, e que me parece poder ser solidamente estabelecida, quer na base de provas racionais fornecidas pelo conhecimento de nossa organização, quer na base de verificações históricas resultantes dum exame atento do passado. (Comte 1978, pp. 3-4)

O paralelismo que Comte crê perceber entre o desenvolvimento da inteligência individual e aquele da inteligência coletiva é sinal de que ele "está na verdade".* Segundo ele, a criança passa sucessivamente por três estágios que correspondem a três formas de pensar, encontradas no desenvolvimento das civilizações (ao menos, no desenvolvimento da civilização ocidental, a única que ele leva em consideração). O espírito humano é suscetível a vários "métodos de filosofar, cujo caráter é essencialmente diferente e mesmo radicalmente oposto (...) três sortes de filosofia, ou de sistemas gerais de concepções sobre o conjunto de fenômenos, que se excluem mutuamente" (ibid., p. 4). Decorre disso que nossos próprios conhecimentos passam por "três estados teóricos diferentes". Mas, o essencial é que há uma hierarquia entre essas formas

---

* "Etre dans le vrai" é uma expressão que ficou célebre na obra de Georges Cangilhem (cf. Etudes d'histoire et de philosophie des sciences concernant les vivants et la vie. Paris: Vrin, 1964), utilizada especificamente em um texto dedicado a Galileu para se referir à situação de estar no campo da verdade, sem poder comprová-la de forma absoluta, como era o caso do cientista florentino. Expressão retomada posteriormente, por exemplo, pelo filósofo Michel Foucault. [N.T.]

Filosofia das ciências | 145

de pensar. O método positivo vem por último, suplantando os precedentes. Longe de coabitar com os outros, ele os sucede e revoga. É o estado fixo e definitivo da inteligência.

Depois, Comte busca caracterizar esses três estados da inteligência notando que, no cerne de cada um deles, formas diferentes de causalidades são criadas. No primeiro estado, representamos os fenômenos como produtos da ação direta e contínua de agentes sobrenaturais, cuja intervenção arbitrária explica todas as anomalias aparentes – é o estado teológico. Não há, para Comte, diferenciação fundamental a ser feita entre as teologias politeístas, como aquelas dos gregos antigos ou dos romanos do período republicano ou imperial, e as teologias monoteístas, judaica, cristã ou muçulmana. Todas elas destacam uma única e mesma forma de pensar, um mesmo sistema geral de concepção, que é precisamente o sistema de concepções teológicas. O monoteísmo é, no entanto, mais perfeito que o politeísmo, pois testemunha uma progressão interna de uma forma de pensamento ainda imatura.

No segundo estado de inteligência, esses agentes sobrenaturais são substituídos por forças abstratas, e o sistema atinge seu estado mais perfeito, assim que essas forças abstratas são reduzidas a apenas uma: a natureza. Enfim, o estado positivo se caracteriza principalmente por uma renúncia. O espírito, "reconhecendo a impossibilidade de obter noções absolutas, renuncia a procurar a origem e o destino do universo (...) para preocupar-se unicamente em descobrir (...) suas leis efetivas, a saber, suas relações invariáveis de sucessão e de similitude" (*ibid.*, p. 4).

Formas diferentes de pensar se sucederiam, em um mesmo cérebro, segundo sua idade. Elas seriam similares àquilo que as transições de fase são para a matéria: sólido, líquido, gasoso. Além disso, e essa talvez seja a mais importante afirmação de Comte, há entre esses três estados da inteligência, essas três formas de pensar, uma hierarquia a estabelecer. Comte teria sido relativista se, distinguindo o modo teológico, o metafísico e o positivista do pensamento, afirmasse a impossibilidade de comparar seus respectivos valores. Esse não é o caso. Ele distingue formas de pensar, regimes de inteligência, mas, principalmente, ele os ordena uns em relação aos outros. E qual é o critério dessa relação de ordem que ele introduz nas formas de pensar? A utilidade prática. Se o pensamento positivo lhe parece superior ao pensamento metafísico e, a *fortiori*, ao pensamento teológico, é porque ele permite certas aplicações, ele conduz a práticas, não sendo puramente especulativo. Ele mostra em relação ao real que é capaz de modificá-lo. Eis, portanto, o critério último: a filosofia de Comte é um utilitarismo. Para ela, convém conduzir a ações concretas. Ela está "destinada a fornecer a verdadeira base racional da ação do homem sobre a natureza". Daí a famosa máxima de Comte, que disputa, em celebridade, com "ordem e progresso": "ciência, daí previdência; previdência, daí ação" (*ibid.*, p. 23).

Em seu livro *Concevoir et expérimenter*, Ian Hacking traça um retrato do positivismo. Ele extrai seis características que são, a seus olhos, essenciais (os "seis instintos positivistas"): 1. importância da verificação; 2. prioridade da observação; 3. recusa da causalidade; 4. recusa do "por quê?"; 5. recusa das entidades teóricas; 6. oposição à metafísica. Hacking sublinha esse último ponto e especifica que ele constitui o denominador comum dos pontos mencionados anteriormente. A oposição à metafísica é, sem dúvida, o traço mais pronunciado e mais identificável do positivismo. Mas é preciso principalmente dizer que há positivismo quando há afirmação de uma hierarquia dos conhecimentos. O conhecimento situado no topo da hierarquia sendo, por convenção, aquele dito "positivo". Nesse sentido, a classificação das ciências de Comte não é do mesmo gênero que aquela de Ampère. Todos os conhecimentos positivos valem como conhecimento. A hierarquia só se estabelece com os pensamentos religiosos e metafísicos, mas não entre as diferentes ciências positivas. A classificação de Comte é uma classificação das ciências; a de Ampère é uma classificação dos saberes.

TRECHO

Curso de filosofia positiva, de Auguste Comte

Para explicar convenientemente a verdadeira natureza e o caráter próprio da filosofia positiva, é indispensável ter, de início, uma visão geral sobre a marcha progressiva do espírito humano, considerado em seu conjunto, pois uma concepção qualquer só pode ser bem conhecida por sua história.

Estudando, assim, o desenvolvimento total da inteligência humana em suas diversas esferas de atividade, desde seu primeiro vôo mais simples até nossos dias, creio ter descoberto uma grande lei fundamental, a que se sujeita por uma necessidade invariável, e que me parece poder ser solidamente estabelecida, quer na base de provas racionais fornecidas pelo conhecimento de nossa organização, quer na base de verificações históricas resultantes dum exame atento do passado. Essa lei consiste em que cada uma de nossas concepções principais, cada ramo de nossos conhecimentos, passa sucessivamente por três estados históricos diferentes: estado teológico ou fictício, estado metafísico ou abstrato, estado científico ou positivo. Em outros termos, o espírito humano, por sua natureza, emprega sucessivamente, em cada uma de suas investigações, três métodos de filosofar, cujo caráter é essencialmente diferente e mesmo radicalmente oposto: primeiro, o método teológico, em seguida, o método metafísico, finalmente, o método positivo. Daí três sortes de filosofia, ou de sistemas gerais de concepções sobre o conjunto de fenômenos, que se excluem mutuamente: a primeira é o ponto de partida necessário da inteligência humana; a terceira, seu estado fixo e definitivo; a segunda, unicamente destinada a servir de transição.

No estado teológico, o espírito humano, dirigindo essencialmente suas investigações para a natureza íntima dos seres, as causas primeiras e finais de todos os efeitos que o tocam, numa palavra, para os conhecimentos absolutos, apresenta os fenômenos como produzidos pela ação direta e contínua de agentes sobrenaturais mais ou menos numerosos, cuja intervenção arbitrária explica todas as anomalias aparentes do universo.

No estado metafísico, que no fundo nada mais é do que simples modificação geral do primeiro, os agentes sobrenaturais são substituídos por forças abstratas, verdadeiras entidades (abstrações personificadas) inerentes aos diversos seres do mundo, e concebidas como capazes de engendrar por elas próprias todos os fenômenos observados, cuja explicação consiste, então, em determinar para cada um uma entidade correspondente.

Enfim, no estado positivo, o espírito humano, reconhecendo a impossibilidade de obter noções absolutas, renuncia a procurar a origem e o destino do universo, a conhecer as causas íntimas dos fenômenos, para preocupar-se unicamente em descobrir, graças ao uso bem combinado do raciocínio e da observação, suas leis efetivas, a saber, suas relações invariáveis de sucessão e de similitude. A explicação dos fatos, reduzida então a seus termos reais, se resume de agora em diante na ligação estabelecida entre os diversos fenômenos particulares e alguns fatos gerais, cujo número o progresso da ciência tende cada vez mais a diminuir.

O sistema teológico chegou à mais alta perfeição de que é suscetível quando substituiu, pela ação providencial de um ser único, o jogo variado de numerosas divindades independentes, que primitivamente tinham sido imaginadas. Do mesmo modo, o último termo do sistema metafísico consiste em conceber, em lugar de diferentes entidades particulares, uma única grande entidade geral, a natureza, considerada como fonte exclusiva de todos os fenômenos. Paralelamente, a perfeição do sistema positivo à qual este tende sem cessar, apesar de ser muito provável que nunca deva atingi-la, seria poder representar todos os diversos fenômenos observáveis como casos particulares dum único fato geral, como a gravitação o exemplifica.

Aqui não é o lugar de demonstrar especialmente esta lei fundamental do desenvolvimento do espírito humano e deduzir dela as conseqüências mais importantes. Trataremos disso diretamente, com toda a extensão conveniente, na parte deste curso relativa ao estudo dos fenômenos sociais. Só a considero agora para determinar com precisão o verdadeiro caráter da filosofia positiva, em oposição às duas outras filosofias, que dominaram sucessivamente, até os últimos séculos, todo o nosso sistema intelectual. Presentemente, a fim de não deixar por inteiro sem demonstração uma lei dessa importância, cujas aplicações se apresentarão freqüentemente em toda a extensão deste curso, devo limitar-me a uma indicação rápida dos motivos gerais mais sensíveis que podem constatar sua exatidão.

Em primeiro lugar, basta, parece-me, enunciar tal lei para que sua justeza seja imediatamente verificada por todos aqueles que possuam algum conhecimento aprofundado da história geral das ciências. Não existe uma única, com efeito, que, tendo chegado hoje ao estado positivo, não possa ser facilmente representada por qualquer pessoa como essencialmente composta, no passado, de abstrações metafísicas e, se se remontar ainda mais no tempo, como inteiramente dominada por concepções teológicas. Teremos, infelizmente, mais de uma ocasião formal de reconhecer, nas diversas partes deste curso, que as ciências mais aperfeiçoadas conservam, ainda hoje, alguns traços muito sensíveis desses dois estados primitivos.

Essa revolução geral do espírito humano pode ser facilmente constatada hoje, duma maneira sensível embora indireta, considerando o desenvolvimento da inteligência individual. O ponto de partida sendo necessariamente o mesmo para a educação do indivíduo e para a da espécie, as diversas fases principais da primeira devem representar as épocas fundamentais da segunda. Ora, cada um de nós, contemplando sua própria história, não se lembra de que foi sucessivamente, no que concerne às noções mais importantes, teólogo em sua infância, metafísico em sua juventude e físico em sua virilidade? Hoje é fácil esta verificação para todos os homens que estão ao nível de seu século.

No entanto, além da observação direta, geral ou individual, que prova a exatidão dessa lei, devo sobretudo, nesta indicação sumária, mencionar as considerações teóricas que fazem sentir sua necessidade.

A mais importante dessas considerações, recolhida na própria natureza do assunto, consiste na necessidade, em todas as épocas, duma teoria qualquer para ligar os fatos, necessidade combinada com a impossibilidade evidente, para o espírito humano em sua origem, de formar teorias a partir de observações.

Todos os bons espíritos repetem, desde Bacon, que somente são reais os conhecimentos que repousam sobre fatos observados. Essa máxima fundamental é evidentemente incontestável, se for aplicada, como convém, ao estado viril de nossa inteligência. Mas, reportando-se à formação de nossos conhecimentos, não é menos certo que o espírito humano, em seu estado primitivo, não podia nem devia pensar assim. Pois, se de um lado toda teoria positiva deve necessariamente fundar-se sobre observações, é igualmente perceptível, de outro, que, para entregar-se à observação, nosso espírito precisa duma teoria qualquer. Se, contemplando os fenômenos, não os vinculássemos de imediato a algum princípio, não apenas nos seria impossível combinar essas observações isoladas e, por conseguinte, tirar daí algum fruto, mas seríamos inteiramente incapazes de retê-los; no mais das vezes, os fatos passariam despercebidos aos nossos olhos.

Pressionado entre a necessidade de observar para formar teorias reais e a necessidade, não menos imperiosa, de criar algumas teorias para poder entregar-se a observações seguidas, o espírito humano, em seu nascimento, encontrava-se fechado num círculo vicioso, de que nunca teria meios de sair, se não lhe fosse felizmente aberta uma porta natural, graças ao desenvolvimento espontâneo das concepções teológicas, que apresentaram um ponto de aproximação desses esforços e forneceram um alimento à sua atividade. Tal é, independentemente das altas considerações sociais que a isso se vinculam e que não devo nem mesmo indicar neste momento, o motivo fundamental que demonstra a necessidade lógica do caráter puramente teológico da filosofia primitiva.

Essa necessidade se torna ainda mais sensível tendo em vista a perfeita conveniência da filosofia teológica com a própria natureza das pesquisas em que o espírito humano em sua infância concentra, de modo tão eminente, toda a sua atividade. É bem notável, com efeito, que as questões mais radicalmente inacessíveis a nossos meios – a natureza íntima dos seres, a origem e o fim de todos os fenômenos – sejam precisamente aquelas que nossa inteligência se propõe acima de tudo neste seu estado primitivo, todos os problemas verdadeiramente solúveis sendo quase tomados como indignos de sérias meditações. Concebe-se facilmente a causa, pois somente a experiência pode nos oferecer a medida de nossas forças. E, se o homem não tivesse começado tendo delas uma opinião exagerada, estas nunca teriam adquirido todo o desenvolvimento de que são suscetíveis. Assim o exige nossa organização. Mas, seja como for, representemo-nos, na medida do possível, essa disposição tão universal e tão pronunciada, perguntemo-nos qual seria a acolhida que receberia nessa época, se já estivesse formada, a filosofia positiva, cuja mais alta ambição é descobrir as leis dos fenômenos e cujo primeiro caráter próprio é precisamente considerar proibidos necessariamente à razão humana todos esses sublimes mistérios, que a filosofia teológica explica, ao contrário, com tão admirável facilidade, até em seus mínimos pormenores.

O mesmo acontece considerando, sob o ponto de vista prático, a natureza das investigações que ocupam primitivamente o espírito humano. Dessa óptica, atraem energicamente o homem oferecendo-lhe um império ilimitado sobre o mundo exterior, tomado então como inteiramente destinado a nosso uso como se apresentasse, em todos os seus fenômenos, relações íntimas e contínuas com nossa existência. Ora, essas esperanças quiméricas, essas idéias exageradas da importância do homem no universo, que a filosofia teológica faz nascer e que a primeira influência da filosofia positiva destrói para sempre, constituem, na origem, estimulante indispensável, sem o qual não se poderia certamente conceber que o espírito humano se consagrasse primitivamente a penosos trabalhos.

Estamos hoje de tal modo afastados dessas disposições primeiras, ao menos quanto à maioria dos fenômenos, que temos dificuldade em nos representar exatamente a potência e a necessidade de considerações semelhantes. A razão humana está agora suficientemente madura para que empreendamos laboriosas investigações científicas, sem ter em vista algum fim estranho, capaz de agir fortemente sobre a imaginação, como aquele que se propunham os astrólogos e os alquimistas. Nossa atividade intelectual estimula-se suficientemente com a pura esperança de descobrir as leis dos fenômenos, com o simples desejo de confirmar ou infirmar uma teoria. Mas isto não poderia ocorrer na infância do espírito humano. Sem as atrativas quimeras da astrologia, sem as enérgicas decepções da alquimia, por exemplo, onde teríamos haurido a constância e o ardor necessários para coletar as longas séries de observações e experiências que mais tarde serviram de fundamento para as primeiras teorias positivas de uma e de outra classe de fenômenos?

Essa condição de nosso desenvolvimento intelectual foi vivamente sentida desde há muito por Kepler, quanto à astronomia, e justamente apreciada, em nossos dias, por Berthollet, quanto à química.

Percebe-se, pois, graças a este conjunto de considerações, que, se a filosofia positiva é o verdadeiro estado definitivo da inteligência humana, aquele para o qual sempre tendeu progressivamente, não deixou de precisar, no início e durante uma longa série de séculos, quer como método, quer como doutrina provisória, da filosofia teológica; filosofia cujo caráter é ser espontânea e, por isso mesmo, a única possível na origem, a única também capaz de oferecer a nosso espírito nascente o devido interesse. É hoje muito fácil perceber que, para passar da filosofia provisória para a filosofia definitiva, o espírito humano necessita naturalmente adotar, como filosofia transitória, os métodos e as doutrinas metafísicos. Esta última consideração é indispensável para completar a vista geral da grande lei indicada.

Concebe-se sem pena que nosso entendimento, forçado a caminhar apenas por graus quase insensíveis, não podia passar, bruscamente e sem intermediários, da filosofia teológica para a filosofia positiva. A teologia e a física são de tal modo incompatíveis, suas concepções possuem caracteres tão radicalmente opostos, que, antes de renunciar a umas para empregar exclusivamente outras, a inteligência humana precisou servir-se de concepções intermediárias, de caráter bastardo, adequadas, por isso mesmo, para operar gradualmente a transição. Tal é o destino natural das concepções metafísicas, não possuem outra utilidade real. Substituindo, no estudo dos fenômenos, a ação sobrenatural diretriz por uma entidade correspondente e inseparável, apesar de esta ser no início pensada apenas como emanação da primeira, o homem habituou-se pouco a pouco a considerar tão-somente os próprios fatos. As noções desses agentes metafísicos volatilizaram-se gradualmente a ponto de se transformarem, aos olhos de todo espírito reto, em nomes abstratos de fenômenos. É impossível imaginar por que outro processo nosso entendimento pudesse ter passado das considerações francamente sobrenaturais às considerações puramente naturais, do regime teológico ao regime positivo.

Depois de ter assim estabelecido, tanto quanto o posso fazer sem entrar numa discussão especial que estaria deslocada neste momento, a lei geral do desenvolvimento do espírito humano, tal como a concebo, nos será mais fácil determinar com precisão a própria natureza da filosofia positiva, o objeto essencial deste discurso.

Vemos, pelo que precede, que o caráter fundamental da filosofia positiva é tomar todos os fenômenos como sujeitos a leis naturais invariáveis, cuja descoberta precisa e cuja redução ao menor número possível constituem o objetivo de todos os nossos esforços, considerando como absolutamente inacessível e vazia de sentido para nós a investigação das chamadas causas, sejam primeiras, sejam finais. É inútil insistir muito sobre um princípio, hoje tão familiar a todos aqueles que fizeram um estudo um pouco aprofundado das ciências de observação. Cada um sabe que, em nossas explicações positivas, até mesmo as mais perfeitas, não temos de modo algum a pretensão de expor as causas geradoras dos fenômenos, posto que nada mais faríamos então além de recuar a dificuldade. Pretendemos somente analisar com exatidão as circunstâncias de sua produção e vinculá-las umas às outras, mediante relações normais de sucessão e de similitude.

Fonte: Comte 1978, pp. 3-7.

Sugestões de leitura

Para uma biografia de Comte, podemos nos dirigir ao livro de Henri Gouhier, *La vie d'Auguste Comte*. Sobre a atualidade de Comte, podemos nos dirigir ao livro coletivo – fruto de um colóquio organizado por Michel Bourdeau, Jean François Braunstein e Annie Petit, ocorrido em Cerisy-la-Salle em 2001 – publicado com o título *Auguste Comte aujourd'hui* (Kimé, 2003). Os artigos que estão reunidos nesse volume se voltam para o pensamento científico de Comte, para a política e a estética comtiana; o trabalho é precedido por um prefácio de Michel Houellebecq que "manifesta a paradoxal modernidade do pensamento comtiano". Esse autor de sucesso (Prêmio *Goncourt* por seu livro *O mapa e o território* de 2010, Editora Record) mantém, de fato, uma espécie de paixão literária por Comte, como mostrou Georges Chabert em "Michel Houellebecq, lecteur d'Auguste Comte". A respeito de Ampère, podemos ler uma biografia de Pierre Marion intitulada *Le genial bonhomme Ampère* (o "bom companheiro" de Ampère é uma regra mnemotécnica, também conhecida como regra da mão direita, que permite prever o sentido do desvio de uma agulha imantada na proximidade de um fio em que circula corrente elétrica).

Bibliografia

AMPÈRE, A.-M. (1966). *Essai sur la philosophie des sciences. Ou Exposition analytique d'une classification naturelle de toutes les connaissances humaines.* Bruxelas: Culture et Civilisation.

BOURDEAU, M.; BRAUNSTEIN, J.-F. e PETIT, A. (2003). *Auguste Comte aujourd'hui.* Prefácio de Michel Houellebecq. Colóquio de Cerisy, jul., 2001. Paris: Kimé.

COMTE, A. (1978). *Curso de filosofia positiva.* Trad. José Arthur Gianotti e Miguel Lemos. São Paulo: Abril Cultural. (Os Pensadores)

GOUHIER, H. (1997). *La vie d'Auguste Comte.* Paris: Vrin.

HACKING, I. (1989). *Concevoir et expérimenter: Thèmes introductifs à la philosophie des sciences expérimentales.* Trad. para o francês de B. Ducrest. Paris: Christian Bourgois.

HUSSERL, E. (2012). *A crise das ciências europeias e a fenomenologia transcendental.* São Paulo: Forense Universitária.

MAINE DE BIRAN, P. (1988). "Mémoire sur la décomposition de la pensée". *In*: MAINE DE BIRAN, P. *Oeuvres*. Paris: Vrin, t. III.

MARION, P. (1999). *Le genial bonhomme Ampère: Le roman de sa vie*. Lyon: Mémoire des arts.

MERLEAU-PONTY, J. (1977). "Essai sur la philosophie des sciences d'Ampère". *Revue d'histoire des sciences*, v. 30, n. 2, pp. 113-118. [Disponível na internet: http://www.persee.fr/web/revues/home/prescript/article/rhs_0151-4105_1977_num_30_2_1474, acesso em 12/4/2013.]

MESURE, S. (1992). W. *Dilthey: Critique de la raison historique – Introduction aux sciences de l'esprit et autres textes*. Paris: Ed. du Cerf.

PASCAL, B. (2005). *Pensamentos*. 2ª ed. São Paulo: Martins Fontes.

PONT, J.-C. (2007). "Auguste Comte et William Whewell: Oeuvres contemporaines". *Revue philosophique de la France et de l'étranger*.

RICKERT, H. (1997). *Science de la culture et science de la nature*. Trad. para o francês de A.-H. Nicolas, C. Prompsy e M.B. Launay. Paris: Gallimard.

RICOEUR, P. (1991). *O si-mesmo como um outro*. Trad. Lucy Moreira Cesar. Campinas: Papirus.

WHEWELL, W. e BLANCHÉ, R. (2000). *De la construction de la science: Novum organum renovatum*. Paris: Vrin, Livre II.

WHEWELL, W. e YEO, R. (1996). *The philosophy of the inductive sciences*. Londres: Routledge/Thoemmes Press.

WITTGENSTEIN, L. (2001). *Tractatus logico-philosophicus*. Introdução Bertrand Russell. 3ª ed. São Paulo: Edusp.

6. Materialismo e atomismo

O materialismo

O termo "materialismo" foi inventado por Leibniz no início do século XVIII e reivindicado, pela primeira vez, por La Mettrie, em 1748, em seu livro *O homem-máquina*. Portanto, foi apenas retrospectivamente que Leucipo, Demócrito, Epicuro e Lucrécio foram chamados "materialistas". Esse materialismo implica uma posição ontológica frequentemente reivindicada com intransigência: o mundo é constituído de matéria; o próprio espírito é também matéria. Ele se apresenta como uma doutrina sobre a natureza que afirma: "Por convenção existem o doce e o amargo, o quente e o frio, ou mesmo a cor; na verdade, apenas existem átomos e vazio" (esse é um dos fragmentos de Demócrito que foi conservado por Lucrécio). Nada, além de átomos e do vazio, existe realmente. Um som é a matéria (do ar) em movimento. A imagem de um objeto é a matéria em movimento. E assim por diante.

Em sua monumental *Histoire du matérialisme*, o livro de cabeceira de Nietzsche, cuja primeira edição data de 1869, Friedrich-Albert Lange apresenta as teorias atomistas da Antiguidade, colocando-as em relação com seus seguidores modernos na física de meados do século XIX. A matéria, sua estrutura, sua composição, sua origem constituem alguns dos principais enigmas que os *physiologoï* tentavam resolver por meio

Filosofia das ciências | 157

de especulações por vezes aventurosas. Antes do século XIX, nenhuma teoria científica unificada fornecia a esse enigma solução verdadeira.

O atomismo científico

Em 1789, o químico francês Antoine Lavoisier (1743-1794) publicou em Paris seu *Tratado elementar de química, apresentado em uma ordem nova e segundo as descobertas modernas.* Essa obra lança as bases da química moderna. Lavoisier especifica o conceito de elemento químico: substância simples que não pode ser decomposta em outras substâncias. As concepções dirigidas à natureza da matéria estão, portanto, em plena evolução no início do século XIX (momento em que Laplace apresenta na Escola Normal seu curso, o qual evoca, como vimos, "o átomo mais leve" para lhe aplicar as leis do movimento de Newton). Essas concepções tomam relevos diferentes segundo o lado em que estivermos do canal da Mancha. No continente, vemos elementos químicos lá onde, na Grã-Bretanha com Dalton, começamos a ver átomos.

John Dalton (1766-1844) expôs pela primeira vez, em 1803, a teoria segundo a qual a matéria seria composta de átomos de massas diferentes que se combinam segundo proporções simples. Essa teoria vai se tornar a pedra angular da química. Em 1808, Dalton publica *Un nouveau système de philosophie chimique*, em que estabelece a lista das massas atômicas de certo número de elementos em comparação com a massa de hidrogênio. Eis o que escreve Jean Perrin (1927, pp. 14-15) a respeito de Dalton:

> Devemos ao grande Dalton a intuição genial que daria às teorias moleculares uma importância capital na compreensão e na previsão dos fenômenos químicos. Dalton supôs que cada uma das substâncias elementares com as quais se compõem os diferentes corpos é formada por um tipo determinado de partículas, todas rigorosamente idênticas, partículas que atravessam, sem se deixar jamais subdividir, as diferentes transformações químicas ou físicas que sabemos provocar e que, indivisíveis por seus meios de ação, podem, portanto, ser chamadas átomos, em sentido etimológico.

Os átomos não são, portanto, apenas partículas de matéria indivisíveis nessa primeira teoria atômica. Eles são também partículas de matéria intercambiáveis ("partículas todas rigorosamente idênticas"). Nada distingue um átomo de hidrogênio de um outro átomo de hidrogênio. Os átomos são como bolas de bilhar: todos reagem exatamente da mesma forma nas mesmas condições. Se dois homens nunca reagem da mesma forma nas mesmas condições, é porque os homens são formados por um número tão grande de átomos que jamais sua organização pode ser idêntica. Mas seus componentes elementares, os átomos que os constituem, são idênticos e intercambiáveis.

Parece, e aqui se trata de um parêntese, que Dalton era também afetado por uma doença que não tinha jamais sido notada até então e que chamamos hoje "daltonismo". O daltonismo não consiste, contrariamente ao que, às vezes, afirmamos, no fato de inverter cores (citamos geralmente o verde e o vermelho), mas em não poder distinguir um objeto verde de um objeto idêntico em tudo, mas de cor vermelha. Portanto, temos aqui um caso de percepção alterada. Ela interessa ao empirismo, pois mostra que nós não percebemos todos a mesma realidade. A realidade, o mundo nos aparece, como Kant tinha pressentido, segundo nossa constituição. É até possível dizer o que precisamente está alterado na constituição de um indivíduo e que resulta na síndrome chamada "daltonismo". Um dos canais pelos quais percebemos as cores do mundo está modificado. O resultado é que, no espectro de cores, certas nuances não são mais percebidas. A cor verde é percebida da mesma forma que a cor vermelha, a qual é percebida como um cinza claro. Mas suponhamos que toda a humanidade se torne daltônica; assim, mais nenhum humano teria experiência da nuance que existe entre o verde e o vermelho. Entretanto, essa nuance não deixaria de existir na natureza. Nós não temos experiência sensível do que é um raio X ou uma partícula alpha, os quais atravessam, no entanto, nós mesmos e nosso ambiente todo dia intensamente. Uma maçã vermelha não se tornaria idêntica a uma maçã verde, mas nós não poderíamos distingui-las pela cor. Um objeto que nos aparecesse como cinza claro poderia ser verde ou vermelho. A "coisa em si" teria nuances que seriam imperceptíveis por nossos sentidos. Uma humanidade daltônica não é algo totalmente absurdo. Basta uma mudança quase insignificante em nossa constituição (uma mutação em apenas um gene provoca o daltonismo). Ela é uma forma dentre outras de assinalar os limites do empirismo que Kant também havia percebido lendo Hume. Mas pudemos recentemente destacar que certas pessoas afetadas pelo daltonismo possuíam, no entanto, um conhecimento da diferença entre o vermelho e o verde, quando eram também afetadas por sinestesia (capacidade de associar cores a letras ou números, como fez Rimbaud no seu poema célebre "Vogais": "A negro, E branco, I rubro, U verde, O azul (...)"; não é certo que Rimbaud tenha sido sinestésico, mas se o foi, além de ter sido também daltônico, ele teria conseguido distinguir o vermelho do verde, a despeito de seu daltonismo, graças às associações que estabelecia entre as cores e as letras). Isso parece indicar que o conhecimento das cores tem um caráter transcendental (independente de todo conhecimento empírico), argumento suplementar para opor ao empirismo radical. Mas isso é o bastante para esses parênteses.

A noção de átomo

Se olharmos um objeto em cobre, notaremos facilmente que sua forma é uma coisa, a matéria de que é feito é outra. Uma esfera de cobre, uma folha de cobre, um anel de cobre, um cubo de cobre têm formas diferentes, mas reconhecemos neles a mesma matéria. Percebemos, pelo aspecto visual da matéria, por sua textura, pela impressão ao toque, certos traços característicos que são aqueles do cobre. Tendo inclinação experimental, poderíamos até imaginar realizar, sobre esse pedaço de matéria, diversas experiências: aquecê-lo, por exemplo, para ver como ele se comporta quando a temperatura aumenta. E então constataríamos, como esperado, que a esfera de cobre, a folha de cobre, o anel de cobre se liquidificam na mesma temperatura (por volta de 1.080°C). Se nós fôssemos ainda mais espertos, poderíamos tentar ver se essa matéria transmite ou não eletricidade. E, também nisso, seguramente encontraríamos o mesmo resultado com a esfera, a folha, o anel ou com qualquer outra forma que pudesse revestir o pedaço de cobre que temos diante de nós.

Mas poderíamos também conduzir nossas investigações em outro sentido. Poderíamos dizer: o que ocorre com essa esfera de cobre, se eu cortá-la ao meio? Eu teria, evidentemente, dois pedaços, e são dois pedaços de cobre. À direita um pedaço de cobre, à esquerda outro pedaço de cobre, que antes formavam uma esfera (ou qualquer outra forma geométrica). Mas, será que não posso refazer essa operação, que consiste em cortar em dois um pedaço de matéria? Não posso tomar um dos pedaços e, de novo, cortá-lo em dois? Posso certamente fazê-lo, e obterei então pedaços menores que os primeiros, mas vão ser ainda pedaços de cobre. Se a esfera inicial pesa três gramas, dividindo-a uma centena de vezes, eu vou obter um pedaço que não pesa mais do que alguns centésimos de gramas. Mas ainda é de cobre. Tão longe quanto eu possa levar essa operação, parece que devo chegar indefinidamente ao mesmo resultado: sempre cobre.

Mas se trata mesmo de uma certeza? É sobre esse ponto precisamente que o atomismo levanta uma objeção. Para o atomismo, e já o atomismo antigo, a operação não pode continuar indefinidamente, pois, em dado momento, a partir de um certo número de divisões, atingimos um elemento de matéria que é indivisível. É esse elemento que é chamado átomo (*a-tomos*: que não se divide). Mas o atomismo antigo nada dizia sobre o número de operações de divisão que poderíamos efetuar. Em outros termos, nenhum dos filósofos antigos que sustentaram o ponto de vista emitido pela primeira vez por Demócrito, segundo o qual a matéria é formada por átomos, especificava o tamanho do elemento indivisível postulado.

O atomismo acrescentava ainda que existiam vários tipos de átomos que se combinavam entre si, mas sem precisar quantos tipos de átomos podiam ser distinguidos, nem em virtude de qual lei eles se combinavam (as teorias que avançavam nesse terreno, como a dos átomos curvos de Lucrécio, não explicavam de onde vinha seu saber). Tudo isso fazia da intuição atomística, tal qual a encontramos na Antiguidade, algo de sugestivo e de insatisfatório no plano da ciência. A ideia é, talvez, correta, mas não suficiente. É preciso, para que se constitua uma ciência, que a ideia precise aquilo que ela concebe. Que ela dê números: quantos átomos existem em um grama de hidrogênio? Quantos em 12 gramas de carbono? Quantos em 29 gramas de cobre?

E mais, não há apenas elementos simples, como o cobre, o hidrogênio, o carbono. E a água, o sal, o açúcar? De que são feitas essas matérias? E a mesa sobre a qual eu escrevo essas linhas, esse objeto fetiche dos filósofos do qual geralmente partem seus exemplos de corpo material percebido pelos sentidos? De que ela é feita?

Voltemos ao nosso pedaço de cobre agora minúsculo por ter sido sucessivamente dividido. Resta-nos entre as mãos sempre um pedaço de matéria menor do que antes, mas ainda constatamos se tratar de cobre. E chega um certo momento em que essa operação não pode mais prosseguir, pois chegamos a ter entre as mãos um único átomo de cobre – operação certamente irrealizável na prática e que, portanto, executamos apenas "em pensamento". O átomo indivisível seria semelhante a um grão de matéria minúscula, mas impenetrável e inseparável, como um dos grãos de matéria que Lucrécio acreditava perceber em uma nuvem de poeira atravessada por um raio de sol. Está aí, então, o fundamento da natureza material que nos cerca, pensa Dalton. Toda essa natureza é feita de uma agregação complexa de grãos ínfimos e tão impenetráveis quanto uma esfera de cobre.

Mais tarde, a teoria atômica, tendo se aperfeiçoado, não vai ver mais o átomo como uma esfera de matéria, mesmo reconhecendo a pertinência dessa noção. Nem vai ver o átomo como um objeto inseparável. Ela vai distinguir suas partículas: elétron, próton, nêutron. Mas, segue que o átomo é o último estado da matéria que, presente em um número muito elevado de exemplares intercambiáveis, compõe essa esfera de cobre que rola no vazio de minha mão. De resto, poderíamos retraçar as diferentes formas de conceber esse átomo que puderam ser elaboradas, depois que a teoria atômica foi formulada por Dalton: o pudim de Thomson proposto em 1904 (modelo no qual os elétrons supostamente estariam no átomo

162 | Papirus Editora

"como ameixas em um pudim"), o modelo planetário de Rutherford, em 1912 (modelo no qual os elétrons gravitam em torno do núcleo como os planetas em torno do Sol no sistema solar) e, finalmente, o modelo planetário quântico de Bohr, último dos "modelos intuitivos" do átomo. Os modelos seguintes, aquele de Schrödinger e de Heisenberg, vão ser matemáticos. Os autores desses modelos matemáticos não se cansam nunca de sublinhar até que ponto é ilusório pretender "representar" aquilo com que se parece essa menor porção de cobre, que ocupa, no espaço, o volume de um átomo de cobre, pois são apenas equações matemáticas que fornecem a representação mais apropriada e que só podem ser convertidas em intuições visuais pagando-se o preço de uma desnaturalização relativamente grande. Em geral, é inclusive o problema inverso que é destacado: como se "desprender" das intuições espontâneas resultantes da experiência cotidiana que temos do mundo. Heisenberg (1981, p. 14), autor do "princípio da incerteza", insistiu sobre esse ponto:

> A noção da realidade objectiva das partículas elementares volatilizou-se por isso extraordinariamente, e não na névoa de uma qualquer nova, pouco clara ou ainda incompreendida noção da realidade, mas na transparente clareza de uma matemática que não representa o comportamento da partícula, mas sim o nosso conhecimento do dito comportamento. O físico atómico teve por isso que resignar-se a considerar a sua ciência apenas como um elo da cadeia infinita dos contatos do homem com a natureza e que aceitar *que esta sua ciência não pode falar simplesmente da natureza "em si"*.

A intuição atomística apresenta uma particularidade que Gaston Bachelard soube perceber. Ela parte de intuições comuns e imagina sua redução. Por exemplo, eu posso imaginar a esfera de cobre que está na minha mão tão pequena quanto eu quiser. E o pensamento humano, assim que ele se interroga sobre a natureza da matéria, vai espontaneamente em direção a essas intuições. Nesse movimento, ele é, em um sentido, confortado pela física contemporânea. Mas em um sentido apenas, pois, se é certo que o componente elementar da esfera de cobre é o átomo de cobre, não decorre disso, no entanto, que o átomo de cobre seja semelhante a uma esfera de cobre bastante pequena. Entretanto, é verdade que o átomo tem uma certa dimensão, que é possível precisar o volume que ele ocupa no espaço e o gênero de interação que ele pode ser conduzido a ter com outros átomos do mesmo gênero ou de um outro gênero. Mas, assim que buscamos representar o que ele é, logo percebemos que é necessário abandonar as intuições comuns em favor de equações matemáticas que, diante de nossas intuições espontâneas, descrevem melhor o objeto "átomo".

Essas equações descrevem, portanto, o comportamento de partículas de matéria. Mas a física quântica reserva ainda outro problema à intuição imediata: esse comportamento não é independente dos meios que empregamos para detectá-lo. Na vida cotidiana, podemos facilmente aprender a noção de objetividade, ou seja, a noção daquilo que existe independentemente de nós. Se eu estou, por exemplo, no terraço de um café, vejo passar diante de mim pessoas que não conheço. Tenho, então, a intuição de que minha presença nada muda com respeito a suas preocupações e seus movimentos. Certamente, pode ocorrer que um transeunte tenha seu olhar atraído pelo meu e que ele modifique sua atitude, de forma mais ou menos sensível, em função de minha presença. Mas não é esse o caso de todos os transeuntes. E, assim, temos um acesso fácil à noção de "objetividade". É objetivo tudo aquilo que ocorreria, caso estivéssemos ou não lá para observar. No mundo das partículas elementares, a situação do homem que modifica, por sua presença, o comportamento daquilo que ele observa é moeda corrente: a detecção de uma partícula modifica o seu comportamento. Ao menos, é isso que preveem as equações que descrevem esse comportamento. Tal situação tem importantes implicações sobre a ideia que fazemos da natureza que nos rodeia. Heisenberg (*ibid.*, p. 23) as resume da seguinte forma:

> Esta nova situação é visível, melhor do que em qualquer outro domínio, na ciência moderna, donde resulta, como disse, que não podemos, de modo algum, considerar "em si" os elementos constitutivos da matéria,

originariamente concebidos como última realidade objectiva; a ciência moderna ensina-nos que eles fogem a toda a determinação objectiva no espaço e no tempo, de modo que, em última análise, só podemos tomar como objeto da nossa ciência o nosso conhecimento destas partículas. A meta da investigação já não é, por conseguinte, o conhecimento dos átomos e do seu movimento "em si", prescindindo da problemática suscitada pelos nossos processos de experimentação; desde o princípio nos encontramos no centro da disputa entre homem e natureza, da qual a ciência não é senão uma parte. As vulgares divisões do universo em sujeito e objeto, mundo interior e mundo exterior, alma e corpo, só servem para suscitar equívocos.

Tanto as intuições espontâneas são acessíveis a todos, por menor que seja o esforço de reflexão sobre o seu conteúdo, quanto o formalismo matemático é compreensível apenas àqueles que adquiriram pacientemente seu manejo rigoroso. E, sendo preciso acrescentar que a natureza descrita por esse formalismo não é, propriamente falando, a natureza "objetiva", mas "a natureza entregue à interrogação humana", que emite sinais e que não deixa de ser modificada pelos aparelhos que os capturam, compreendemos que a nova situação da física atômica tem algo de desconcertante.

Eficácia irracional

Já o fato de que a natureza possa ser descrita mais eficazmente por um formalismo matemático do que por nossas intuições constitui um objeto de surpresa, senão de encantamento, que ultrapassa de longe o simples "o livro do mundo está escrito em caracteres matemáticos" de Galileu. Pois as matemáticas de que falava Galileu eram uma maneira de traduzir, em uma linguagem rigorosa, intuições comuns. As matemáticas usadas pela física quântica têm, ao contrário, por função nos "desprender" das intuições comuns, como vimos acima. As intuições comuns adquirem, desde o início, o estatuto de um obstáculo a um conhecimento claro e rigoroso. Como destaca Catherine Chevalley em sua introdução ao livro

Filosofia das ciências | 165

de Heisenberg *La nature dans la physique contemporaine:* "compreender a física quântica implica, para a maioria de seus fundadores, desprender-se de uma maneira de pensar, e não apenas de um formalismo" (Chevalley 2000, p. 18). Há aqui um mistério que fascina numerosos epistemólogos, e que podemos facilmente expor seguindo as reflexões de Kant.

Kant dizia que nós não conhecemos o mundo tal como ele é (o que ele nomeava "a coisa em si"). Esta permanece sempre impenetrável. Nossa inteligência, quando ela crê apreender o mundo, sem dúvida apreende algo que existe realmente, mas apenas por meio dos canais de que dispõe para efetuar essa apreensão (Kant chamava esses canais pelos quais nossa inteligência apreende o mundo de conhecimento *a priori*, pois eles constituem em si próprios uma forma de conhecimento). De modo que, rigorosamente falando, nossa inteligência deve admitir que aquilo que ela vê do mundo são fenômenos que ela própria contribui para criar. Há seguramente uma realidade efetiva por trás desses fenômenos, como por trás da marionete do jardim de Luxemburgo há um hábil manipulador. Mas não podemos, de forma alguma, conduzir nosso olhar para trás da cortina e ver o manipulador. Estamos encurralados no lugar dos espectadores. Logo, o que surpreende, espanta até, é que as matemáticas permitem *em certa medida* ver atrás da cortina.

Coloquei a expressão "em certa medida" em itálico, porque podemos, de acordo com nosso temperamento, humor ou convicções, ver nessa expressão o índice de uma potência das matemáticas ou, ao contrário, o índice de uma relativização dessa potência. Com efeito, podemos reter da fórmula que as matemáticas permitem ir além da cortina de nossas intuições e que elas são a única ferramenta que nos permite fazê-lo de forma rigorosa, ou seja, comunicável (a outra ferramenta, a inspiração mística, não sendo comunicável). Podemos também reter, em face do pessimismo do mesmo "em certa medida", que, mesmo dispondo da ferramenta matemática, o problema só é transportado a outro nível. As matemáticas não nos dão mais acesso às "próprias coisas" do que nossas intuições naturais. Elas nos dão apenas acesso a um grau de realidade suplementar, ao qual nossas intuições comuns não chegam.

Mas o que é surpreendente é que as matemáticas apreendem algo que os canais de nossas intuições não nos permitem apreender e que, no entanto, constitui também um aspecto objetivo das coisas que nos cercam. Eugène Wigner (2009) falou, a esse propósito, de "desarrazoada efetividade das matemáticas".

Mas, qualquer que seja o modelo que retivermos, o átomo é a menor parcela de matéria que poderia ainda ser chamada "cobre": essa mesma amostragem de matéria, identicamente repetida 6×10^{23} vezes, vai constituir 29 gramas de cobre. Em outros termos, se a esfera de cobre que temos na mão pesa 29 gramas, temos 600.000 bilhões de bilhões de átomos de cobre diante de nós.

Nós tomamos o exemplo do cobre. É um corpo simples. Ele figura na 29ª posição na tabela periódica dos elementos de Dmitri Mendeleïev. Mas, a maior parte dos elementos que nos cercam, a começar pelo ar atmosférico, os tecidos de nossas roupas, a madeira de nossos assoalhos, o concreto de nossas edificações etc., são corpos compostos, e não corpos simples (sem falar da estrutura do corpo dos animais e das plantas). Isso significa que, se efetuarmos a divisão progressiva que nós imaginávamos teoricamente com o cobre, chegaremos a um resultado um pouco diferente. Não será o átomo a última unidade de matéria que tem as propriedades que observamos em tal ou qual material, mas a molécula. O princípio permanece, no entanto, o mesmo.

Desde o início do século XX, a intuição atomista da Antiguidade aparece, portanto, como correta e falsa ao mesmo tempo. Ela é correta no sentido de que a física admite, com efeito, que a operação que consiste em cortar em dois um pedaço de matéria não pode continuar indefinidamente. Existe um limite e ele é precisamente determinável. Mas, ao mesmo tempo, a teoria atômica antiga se vê refutada pela teoria atômica contemporânea no sentido de que a operação pode, de todo modo, ser prosseguida. Nós não obtemos mais um átomo de cobre, mas as partículas elementares que o constituem. O princípio, no entanto, permanece o mesmo, já que nos dois casos uma entidade elementar de matéria é postulada. O átomo moderno é, portanto,

Filosofia das ciências | 167

a menor entidade material que tem as propriedades da matéria que nossos sentidos percebem. Ela não é, no entanto, a menor entidade de matéria identificável. A palavra "átomo" foi conservada a despeito de sua etimologia. Mas é principalmente o caráter irrepresentável do átomo tal como ele é concebido pela física moderna que torna essa entidade diferente daquela que podiam ter em mente os pensadores antigos. Mesmo se o atomismo antigo difere muito do atomismo moderno, há mais parentesco entre o átomo de Demócrito e aquele de Dalton do que entre o átomo de Dalton e aquele de Schrödinger. O primeiro pode ser intuitivamente concebido, ao passo que o segundo dissuade a intuição de representá-lo.

Modelo de um gás

Amedeo Avogadro (1776-1856) vai determinar o número de átomos (ou de moléculas) de gás que constituem um dado volume e estabelecer a fórmula geral que liga a temperatura, a pressão e o número de moléculas presentes em um volume de um gás qualquer (a fórmula PV = nRT, que encontramos anteriormente). A classificação periódica dos elementos de Mendeleïev (1834-1907), na qual o átomo de hidrogênio ocupa a primeira posição, sendo os outros átomos todos mais pesados, vem fornecer à teoria atômica em 1869[1] a sistematicidade de um quadro coerente, que mostra regularidades nas propriedades dos elementos como o resultado de uma complexificação regular e ordenada dos componentes mais simples da matéria.

Ludwig Boltzmann (1844-1906) vai propor o primeiro "modelo" do comportamento de um gás, que dá conta, ao mesmo tempo, de sua temperatura e sua pressão, e, dessa forma, "explica" a relação empírica estabelecida por Avogadro. Boltzmann propõe que um gás é constituído por minúsculas esferas de matéria em movimento livre umas em relação

---

1. Mesmo ano de publicação do livro de Lange sobre a história do materialismo.

às outras. O modelo torna-se, assim, o cerne do dispositivo explicativo. Na sua obra filosófica, a modelização vai ocupar um lugar central. Em seu verbete da *Enciclopédia britânica* intitulado "modelo", Boltzmann defende a ideia de que os modelos são o fundamento da atividade do cientista. Em um livro consagrado a Boltzmann publicado em 1955, Engelbert Broda (1983, s.p.) escreve que:

> Em uma época em que a palavra "átomo" despenca diariamente sobre os olhos do leitor de jornal, o profano consegue a duras penas formular uma representação correta da dificuldade que os pioneiros da física atômica tiveram de suplantar há pouco mais de meio século, com o intuito de obter para a concepção atomista da estrutura da matéria uma validade reconhecida por todo mundo.

Portanto, não é apenas a concepção de natureza que é renovada pela teoria atômica, mas também a concepção que temos da atividade científica. Até aqui, os filósofos tinham falado de "representação". Começamos a falar de "modelo"; o que fazem os cientistas são "modelos" da realidade, explica Boltzmann. A noção de "representação" do real engloba todas as imagens que podemos criar da realidade, sejam elas verdadeiras ou falsas. A noção de modelo contém aquela de representação; todo modelo é uma representação. Mas ela comporta também a ideia de uma restrição dessa representação a um objeto definido, limitado. A teoria atômica, sobre a qual repousa todo o trabalho de Boltzmann,[2] é também uma teoria que atrai, com seu rastro, uma revolução epistemológica. Além disso, ela foi objeto de múltiplas críticas. Talvez em parte porque justamente comportava consequências epistemológicas que excediam o quadro estrito do debate sobre a interpretação que convinha dar aos resultados acumulados desde Lavoisier e Dalton sobre a natureza da matéria.

---

2. *Boltzmann, the man who trusted atoms* é o título da biografia que Carlo Cercignani dedicou ao cientista, publicada em 1998.

Críticas da teoria atômica

Aquilo que chamamos hoje "teoria atômica" foi chamada "hipótese atômica" por seus detratores ao longo do século XIX. Entre eles, encontramos um químico tão distinto quanto Marcelin Berthelot (1827-1907), e também Wilhem Ostwald (1853-1932), que vai receber o prêmio Nobel de química por seus trabalhos sobre a catálise em 1909:

> Por toda parte se repete, sob forma de axioma, que só a mecânica dos átomos pode dar a chave do mundo físico. Matéria e movimento são os dois conceitos dos quais aproximamos, em última análise, os fenômenos naturais mais complexos. A essa teoria podemos dar o nome de materialismo físico. Eu quero exprimir aqui minha convicção de que essa maneira de ver, a despeito de todo seu crédito, é insustentável; de que essa teoria mecânica não atende seu objetivo, já que se encontra em contradição com as verdades até agora indubitáveis e universalmente aceitas. A conclusão se impõe: é preciso abandoná-la e substitui-la, tanto quanto possível, por outra melhor. Todos se perguntarão: "Mas existe uma melhor?". A essa questão creio poder responder afirmativamente. (*Apud* Bensouda-Vincent e Kounelis 1991, s.p.)

Entre os opositores da teoria atômica, encontramos também Ernst Mach (1838-1916), que a estima como uma hipótese que postula entidades que ninguém jamais observou. Mach, fiel às exigências do mais estrito empirismo, só reconhece como válidas as noções diretamente ligadas à observação. Toda noção hipotética, mesmo que testemunhem a seu favor numerosos paralelos, é considerada falsa. Na teoria atômica, Mach crê poder revelar um dogmatismo: os átomos não são concebidos como entidades metafísicas?

É esse o argumento – muito poderoso do ponto de vista de uma filosofia científica de tonalidade positivista – da tese metafísica utilizada por Mach para desacreditar o átomo. O átomo é, segundo ele, uma ficção metafísica com a qual ninguém jamais teve qualquer experiência positiva.

Por trás da noção de átomo é preciso revelar uma tese que, na realidade, é um obstáculo ao progresso da ciência: existiriam entidades materiais que, combinando-se, estariam na origem da diversidade de todas as coisas. Essa tese não é apenas criticada em razão de seu caráter "metafísico", mas também em razão de sua falta de simplicidade. Com efeito, segundo Mach, uma teoria científica só tem valor quando simplifica a diversidade do real, fazendo-nos compreender que, por trás dessa diversidade, estão leis simples e invariáveis. Todo progresso científico teria a forma de uma redução à simplicidade (um exemplo é fornecido pelas leis de Newton, que "reduzem" todos os movimentos à simplicidade de uma lei única). Ora, a simplicidade da teoria atômica é contestável, pois ela invoca a existência de um número indefinido de unidades distintas (os átomos de diferente natureza). A teoria atômica é, portanto, ao mesmo tempo, muito metafísica para ser positivamente demonstrável e insuficientemente simples para ser considerada como útil à ciência. É a razão pela qual convém, segundo Mach, rejeitá-la.

Entretanto, se a intransigência do espírito crítico de Mach levou a uma encrespação pouco inspirada sobre a questão dos átomos, essa mesma intransigência fez maravilhas na análise da mecânica de Newton. Detectando os pressupostos que essa obra comportava, as análises de Mach iriam se revelar de uma sagacidade penetrante. Einstein, de quem Mach, no entanto, vai se distanciar (por julgar-lhe igualmente dogmático), vai tirar o maior proveito.

O método de Mach repousa sobre um retorno histórico e crítico aos textos fundadores. Esse é um procedimento relativamente inabitual em ciência, cuja tendência dominante (sobretudo na ciência contemporânea) espera que nos detenhamos ao "estado do problema" em dado momento, muito mais do que voltar aos textos fundadores. Raros são, por exemplo, os estudantes de física que leem diretamente Newton ou Einstein. Nós lhes oferecemos um ensino que integra seus trabalhos, mas sem se apoiar, na maioria das vezes, diretamente sobre eles. Esse não é o procedimento que preconiza Mach, estimando, ao contrário, ser essencial voltar aos textos dos fundadores da mecânica a fim de detectar os pressupostos que contêm.

Metodologia útil, já que se trata de realizar a crítica ao monumento que representava, na época, a obra de Newton.

A teoria atômica, a despeito de seus diversos críticos, vai terminar por ser unanimemente adotada. Podemos tomar como ponto de referência do reconhecimento dessa teoria a publicação, em 1913, do livro *Les atomes*, de Jean Perrin. Esse livro é uma apresentação didática da teoria, que fixa, de forma pedagógica, os grandes traços do conceito de átomo tal como ele era percebido antes da revolução quântica. Perrin conclui seu livro da seguinte forma:

> A teoria atômica triunfou. Seus adversários, ainda numerosos até há pouco, finalmente vencidos, renunciam um após o outro às desconfianças que, durante muito tempo, foram legítimas e, sem dúvida, úteis. (...) Mas nesse triunfo vimos se esvair o que a teoria primitiva tinha de definitivo e de absoluto. Os átomos não são esses elementos eternos e indivisíveis, cuja simplicidade irredutível dava ao Possível um limite, e em sua inimaginável pequenez começamos a pressentir um formigamento prodigioso de Mundos onde reina uma Ordem estranhamente nova. (Perrin 1927, p. 321)

Se esse momento marca o ponto de chegada de uma controvérsia sobre a existência dos átomos, marca também o ponto de partida de outro questionamento que iria ocupar, de modo permanente, os físicos: aquele que se aplica à natureza do átomo e de seus constituintes. O modelo proposto por Bohr, o último modelo que se apoia sobre a física clássica e, simultaneamente, o primeiro que integra elementos "quânticos", data, também, de 1913.

TRECHO

Histoire du matérialisme et critique de son importance à notre époque (*História do materialismo*), de Friedrich-Albert Lange

SEGUNDA PARTE: AS CIÊNCIAS FÍSICAS

Capítulo 1

O materialismo e as pesquisas exatas

O materialismo sempre se apoiou sobre o estudo da natureza; hoje, ele não pode mais se limitar a explicar em sua teoria os fenômenos da natureza segundo sua possibilidade; é preciso que ele se coloque no terreno das pesquisas exatas e aceite de bom grado esse fórum, pois está persuadido de que necessariamente ganhará seu processo. Muitos de nossos materialistas chegam a sustentar que a concepção do universo que adotaram é uma consequência necessária do espírito das pesquisas exatas; um resultado natural do imenso desenvolvimento, em extensão e profundidade, dado às ciências físicas desde que renunciamos ao método especulativo, para passarmos ao estudo preciso e sistemático dos fatos. Não nos surpreendamos, então, que os críticos do materialismo se liguem com particular prazer a cada frase de um sério sábio, que rejeita essa suposta consequência, e até representa o materialismo explicando mal os fatos, como um erro natural de pesquisadores superficiais, para não dizer simples falastrões.

Liebig formulava um julgamento desse gênero quando, em *Chemische Briefe*, tratava os materialistas como *dilettanti*. Ainda que, em geral, não sejam precisamente os mais sérios pesquisadores, os inventores e os homens das descobertas, os mestres mais destacáveis de um terreno especial que têm o hábito de propagar a doutrina materialista, e ainda que alguns homens como Büchner, Vogt ou mesmo Czolbe tenham cometido alguns erros aos olhos dos juízes, partidários de um método rigoroso, nós não podemos aceitar sem restrição a avaliação de Liebig.

Em primeiro lugar, hoje é natural que, seguindo a divisão do trabalho, o especialista, que concentrou todos os seus esforços intelectuais sobre o desenvolvimento de um ramo particular de sua ciência, não tenha nem o desejo, nem frequentemente a capacidade de percorrer o vasto domínio das ciências físicas, a fim de recolher, em toda parte, os fatos mais seguros

Filosofia das ciências | 173

resultantes de pesquisas de outrem, e de formar uma visão de conjunto. Seria para ele um trabalho ingrato. Sua importância pessoal depende de suas descobertas; ele só pode esperar fazê-las em seu terreno específico. É correto exigir que todo físico adquira um certo grau de conhecimentos científicos gerais e estude, tão bem quanto possível, particularmente os ramos que se aproximam mais de sua especialidade. Mas, mesmo assim, o princípio da divisão do trabalho só será melhorado em seus resultados, sem ser suprimido. Pode, inclusive, acontecer de um especialista, buscando adquirir um conhecimento geral das ciências da natureza, chegar a uma concepção bem determinada sobre a essência do universo e das forças que o regem, sem experimentar o menor desejo de impor suas ideias aos outros homens ou pretender que apenas elas tenham um valor real. Uma reserva semelhante pode ser inspirada pelas mais sábias reflexões, pois o especialista terá sempre consciência da diferença considerável que existe entre seu saber especial e o valor subjetivo das noções impressas nos trabalhos de outros.

A especialização inspira, portanto, a prudência; mas, às vezes, ela também conduz ao egoísmo e à arrogância. É o que notamos principalmente quando um especialista declara ser válida apenas sua visão das ciências vizinhas, quando ele espera impedir o direito dos outros de emitir um julgamento qualquer sobre as coisas de seu domínio pessoal, quando, consequentemente, ele rejeita absolutamente o modo de pensar necessário àquele que tomou a visão de conjunto da natureza como meta de suas pesquisas. Se, por exemplo, o químico quiser proibir o fisiologista de dizer uma palavra sobre a química, ou se o físico quiser afastar o químico como diletante, quando este se permite uma fala sobre a mecânica dos átomos, que ele tenha o cuidado de ter em mãos sólidos argumentos para provar a fragilidade de seu adversário. Mas, se esse não for o caso, e se ele reivindica, por assim dizer, em nome dos supostos direitos de sua profissão, a expulsão oficial do "intruso", antes que a obra deste tenha sido seriamente examinada, ele mostra uma pretensão que não saberíamos desaprovar de forma suficientemente forte. Essa arrogância é bastante condenável, sobretudo quando não se trata de emitir novas visões, mas simplesmente de coordenar de outra forma fatos constatados nos modos prescritos, ensinados pelos próprios especialistas, combinando-os com fatos emprestados de outro domínio para tirar conclusões de longo alcance, ou ainda submetendo-os a uma nova interpretação, referente ao modo com que o fenômeno provém das causas últimas das coisas. Se os resultados das ciências só pudessem ser interpretados por seus inventores – e esta seria a triste consequência dessa pretensão –, colocaríamos em perigo o encadeamento sistemático das ciências e a cultura superior do espírito em geral. Sob certas relações, é o sapateiro que melhor aprecia um sapato; sob outras, é aquele que o utiliza; sob outras ainda, é o anatomista, o pintor e o escultor. Um produto industrial é julgado não apenas pelo fabricante, mas também pelo consumidor. Frequentemente aquele que compra uma ferramenta sabe utilizá-la melhor do que aquele que a produziu. Esses exemplos são aqui aplicáveis, a despeito de sua trivialidade. Aquele que percorreu todo o domínio das ciências da natureza, tendo uma ideia de seu conjunto, com frequência apreciará a importância de um fato isolado melhor do que aquele que o descobriu. De resto, vemos facilmente que o trabalho daquele que quer obter uma visão de conjunto da natureza é essencialmente filosófico. Podemos então nos perguntar se o materialismo não merece, com mais justiça do que as doutrinas adversas, a reprovação de diletantismo filosófico. É, com efeito, o que ocorreu com alguma frequência, mas isso não nos ajuda em nada em uma crítica imparcial do materialismo. Segundo o sentido rigoroso da palavra, deveríamos chamar diletante aquele que não fez estudos sérios; mas qual é a escola filosófica suficientemente segura da solidez de seu ensino para poder traçar uma linha de demarcação entre os juízes competentes e os juízes incompetentes? Hoje, tanto nas ciências positivas quanto nas artes, nós podemos dizer em todo lugar o que é uma escola; mas não na filosofia. Se abstrairmos o sentido especial que adquire a palavra, quando se trata da transmissão individual da prática da arte de um grande mestre, saberemos ainda muito bem o que é um historiador, um filólogo, um químico ou um estatístico formado em boa escola; a propósito dos "filósofos", ao contrário, só empregamos mais comumente a palavra diletantismo de uma forma abusiva. Mais do que isso, o abuso da própria ideia pela aplicação irrefletida que fazemos comprometeu consideravelmente a dignidade e a importância da filosofia. Se desejássemos, abstraindo os estudantes de uma escola, determinar de uma maneira geral o que é uma educação filosófica, o que seria necessário? Antes de qualquer coisa, uma cultura rigorosamente lógica pelo estudo sério e assíduo das regras da lógica formal e dos princípios de todas as ciências modernas, da teoria das probabilidades e daquela da indução. Onde encontrar hoje tal instrução? De dez professores de universidades é difícil encontrar um único que a possua; é preciso ainda menos buscá-la entre aqueles cujo nome termina em "-anos": hegelianos, herbartianos, trendelenburgianos ou discípulos de qualquer outro chefe de escola. A segunda condição a realizar seria um estudo sério das ciências positivas, não a ponto de possuí-las em detalhes, o que é impossível e seria, de resto, inútil; mas para compreender, segundo seu desenvolvimento histórico, seu caminhar e seu estado atual; para aprofundar suas conexões

Filosofia das ciências | 175

e apreender seus métodos segundo princípios de toda metodologia. Aqui perguntaremos mais uma vez: onde estão os homens que receberam uma educação verdadeiramente filosófica? Certamente não entre aqueles "-anos". Hegel, por exemplo, que se liberou muito negligentemente de preencher a primeira condição, pelo menos trabalhou seriamente para satisfazer à segunda. Mas seus "discípulos" não estudam aquilo que Hegel estudou. Eles estudam Hegel. O que resulta disso já vimos suficientemente: uma fraseologia oca e vazia, uma filosofia fantasiosa, cuja arrogância deveria enojar qualquer homem de saber sério. Só será na terceira ou quarta etapa que ocorrerá, em um sistema regular de educação filosófica, o estudo aprofundado de história da filosofia. Se fizermos desta, como é bem o caso hoje, a primeira e única condição, se acrescentarmos a adoção de um sistema determinado qualquer de filosofia, a consequência infalível é que a história da filosofia se tornará ela própria uma pura fantasmagoria. As fórmulas com as quais os pensadores do passado buscavam compreender o universo estão destacadas do fundo científico sobre o qual nasceram e, assim, perdem todo valor real.

Deixemos, então, de lado a acusação de diletantismo, pois não sabemos em que consiste com certeza a qualidade oposta, e, precisamente no terreno filosófico, a vantagem de uma vigorosa originalidade contrabalança frequentemente todas as tradições de escolas. Diante das ciências exatas, os materialistas são justificados pela tendência filosófica de seu trabalho, mas apenas se eles constatam os fatos com precisão e se se limitam a tirar conclusões desses mesmos fatos. Quando o encadeamento de seu sistema os força a lançar hipóteses que invadem o domínio das ciências empíricas, ou quando eles não levam, de modo algum, em conta importantes resultados de pesquisas científicas, eles se expõem, com razão, como todo filósofo nesse caso, à acusação dos juízes competentes; mas estes não adquirem, por isso, o direito de tratar com desdém todo esforço de tais escritores. Entretanto, com respeito à filosofia, os materialistas não estão ainda completamente justificados, ainda que devêssemos afirmar que, no presente caso, a acusação de diletantismo não significa nada de preciso.

De início, todo sistema que espera fundar uma concepção filosófica do universo exclusivamente sobre as ciências físicas deve, em nossa época, ser qualificado de semifilosófico da pior espécie. O mesmo direito que permite ao filósofo do empirismo e das ciências da natureza de se colocar, como Büchner, em oposição ao especialista exclusivo autoriza todo filósofo cuja cultura é geral a se colocar como adversário de Büchner e a lhe reprovar todos os preconceitos que necessariamente resultam da estreiteza de seu horizonte.

Podemos, no entanto, levantar duas objeções contra essa pretensão da filosofia: a primeira é propriamente materialista; a segunda será apoiada por muitos homens que, dedicados às ciências exatas, absolutamente não desejam ser alinhados ao grupo dos materialistas.

Não há nada fora da natureza. Essa é a primeira objeção contra o desejo da filosofia, que quer que busquemos uma base maior ao conhecimento. Sua metafísica é semelhante à ciência sem fundamento sólido; sua psicologia não é senão a fisiologia do cérebro e do sistema nervoso; quanto à lógica, nossos sucessos são a melhor prova de que as leis do pensamento são mais bem conhecidas por nós do que por vocês, com suas impotentes fórmulas de escola. A ética e a estética não têm nada em comum com os princípios teóricos que servem de base ao universo, e que se deixam colocar sobre fundamentos materialistas tão bem quanto sobre todos os outros. Se assim for, que valor pode ter para nós a história da filosofia? Ela só seria, por sua natureza, uma história dos erros humanos.

Chegamos aqui à questão, tornada célebre nos nossos dias, dos limites do conhecimento da natureza, questão que não tardaremos a aprofundar. Mas antes, ainda algumas observações sobre a segunda objeção.

Os filósofos, dizemos bastante frequentemente no campo das ciências físicas, têm uma maneira de pensar totalmente diferente da nossa. Todo contato com a filosofia só pode então prejudicar o estudo da natureza. São domínios distintos e devem permanecer distintos.

Fonte: Lange 1911, pp. 147-152.

Sugestões de leitura

Sobre a história do materialismo como doutrina filosófica, o volumoso estudo de Lange permanece uma referência (a tradução francesa foi reeditada em 2005). Sobre a atualidade do materialismo, poderíamos consultar os anais do colóquio *Présence du matérialisme*, ocorrido em Cerisy-la-Salle em 1990, e que foram publicados dez anos depois. *O homem-máquina* de La Mettrie é geralmente apresentado, como faz o próprio autor, como o prolongamento das teses de Descartes sobre os animais-máquinas. Entretanto, essa tese é contestada por um especialista de Descartes como Martial Guéroult (*Descartes selon l'ordre des raisons*). Seja como for, *O homem-máquina* é um clássico do materialismo moderno, não apenas em função das teses que defende, mas também pelo tom que adota. Ele marca o nascimento, na filosofia, de um tom mais de denúncia do que de investigação, mais acusador do que contemplativo, mais afirmativo do que interrogador. Podemos completar essas leituras com um tratado de física contemporânea como *Lições de física*, de Richard Feynman.

Bibliografia

BENSAUDE-VINCENT, B. (1993). *Lavoisier: Mémoires d'une révolution*. Paris: Flammarion.

BENSAUDE-VINCENT, B. e KOUNELIS, C. (1991). *Les atomes: Une anthologie historique*. Paris: Press Pocket.

BOLTZMANN, L. (1987). *Leçons sur la théorie des gaz*. Sceaux: Gabay.

BRODA, E. (1983). *Ludwig Boltzmann: Man, physicist, philosopher*. Trad. L. Gray. Woodbridge: Ox Bow Press.

CERCIGNANI, C. (2006). *Ludwig Boltzmann: The man who trusted atoms*. Oxford: Oxford University Press.

CHEVALLEY, C. (2000). "Introduction". *In*: HEISENBERG, W. *La nature dans la physique contemporaine*. Paris: Gallimard.

DALTON, J. (2010). *A new system of chemical philosophy*, seção I. Cambridge: Cambridge University Press.

DUHEM, P. (1992). *L'évolution de la mécanique*. Seguido de *Les théories de la chaleur; analyse de l'ouvrage de Ernst Mach, La mécanique*. Ed. crítica por A. Brenner e P. Germain. Paris: Vrin.

HEISENBERG, W. (1981). *A imagem da natureza na física moderna*. Trad. J.I. Mexia de Brito. Lisboa: Livros do Brasil.

LA METTRIE, J.O. (1982). *O homem-máquina*. Trad. Antonio Carvalho. Lisboa: Estampa. (Coleção de Bolso)

LANGE, F.-A. (1911). *Histoire du matérialisme et critique de son importance à notre époque*. Paris: Schleicher Frères.

LAVOISIER, A.-L. (2007). *Tratado elementar de química, apresentado em uma ordem nova e segundo as descobertas modernas*. Trad. Laís dos Santos Pinto Trindade. São Paulo: Madras.

MACH, E. (1987). *La mécanique: Exposé historique et critique de son développement*. Paris: Gabay.

PERRIN, J. (1927). *Les atomes*. Paris: Alcan.

RAMACHANDRAN, V.S. e BLAKESLEE, S. (2004). *Fantasmas no cérebro: Uma investigação dos mistérios da mente humana*. 2ª ed. Trad. Antonio Machado. Rio de Janeiro: Record.

WIGNER, E. (2009). A desarrazoada efetividade da matemática nas ciências naturais. Trad. Osvaldo Pessoa Jr. [Disponível na internet: http://www.fflch.usp.br/df/opessoa/Wigner-3.pdf, acesso em 10/4/2013.]

7. Correntes contemporâneas

Filosofia analítica e fenomenologia

Bertrand Russell, no mesmo ano da publicação do livro de Perrin sobre os átomos, publica um volume intitulado *Os problemas da filosofia*, no qual expõe as teses da física de seu tempo sobre a "natureza da matéria". Não há aí qualquer tentativa de fazer a filosofia escapar do imperialismo da ciência, como é o caso, na mesma época, de Bergson. Para Russell, a filosofia deve construir seus problemas com base na ciência. Entretanto, sobre a questão da natureza da matéria, ele não evoca em momento algum a teoria atômica, sinal de que, mesmo que a controvérsia científica tenha chegado a um fim, essa teoria ainda não é plenamente aceita.

O ano de 1913 é também o ano da publicação de *Ideias para uma fenomenologia pura e para uma filosofia fenomenológica*, de Edmund Husserl, livro destinado a ter um papel decisivo na evolução da filosofia no século XX. As *Ideias* partem da constatação de uma distinção entre ciência dos fatos e ciência das essências. Todas as ciências, explica Husserl, partem dos fatos; a fenomenologia, a seu turno, que pretende ser a ciência da filosofia, parte das essências. Seus objetos são as essências assim como os objetos da física são os átomos.

Mas o que é uma essência? É aquilo que nos permite acessar a intuição do que percebemos. Por exemplo, percebemos um objeto distante que desperta nossa atenção durante uma caminhada nas montanhas. Nós nos perguntamos sobre a natureza desse objeto: um telhado de palha em chamas, um efeito ótico, uma pessoa que fuma seu cachimbo, um trator cujo motor sofre um sério vazamento de óleo etc. O fenômeno visual que cativa nossa atenção é único. Mas, a cada vez que imaginamos uma causa diferente para aquilo que vemos, experimentamos, por assim dizer, o fenômeno visual nas vestes de uma essência diferente. Entre o fenômeno visual e o fenômeno do pensamento há a diferença entre um fato e uma essência. A essência é o fato interpretado de certa maneira, visto sob certo ângulo, compreendido de certa forma. Ora, rigorosamente falando, explica Husserl, estamos sempre lidando com essências, jamais com fatos. Portanto, há espaço para uma ciência das essências, que pode ser vista como a ciência filosófica verdadeira.

Ela não importuna verdadeiramente a ciência dos fatos. Classicamente, a ciência distingue o fato de sua interpretação. A fenomenologia os associa. Vemos aqui surgir duas abordagens que vão conduzir a análises bastante contrastantes e a escolas de pensamento às vezes (frequentemente até) rivais: a filosofia científica afirma que nós podemos sempre, ao menos idealmente, distinguir um fato de sua interpretação; a fenomenologia parte, ao contrário, do postulado segundo o qual um fato sempre é dado por sua interpretação. Baseado nisso, surgem duas escolas cujas relações com a ciência vão ser muito diferentes. De um lado, a filosofia analítica vai se desenvolver rejeitando, como todo positivismo, a metafísica, buscando tomar a ciência como pedestal de suas especulações – veremos, com o Círculo de Viena, desenvolver-se essa tendência com cores militantes; do outro, a fenomenologia vai se consagrar à análise das "essências" e será vista pela filosofia analítica como o último avatar da metafísica.

Entretanto, existe entre as disciplinas científicas uma ciência que parece ter um ponto comum com as discussões que Husserl inicia: a psicologia. A fenomenologia é claramente um discurso que conduz à psique, já que é a psique humana a responsável pela formação das essências. A palavra "psicologia", no entanto, é tradicionalmente empregada no sentido de "ciência dos fatos psíquicos". Ora, como acabamos de ver, a fenomenologia se coloca como uma ciência das essências, não como uma ciência dos fatos. Husserl vai insistir constantemente sobre esse ponto: a fenomenologia não evolui no campo dos fatos, mesmo que sejam fatos psíquicos. Mas os fatos de que tratam os psicólogos são, bem entendido, aqueles de que tratam os fenomenólogos. Daí a possível confusão. Uns e outros, no entanto, não falam de seu objeto da mesma maneira. Na verdade, o modo adequado de falar do objeto "essência dos fenômenos" está, segundo Husserl, inteiramente por ser inventado, e é à invenção dessa linguagem das essências que ele se aplica em *Ideias*.

Esse desenvolvimento vai conduzir ao seu último livro, *A crise das ciências europeias e a fenomenologia transcendental* (1938), no qual ciência dos fatos e fenomenologia vão estar mais uma vez em oposição, insistindo-se sobre a diferença que convém realizar entre o conhecimento corrente, que Husserl vai nomear "do mundo da vida", e o conhecimento científico. Reencontraremos essa corrente em um ponto posterior de seu desenvolvimento, com Heidegger. De Descartes a Husserl, a filosofia se mantém constantemente próxima às ciências de seu tempo. Mas tudo muda depois de Husserl. Daí em diante, os filósofos vão se opor mais frequentemente à ciência. Heidegger é o exemplo mais surpreendente e evidente dessa reviravolta. Seu julgamento culmina na fórmula tão citada quanto mal interpretada: "a ciência não pensa". Mas, antes, sigamos o nascimento e o desenvolvimento da outra corrente, aquela da filosofia analítica.

O Círculo de Viena

Falar do "nascimento" de uma corrente de pensamento implica fazer uma escolha, que necessariamente vai ter um caráter arbitrário, sobre o momento desse nascimento. Poderíamos tomar como ponto de partida ou os trabalhos de Hume, em razão do ceticismo radical que testemunham e que conduz o autor a rejeitar qualquer metafísica, ou os trabalhos de Comte, que, por outras razões, chegam a um resultado análogo, ou aqueles do lógico Gottlob Frege, ou os de Russell, dos quais acabamos de tratar, ou outros ainda. Para as necessidades desta apresentação, escolhemos como ponto de partida da filosofia analítica não a obra de um desses pensadores em particular, mas o fruto de um trabalho que pretende ser coletivo: aquele do Círculo de Viena.

Viena, Áustria, nos anos que seguem a Primeira Guerra Mundial. Pensadores de "vários horizontes", mas todos envolvidos com as ciências, adquiriram o hábito de se reunir nas noites de quinta-feira em diversos cafés da cidade. Viena não tem boa reputação por seus chocolates "vienenses"? Ela também vai ter por seu "círculo", no qual se elabora uma filosofia que não se pretende ser ela própria ciência (como aquela de Husserl), mas que se "apoia sobre a ciência", o que é totalmente diferente e, até mesmo, o contrário.

Os autores que se agrupam sob essa denominação reivindicam Hume; pensam descobrir nele um mestre, um filósofo analítico *avant la lettre*. De onde vem esse sentimento? Podemos evocar várias razões. Em primeiro lugar, a clareza de seu estilo. Desde Heráclito, classificado "o obscuro", a expressão do pensamento filosófico se confronta com o dilema que representa sua própria tecnicidade. Como apresentar um pensamento sem pedir ao leitor que também faça um esforço de linguagem? Desse ponto de vista, cada autor está em um certo nível de clareza. Hume é certamente um daqueles que, em filosofia, exprime-se com a maior simplicidade e clareza. Vimos exemplos desse estilo no capítulo consagrado à indução. Mas, não basta obviamente escrever de forma límpida para ser filósofo. Também notamos em Hume um sentido do problema filosófico que contribui para colocar sua escrita a serviço das problemáticas mais gerais. Além disso, no interior dessa forma de proceder de Hume reconhecemos facilmente uma atração pelos problemas fundadores voltados à teoria do conhecimento. Na história do pensamento empirista, Locke e Hobbes poderiam ser considerados tão importantes quanto Hume. Como eles o precedem cronologicamente, poderíamos esperar que eles se beneficiassem com a prioridade. Ora, isso não acontece, pois os empiristas do Círculo de Viena não se referem a eles. Por quê? Porque é Hume que coloca os problemas fundadores, sublinhando a impossibilidade que ele experimenta de sair de certas aporias. Sobretudo, ele não se autoriza jamais a sair de uma aporia por um decreto metafísico, qualquer que seja, porque qualquer solução "metafísica" de um problema lhe parece, de partida, derrisória e risível. Os empiristas lógicos partilham plenamente desse sentimento, e é certamente nele que se funda a fraternidade que eles declaram sentir com respeito à obra de Hume. Uma fraternidade, portanto, negativa, fundada sobre a rejeição da metafísica.

Em 1929, esses autores – Otto Hahn, Hans Neurath e Rudolf Carnap (aos quais convém acrescentar Moritz Sclick, a quem o documento foi dedicado) – publicam um texto destinado a ser o programa oficial e que permanece, ainda hoje, a exposição mais concisa e mais nítida do objetivo geral da filosofia analítica. O texto se intitula "A concepção científica do mundo: O Círculo de Viena". Os autores se apresentam como os porta-vozes da Sociedade Ernst Mach, nome do intransigente delator (morto em 1916) das "mitologias científicas" que vimos entrar em conflito com a teoria atômica.

A celebração do vigor crítico de Mach visa agora, portanto, estabelecer uma "concepção científica do mundo", que se caracteriza menos por suas teses próprias – explicam os autores – do que por sua atitude fundamental. Essa atitude visa a "ciência unitária" e dá destaque ao trabalho coletivo. Correlativamente, uma desconfiança é erguida em relação às línguas históricas. Que algumas ideias, por exemplo, possam ser expressas mais facilmente em uma língua do que em outra significa, aos olhos dos membros do Círculo de Viena, não que existe um "espírito das línguas", mas uma imperfeição da abordagem tradicional da filosofia, que pensa poder se exprimir no meio (*médium*) constituído por uma dada língua vernácula, como se esse meio não tivesse ele próprio certo efeito sobre a maneira de compreender e julgar. Heidegger vai sustentar, por exemplo, que o alemão é a língua da metafísica; Nietzsche pensava que o francês era a língua da psicologia; e Russell, que o inglês era aquela da ciência. Mas, aos olhos dos positivistas lógicos, todas essas qualificações são provas suficientes do caráter insatisfatório das línguas vernáculas para a expressão de um pensamento rigoroso. A ideia de uma língua que seria a expressão direta do pensamento, um tipo de esperanto do conceito, vem constituir um ideal que mereceria ter a si confiado o papel eminente de fundamento da filosofia.

Os positivistas lógicos, conscientes de que essa língua não existe, a despeito dos esforços de Frege, precisamente dedicados a organizar uma tal linguagem (uma linguagem do pensamento), estimam que ela se aproxime da língua lógica: sistema de formulação neutra dos enunciados do pensamento. Essa neutralidade é ela própria supostamente favorável à transparência e à clareza dos enunciados. Essa é a razão pela qual "as sombras longínquas e as profundezas insondáveis da metafísica" são evocadas com ironia no texto fundador do Círculo de Viena. Reencontramos aqui o ponto em comum de todo positivismo: o incansável combate contra a metafísica, a denúncia de seu caráter verborrágico, a recusa dos "enigmas insolúveis". Esse novo positivismo vai se apoiar, portanto, na lógica.

Em 1922, Moritz Schlick é nomeado à cadeira de "filosofia das ciências indutivas" (a cadeira de Mach). O Círculo de Viena é fundado, informalmente, por volta de 1925. No ano seguinte, Carnap é nomeado na Universidade de Viena e se torna um dos líderes do Círculo. Em 1928, cria-se em Berlim, em torno de Hans Reichenbach, uma "sociedade para uma filosofia empírica", cuja meta é promover

> [um] método filosófico que, pela análise e crítica dos resultados técnicos da ciência, coloque e resolva problemas filosóficos. Através de tal método de análise científica, esta sociedade se opõe explicitamente a qualquer pretensão da filosofia de afirmar um direito próprio da razão e de estabelecer proposições válidas *a priori*, eximidas do controle da crítica científica. (*Apud* Granger s.d.)

Em 1929, ano da publicação de "A concepção científica do mundo", o Círculo de Viena em torno de Schlick e aquele de Berlim em torno de Reichenbach decidem lançar uma revista, *Erkenntnis*, que vai ter suas edições iniciadas em 1930. O conjunto forma o movimento do positivismo lógico, sendo então o Círculo de Viena apenas uma parte disso. Um grupo de lógicos poloneses (os lógicos de Varsóvia-Lvov), representado por Alfred Tarski, rapidamente vai se ligar a esse movimento.

Mesmo que uma grande parte das atividades do Círculo de Viena consista em mostrar a inanidade da metafísica (em um contexto político marcado pela ascensão do nazismo, o qual é frequentemente denunciado como algo ligado às "sombrias profundezas" da metafísica), alguns trabalhos têm um caráter mais positivo. Em geral, envolvem exames sobre os critérios de verdade da atividade científica. Nesse ponto, os positivistas lógicos admitem o princípio segundo o qual a indução constitui a pedra de toque do pensamento científico. Eles se orgulham por não responder de forma polêmica aos que defendem as filosofias mais tradicionais: "isso que você afirma está errado". Eles respondem de forma mais sutil, a seu ver: "o que você quer precisamente dizer com os enunciados que formula?". Segundo eles, assim que empregamos esse método, uma demarcação bastante nítida aparece: de um lado, enunciados que podem ser transportados a enunciados empíricos precisos; de outro, aqueles que não podem ser e que, dessa forma, devem simplesmente ser eliminados.

Tal método, aplicado, por exemplo, por Carnap, conduz, ao menos nos casos favoráveis, a uma "superação da metafísica pela análise lógica da linguagem". Esse é o título de um artigo seu publicado na revista *Erkenntnis*, em 1931. Ele tenta mostrar que a análise lógica de um texto de Heidegger – trata-se de um texto publicado em 1929 com o título "O que é metafísica?"[1] – revela numerosas infrações à lógica. Assim, os enunciados do metafísico são reduzidos a pseudoenunciados que podem ser comparados, segundo Carnap, a enunciados do gênero: "Quais dos números são os mais obscuros: os pares ou os ímpares?". Veremos mais adiante como Heidegger vai responder a esses ataques. Mas, antes disso, sigamos as reflexões de um vienense, Karl Popper, que nunca foi membro do Círculo de Viena, ainda que tenha publicado na revista *Erkenntnis*, e se engajado em reflexões que tipicamente se caracterizam como "filosofia das ciências", especialmente por meio da pesquisa de "critérios" de cientificidade.

---

1. Ver: Heidegger 1983, pp. 35-44.

Karl Popper

Popper nasceu em Viena em 1902. É nessa cidade que, nos anos 1920 e 1930, ele vai se iniciar nos debates de epistemologia. Em sua autobiografia[2] ele narra que, tendo assistido a uma conferência de Albert Einstein, ficou com tão viva impressão que não parou de tentar compará-la com a impressão que havia lhe deixado uma conferência anterior, de Sigmund Freud. Este pretendia que sua teoria do psiquismo humano fosse científica. O que queria dizer com isso? – pergunta-se, então, Popper. Que ele procedeu como preconizam os positivistas lógicos, ou seja, por indução. Não é a indução que constitui o cerne do método científico? Os positivistas lógicos, além do mais, não são os únicos a afirmar isso. Nem Hume nem Kant disseram o contrário, ainda que cada qual tenha se interrogado diferentemente sobre esse ponto. Também Mach, espírito crítico como era, não está em desacordo com essa ideia. O Círculo de Viena lhe atribuiu um lugar central em sua "concepção científica do mundo". Em suma, de Bacon a Carnap, a ideia de que a indução é o método de todas as ciências naturais se tornou objeto de um consenso entre todos os autores que se interrogaram sobre a natureza do método científico.

Não – responde Popper –, aquilo que chamamos "indução" é, de fato, o resultado de um procedimento que não é uma generalização. A lei geral é imaginada antes de ser sugerida pelas observações. E é apenas depois que o cientista confronta a lei imaginada por ele com os resultados da experiência concreta. É o que Popper vai chamar de "solução do problema da indução". Ele estima que essa solução forneça, de uma só vez, a solução de outro problema: aquele da demarcação entre ciência e não ciência.

Depois de sua célebre autocongratulação, "certamente eu posso me enganar, mas creio ter resolvido um grande problema filosófico: o problema da indução", ele próprio especifica, no início de *Conhecimento objetivo*, publicado em 1972, como esses dois problemas estão conectados. Em 1927, ele explica que percebeu a solução do problema

---

2. Ver: Popper 1986.

da indução, por ele denominado problema de Hume. Desde 1920 ele já havia formulado o problema da demarcação entre ciência e não ciência. Entretanto, esse resultado, muito frágil a seus olhos, não merecia ser publicado. "Mas, depois de ter resolvido o problema da indução, descobri que existia uma relação significativa entre esses dois problemas. Isso me fez pensar que o problema da demarcação era importante." Foi Kant que havia chamado o problema da indução de "problema de Hume", nos *Prolegômenos a toda a metafísica futura*. Popper retoma essa expressão, à qual ele estima ter fornecido uma solução, exposta pela primeira vez em 1933 em um artigo publicado em *Erkenntnis*. Em que consiste, precisamente, esse problema e a solução de Popper? Antes de chegarmos a essa questão e à sua resposta, algumas palavras sobre o livro no qual podem ser encontradas.

As análises conduzidas no artigo são retomadas em detalhe no principal texto de Popper, intitulado *A lógica da pesquisa científica*, lançado em 1970. O texto teve uma história editorial complexa. Em 1934, foi publicado pela primeira vez em alemão com o título *Logik der forschung*. Aparece, então, claramente como uma contribuição crítica ao debate vienense sobre a concepção científica do mundo. Popper, pouco tempo depois, fugindo do nazismo, instala-se na Nova Zelândia. Lá vai permanecer por nove anos, de 1937 a 1946, antes de chegar a Londres, onde um cargo lhe foi oferecido na *London School of Economics*. Em 1959 surge a versão inglesa do texto com o título *Logic of scientific discovery*. Não se trata exatamente de uma tradução, mas, antes, de uma reescrita pelo próprio autor. Onze anos depois, em 1970, o texto é publicado em francês com um prefácio de Jacques Monod.

O interesse desse prefácio reside no fato de ter sido escrito por um eminente biólogo que saudava a tradução de um livro de epistemologia. Monod nem encontra uma fórmula suficientemente elogiosa para descrever a impressão que "esse grande e potente livro" lhe causou. Em uma passagem, ele não deixa de recriminar a "sociologia fechada da filosofia francesa, que parece só estar aberta às mais obscuras extravagâncias da metafísica alemã" (Monod 1978, p. 1), tema clássico do positivismo reencontrado aqui espontaneamente no momento de apresentar um livro que lhe parece ter uma utilidade para a formação do cientista. Assim, escreve ele, apresentando o critério de refutabilidade: "é o que faz desse livro, a meu ver, uma das raras obras de epistemologia em que um homem de ciência possa reconhecer, ou até mesmo descobrir, o próprio movimento de seu pensamento, a história verdadeira, raramente escrita, do progresso com o qual pode pessoalmente contribuir" (*ibid.*, p. 3).

É até mesmo, segundo ele, um dos "raríssimos" livros de filosofia que podem ser úteis à formação do homem de ciência, pois, ainda que o procedimento hipotético-dedutivo exaltado por Popper constitua a essência (enfim desvendada) do proceder científico, ela não deixa de ser, às vezes, menos esquecida pelos próprios cientistas. Monod insiste: os cientistas estão bem longe de produzir apenas ciência. Muitos dentre eles se dispersam em especulações que têm mais relação com as pseudociências, denunciadas por Popper, do que com uma ciência verdadeira. É, portanto, útil lhes fornecer um guia metodológico que, sendo convenientemente seguido, vai preservá-los de suas errâncias: "proposições desse tipo são encontradas por vezes também em obras que se querem estritamente científicas. A biologia e, sobretudo, a teoria da evolução foram e ainda são territórios preferidos por essas construções" (*ibid.*, pp. 3-4). Monod reconhece aqui que a teoria da evolução dá espaço a especulações de gênero pouco científico. Além disso, ele jura que a teoria de Popper se mostra capaz de regular essas especulações, mostrando seus limites. Mas o critério de Popper está verdadeiramente à altura de designar os limites de uma teoria aplicada à origem da vida? É uma questão que será preciso colocar; ela se volta, desta vez, aos limites dessa teoria. Mas, antes de partirmos nessa direção, vejamos como ela se apresenta.

A – Apresentação da teoria de Popper

Tradicionalmente, um conhecimento é dito científico assim que estiver mais bem fundado do que uma simples opinião, assim que estiver propenso a ser irrefutável. Podemos sempre opor a uma opinião uma outra, ao passo que um conhecimento científico não se deixa refutar tão facilmente. A psicanálise – Freud nunca deixa de lembrar seus diversos ouvintes – é uma ciência. Os resultados que discute não advêm nem da especulação, nem da introspecção, mas da indução. O caso Schreiber não é uma invenção. Anna O. não é uma ficção. Além disso, para fundar a psicanálise, Freud começou por estudar a significação dos sonhos em seu livro *Die Traumdeutung*, publicado em 1900. A partir daí, ele concluiu por indução o que deveriam ser as regras de funcionamento do inconsciente. É, portanto, uma teoria que pode com justiça pleitear o título de ciência, insiste Freud. E a psicanálise não é a única a evocar a cientificidade como garantia de seu rigor. O marxismo, bem antes dela, inaugurou uma postura semelhante. Marx elaborou uma teoria "científica" da história também baseada em fatos, observações. O materialismo histórico se apresenta como uma ciência.

Assim como aquele que pensa ter percebido um erro e busca, em seguida, o meio mais eficaz de evidenciá-lo, também Popper, diante dessas invocações de cientificidade, fica perplexo e insatisfeito; ele busca um meio de evidenciar essa diferença, que ele sente mais do que compreende. Há algo de falso nessa garantia buscada na ciência por doutrinas que, no fundo (Popper está persuadido disso), não são científicas. Algo de falso, mas o quê? Como caracterizar essa falsidade, essa quase impostura? Einstein nunca precisou martelar que sua teoria era científica. O público imediatamente percebia. Mas o que ele percebe, com quais signos? Em que consiste a diferença entre teorias que reivindicam ruidosamente sua cientificidade e outras que, sem precisar insistir, fazem sentir que são científicas?

Poderiam os membros do Círculo de Viena dispor de uma resposta à questão de que se ocupa Popper? O positivismo lógico, como vimos, detém uma explicação: a da indução. Com sua ajuda essa corrente não pode rechaçar as pretensões à cientificidade da psicanálise e do marxismo. Além disso, as duas doutrinas são mencionadas favoravelmente em *A concepção científica do mundo*. Se nos detivermos na explicação de que são científicas as teorias que se apoiam sobre induções bem fundadas, então não é inexato entender que o marxismo é uma ciência. Ele está efetivamente

Filosofia das ciências | 191

fundado sobre incontestáveis estudos voltados ao desdobramento de acontecimentos históricos e análises fatuais que também são bem conduzidas. O mesmo vale para a psicanálise. Não é gratuitamente que Freud lembra que sua teoria está baseada na observação de situações concretas – haverá um momento em que ele será contestado, mas esse não é o caso de Popper, que está pronto a admitir que, indutivamente falando, a psicanálise é uma ciência. Portanto, é a própria indução que constitui o problema.

A confiança depositada no método indutivo tem por efeito tornar impossível a crítica às pretensões do marxismo e da psicanálise à cientificidade. Portanto, é preciso que a própria ideia de que o saber científico deriva da indução seja criticada. Popper retoma as questões que Hume colocava e as resume da seguinte maneira: como sabemos que um evento que sempre foi visto seguido de outro o será no futuro? A resposta de Hume é que, a rigor, não sabemos. A confiança repousa unicamente sobre o hábito. A resposta de Popper é que, a rigor, não sabemos; é apenas a nossa imaginação que nos fornece conjecturas sobre o que vai ocorrer. Conjecturas que colocamos à prova em seguida, construindo situações experimentais passíveis de comprovar sua falsidade. E Popper, provando de um senso agudo da dramaturgia conceitual, vai repetir com insistência: "resolvi o problema de Hume", ou seja, o problema da indução.

Não é mais necessário supor que uma "crença" deva completar nossas observações. Basta recolocar o procedimento científico no sentido correto, a fim de ver aparecer a lógica da descoberta científica. A descrição que Popper fornece do procedimento científico é muito semelhante àquela que propunha Bernard no século XIX, como muito bem destacou Jean-François Malherbe (1981, p. 373): "Karl Popper, em *A lógica da pesquisa científica,* generalizou e formalizou, sem saber, os grandes princípios metodológicos formulados por Claude Bernard em *Introdução à medicina experimental*". A ciência, dizia Bernard, não começa com observações, mas com hipóteses, as quais são depois submetidas à prova por experiências que as confirmam ou invalidam. Mas ele recusa, como vimos, levar o debate ao plano da filosofia. Popper vai fazer o contrário.

O fato de afirmar que a ciência é produzida não por induções, mas por conjecturas seguidas de refutações, implica três consequências importantes que Popper vai comentar incessantemente.

Primeira consequência: a ciência que, até então, foi constantemente apresentada como o domínio do conhecimento irrefutável deve ser, ao contrário, caracterizada por seu caráter refutável. Reviravolta completa da avaliação tradicional voltada à natureza da ciência. Pensávamos estar diante de conhecimentos sólidos que qualificávamos, por essa razão, de irrefutáveis. Na realidade, é totalmente o inverso: são científicos aqueles conhecimentos nossos que são refutáveis por um experimento. Os conhecimentos irrefutáveis são precisamente os conhecimentos não científicos. E esse é bem o caso da psicanálise e do marxismo. Tais doutrinas se apresentam como irrefutáveis e realmente o são. É justamente isso que as torna conhecimentos não científicos. Uma explicação psicanalítica fornecida para esclarecer tal ou qual caso não pode ser refutada, pois nenhuma experiência permitiria mostrar que a interpretação proposta pelo psicanalista se choca com uma incoerência. Nesse sentido, ela é mesmo irrefutável. Entretanto, não se expondo a uma possível refutação pela experiência, a interpretação – que é uma hipótese – não pode ser qualificada de científica. Seria preciso, para que o fosse, poder dela deduzir um experimento que permitisse rejeitá-la se seu resultado não estivesse de acordo com aquele previsto na hipótese. Ora, o problema da interpretação psicanalítica é que ela nunca se expõe a tal refutação, mas sim ao desacordo ou à incompreensão do paciente. A esse desacordo ou a essa incompreensão a teoria previu uma réplica: se o paciente rejeita a interpretação, estamos então diante de uma resistência que prova a retidão da interpretação, muito mais do que a refuta. Vemos que o circuito de controle da hipótese pela refutação se encontra, assim, desativado, de forma que poderíamos ver na psicanálise um exemplo perfeito de dispositivo teórico que se esquiva do processo de avaliação da robustez das hipóteses, o qual, afirma Popper, constitui a essência da ciência.

Mas, como segunda consequência, essa caracterização da ciência como domínio de conhecimentos refutáveis permite ir além da denúncia da cientificidade da psicanálise e do marxismo. Com efeito, é possível estabelecer, com base nessa caracterização, uma demarcação de alcance geral entre ciência e não ciência. Essa demarcação segue o seguinte critério: as teorias refutáveis são científicas, enquanto as teorias que não se expõem ao risco de serem refutadas não são. Portanto, podemos dispor de um critério confiável que permite saber se um dado conhecimento é científico ou não. Por exemplo, a teoria de Newton permite fazer ao menos uma previsão testável (na verdade, permite muitas). Se ela está certa, então um objeto como uma maçã, que, como sabemos, cai no chão assim que a árvore para de sustentá-la, deve poder, se impulsionada para o céu com uma energia suficiente, atingir tal altitude que ela entre, como a Lua, em um ciclo de revoluções orbitais em torno da Terra. Essa previsão é testável (mesmo se não era, por razões técnicas, no tempo de Newton) e foi efetivamente testada. Certamente não com uma maçã, mas com diversos satélites de comunicação ou de observação, dos quais o célebre Sputnik foi o primeiro: maçã que se tornou Lua, conforme as previsões de Newton. Como critério de demarcação, o critério da indução não aparece como inteiramente funcional. O critério da refutabilidade aparece não apenas como mais bem fundado, mas também mais eficaz e realmente operatório. Notemos que preferimos falar de "refutabilidade" onde, às vezes, encontramos empregado o termo "falseabilidade". Ambos são equivalentes. O segundo, no entanto, soa inutilmente esotérico, pois se a expressão "refutar uma hipótese" fala de si mesma, a expressão "falsificar uma hipótese" não tem uma significação clara em francês.* Falsificamos documentos, não uma hipótese. A ideia de Popper corresponde bem a essa de refutação.

Enfim, terceira consequência destacável: o não positivismo da descrição de Popper. Nós nos lembramos de que o positivismo se caracteriza, desde Comte, principalmente pela afirmação de uma hierarquia das formas de conhecimento, com o conhecimento científico, positivo, situando-se no topo. Essa hierarquia permite, em seguida, justificar uma

---

* No original, o autor utiliza as expressões *"refuter une hypothèse"* e *"falsifier une hypothèse"*, respectivamente. [N.T.]

desqualificação da metafísica. A partir do momento em que o critério decisivo do conhecimento válido é fornecido pela positividade desse conhecimento, positividade pensada como relação com fatos observáveis, a demarcação se opera entre a ciência e a metafísica. Modificando o critério da cientificidade, Popper modifica também essa relação hierárquica. Assim, ele dissolve a tensão que estava instaurada entre ciência e metafísica, admitindo francamente que a metafísica pode constituir uma fonte de inspiração tão válida quanto qualquer outra para a produção de hipóteses científicas, pois essa produção está agora inteiramente dissociada da questão de sua validade teórica. No positivismo lógico, a hipótese era correta na medida em que derivava de observações corretas. Aí se situava a chave de validade de uma teoria. No refutacionismo de Popper, nenhum limite é imposto à maneira de produzir a hipótese. É apenas na medida em que a hipótese comporta a possibilidade de ser confrontada por uma refutação experimental que ela adquire valor de ciência.

B – A refutabilidade

O que quer dizer Popper quando afirma que as teorias são científicas na medida exata em que são refutáveis? Suponhamos que eu inicie uma teoria sobre o átomo. Digo, por exemplo, que o átomo é similar a uma bolha de sabão: uma membrana elástica preenchida pelo vazio, mas ocupando certo espaço e tendo certa massa e propriedades de coesão com outros átomos. Eu defini as características do átomo segundo minha teoria. Essa teoria é, segundo Popper, científica? A resposta é sim, pois ela é refutável. Por sinal, ela é tão refutável que já está refutada pelo saber atual sobre o átomo. Se, no entanto, a mesma teoria tivesse sido lançada em um momento em que a ciência do átomo não estivesse ainda em condições de refutá-la, ela teria sido considerada autenticamente científica, durante todo o tempo que precedesse a refutação (e mesmo depois, apesar de que cairia no domínio das teorias errôneas). Há, segundo Popper, uma relação íntima entre o risco de ser refutada ao qual se expõe uma teoria e sua cientificidade. De fato, há inclusive uma relação de equivalência: uma teoria só é científica se aceita o risco de ser refutada; e toda teoria que aceita esse risco é científica. Daí esta fórmula provocante e até mesmo surpreendente em relação às concepções tradicionais do saber científico: uma teoria não é científica por ser menos refutável do que outro saber, mas, ao contrário, porque ela é mais refutável (no sentido de "refutável pela experiência").

Em outros termos, uma teoria é científica, no sentido de Popper, se permite estabelecer previsões que podem, depois, ser confirmadas ou invalidadas por resultados de experiências. Tudo isso tem claramente pouca relação com "o problema de Hume". Hume, com efeito, não contestava absolutamente o fato de que poderíamos lançar hipóteses fecundas sobre o funcionamento da natureza. Ele apenas observava que nunca conheceríamos a lógica íntima que conduzia a natureza a agir de uma forma e não de outra. Hume e Popper visam, de fato, dois problemas inteiramente distintos: Hume tem em mente um problema metafísico, enquanto Popper, um problema metodológico.

Entretanto, muitos vão retomar a terminologia de Popper para qualificar o traço singular do raciocínio científico. Muitos também vão fazer uso dessa terminologia para desqualificar as teorias que julgam insuficientemente fundadas. Mais numerosos ainda vão ser aqueles que vão fazer uso do método hipotético-dedutivo de Popper não com o intuito de utilizá-lo como método de investigação, propriamente falando, mas com um objetivo pedagógico para apresentar conhecimentos já adquiridos. Nada, com efeito, é tão eficaz, do ponto de vista pedagógico, do que mostrar o desenrolar de uma pesquisa como uma sequência articulada de hipóteses seguidas de tentativas de refutação.

C – Limites do critério de refutabilidade

Entretanto, vai aparecer rapidamente um limite para essa análise. Segundo o critério elaborado por Popper, são científicas todas as teorias que permitem formar previsões refutáveis, e apenas elas. Não haveria, no entanto, domínios do saber que estão submetidos a um imperativo de verdade sem que, por isso, possamos formular hipóteses refutáveis acerca deles? É o caso, em particular, das ciências históricas. A teoria da evolução ou a linguística histórica (história da evolução das línguas faladas pelos homens) são ciências. Elas são, no entanto, incapazes de formular uma previsão refutável sobre seus objetos. Pode-se concluir, permanecendo fiel ao critério de Popper, que esses domínios de conhecimentos não constituem verdadeiras ciências, ou pode-se concluir que o critério de refutabilidade não é operacional fora de certos limites que precisariam ser definidos?

Popper seguramente percebeu as dificuldades que decorriam de seu critério, assim que tentava estender seu uso às ciências de caráter histórico. São testemunhas disso suas declarações contraditórias sobre essa questão. Em 1945, em seu livro *A miséria do historicismo*, Popper se apoia sobre o critério de refutabilidade para rejeitar certo número de "teorias da história". Eis o que escreve acerca da teoria da evolução: "A chamada hipótese evolutiva é uma explicação de numerosas observações biológicas e paleontológicas (*e.g.*, de certas similaridades entre vários gêneros e várias espécies), feita com base no pressuposto de uma ancestralidade comum de formas relacionadas" (Popper 1980a, p. 83). É o conjunto dos raciocínios que têm uma forma histórica, dentre os quais figura a teoria da evolução, que está no foco do julgamento de não cientificidade de Popper. O critério tão exigente de refutabilidade exclui de seu domínio um conjunto importante de disciplinas. Torna-se, ao mesmo tempo, muito difícil manter sua aplicação sistemática. Dessa forma, Popper forneceu argumentos (ainda que sem intenção) aos criacionistas, que buscavam meios de enfraquecer a teoria da evolução. Prova disso é o pedido que fizeram a epistemólogos para que mostrassem, diante de um tribunal, por ocasião de uma disputa que lhes opunha aos evolucionistas, que a teoria da evolução não era refutável e, portanto, não era científica.

Esse é o principal problema teórico com o qual vai se chocar a teoria de Popper. Com efeito, vimos que seu critério de refutabilidade funcionava eficazmente quando para denunciar os limites da psicanálise ou do marxismo. Mas o critério não é por demais restritivo? Ele não engloba, de fato, a totalidade das ciências históricas, ciências da evolução inclusas? Em sintonia com seu próprio critério, Popper afirma às vezes que as ciências históricas não respondem a ele. Dessa forma, em 1976, em sua *Autobiografia*, escreve: "Cheguei à conclusão de que o darwinismo não é uma teoria científica passível de prova, mas um *programa de pesquisa metafísica*" (Popper 1986, p. 177). E essa afirmação é coerente com o conjunto dos princípios da análise de Popper. Não podemos, na verdade, imaginar uma experiência que demonstraria a falsidade da teoria da evolução. Mas, em outros momentos, Popper (1980b, p. 611) parece voltar a suas afirmações para insistir, ao contrário, no próprio caráter científico das ciências históricas:

> Parece que alguns pensam que eu nego o caráter científico das ciências históricas como a paleontologia ou a história da evolução da vida na Terra. Isso é um erro, e eu gostaria de afirmar aqui que, a meu ver, essas ciências têm, assim como outras ciências históricas, um caráter plenamente científico; em muitos casos, suas hipóteses podem ser testadas.

Que hipóteses? Em que casos? O que quer dizer ao certo? E, principalmente, o que ele entende por "a meu ver"? Não é mais agora o "critério de refutabilidade" que decide, mas "a meu ver"? Valeria a pena mostrar um dispositivo tão sofisticado quanto a teoria da refutabilidade, para que seja finalmente um desenvolto "a meu ver" que decida se a teoria da evolução é científica ou não? Tais flutuações, que seriam eventualmente compreensíveis em um não especialista, são mais surpreendentes em um epistemólogo que construiu sua reputação sobre a análise da ciência. Quando, mais adiante, Popper descrever sua própria teoria como um "evolucionismo", porque ela sustenta que a ciência procede por "tentativas e erros" assim como a evolução, ele só vai deixar mais confuso ainda um debate que, se colocado de modo conveniente, teria conduzido à melhor compreensão as questões associadas à teoria da refutabilidade.

Vamos nos deter nesse ponto importante. Dissemos que a teoria de Popper era composta de tal maneira que se reduzia a um critério único de avaliação da ciência: a possibilidade de estabelecer ao menos uma previsão testável para uma dada teoria. A teoria da evolução é um exemplo (talvez o melhor) de uma teoria não refutável que é, no entanto, considerada científica. O critério de refutabilidade não se aplica à teoria da evolução mais do que às ciências históricas em geral.[3] Além disso, ele não se aplica nem mesmo às ciências físicas na parte historicizante de suas especulações. Desse modo, as especulações sobre a origem do universo escapam inteiramente ao critério de refutabilidade, que surge, além disso, como tautológico: no domínio em que as leis da natureza são uniformes e invariáveis, é possível formular hipóteses sobre o funcionamento da natureza e é igualmente possível testá-las. O critério da refutabilidade não é absolutamente um critério de cientificidade (ou de demarcação), mas simplesmente um critério de regularidade das leis da natureza. Popper simplesmente afirmou que tal regularidade, sobre a qual Hume se interrogava, não se aplicava em um certo domínio de investigação. Esse domínio é, em seguida, designado de modo indulgente pelo critério de refutação. Logo, ele não "resolveu" o problema de Hume; ele propôs dogmaticamente a solução, assim como Bernard ofereceu uma solução ao mesmo problema, por meio do princípio do determinismo.

É evidente que, apresentado dessa maneira, o critério de refutabilidade, devendo supostamente ser uma pedra de toque para o raciocínio científico, perde muito de seu brilho. Ele traduz simplesmente uma hipótese metafísica plausível. Todo o campo das ciências históricas (ciência da evolução, linguística, história) se encontra, de resto, excluído da ciência, tal como a psicanálise e o marxismo, se aplicarmos o critério de maneira rigorosa. Assim, parece que, pretendendo estabelecer uma demarcação cuja intenção podemos compreender dentro do contexto vienense de Popper, dos anos 1920, o epistemólogo foi longe demais. Levado pelo elã que lhe comunicava a ideia de um critério universal, ele não fez o que todo cientista sabe que deve fazer: estabelecer o domínio de validade do que propunha.

Seu mérito é, talvez, principalmente o de ter revelado a origem da sedução exercida pelas teorias refutáveis (mesmo que não tenha apresentado sua teoria dessa forma). Na tríade clássica Copérnico, Galileu

---

3. Ver a esse respeito o artigo de Stamos 1996, pp. 161-191.

e Newton, o ponto comum é o interesse voltado aos trabalhos que visam elucidar as leis da natureza à medida que são concebidas como imutáveis e sempre idênticas a si mesmas. É por essa razão que são refutáveis, e não porque são refutáveis que são leis científicas. Será preciso esperar Paul Feyerabend para ver surgir uma refutação pela história do critério de refutação. Apoiando-se em numerosos exemplos históricos, ele vai mostrar que nenhum cientista jamais procede nos fatos segundo um método definido. Todos, ao contrário, fazem fogo com qualquer lenha (*anything goes*). Distante da metodologia popperiana, Feyerabend vai recusar as regras do método que pretendem indicar como se deve proceder para "fazer ciência". Seu livro *Contra o método* vai se constituir em uma das críticas mais radicais à ideia de método científico.

Thomas Kuhn: A história retorna

Thomas Kuhn soube reintroduzir a noção de história na reflexão epistemológica. Outros, na mesma época, também o fizeram, como Koyré, Bachelard e Canguilhem. Mas a forma de proceder de Kuhn é particularmente eficaz, em razão da clareza de suas análises, de sua ancoragem no estudo de um caso clássico (o de Copérnico) e de suas conexões com reflexões psicológicas que lhes são contemporâneas (notadamente as análises da *Gestalt psychology*), com a filosofia de Wittgenstein e a problemática, bastante antiga, do relativismo. Vamos examinar esses diversos pontos.

A – O estudo sobre a revolução copernicana

Kuhn nasceu em 1920. Ele inicialmente realiza estudos científicos em física, mas rapidamente se volta à história das ciências e, mais particularmente, à historia da obra de Copérnico. A intuição de Kuhn é de que a física de Aristóteles, que permitia explicar os fenômenos cosmológicos dos quais trata Copérnico, não era menos rica em explicações

200 | Papirus Editora

e, assim, menos potente conceitualmente do que aquela de Copérnico. A diferença reside além das performances explicativas intrínsecas às duas teorias, pois, se a superioridade da primeira (heliocentrismo de Copérnico) sobre a segunda (geocentrismo de Aristóteles) parece-nos hoje evidente, é em razão de termos perdido de vista a perspectiva de um homem do século XVI, ou de antes disso, sobre o seu meio. Dito de outro modo, passar de uma representação a outra exige muito mais do que uma simples demonstração lógica apoiada sobre observações. É preciso aí acrescentar uma mudança total de perspectiva. É essa mudança que interessa a Kuhn e que lhe parece ter sido negligenciada pelos pensadores que se ocuparam, antes dele, tanto da filosofia quanto da história das ciências.

O primeiro livro de Kuhn, intitulado *A revolução copernicana*, surge em 1957; no mesmo ano, surge o livro de Norwood Russell Hanson intitulado *Patterns of discovery: An inquiry into the conceptual foundations of science*. Nessa obra, Hanson sublinha certos paralelos entre a pesquisa científica e a percepção das formas, cuja fecundidade Kuhn vai explorar em seguida, em *A estrutura das revoluções científicas*. Hanson se detém principalmente na tarefa de mostrar que as descobertas científicas apresentam uma analogia com as mudanças de ponto de vista sobre um dado tema estudado pelos psicólogos da forma. Fazer uma descoberta é "mudar de opinião" sobre um determinado assunto.

A essa ideia Kuhn vai dar uma dimensão histórica, pois *A estrutura das revoluções científicas* contém, antes de mais nada, uma tese de epistemologia histórica. E é por isso que o livro pode ser aproximado dos trabalhos de Bachelard. *A estrutura das revoluções científicas*, publicado em 1962, é certamente um dos livros mais importantes da filosofia das ciências do século XX. Ele apresenta a particularidade de, em menos de 300 páginas divididas em 12 capítulos, avançar teses que vão renovar inteiramente o debate sobre as ciências e expor as discussões entre o positivismo de Reichenbach e o refutacionismo de Popper, como um debate de apostas ultrapassadas. O que mostra que Kuhn atinge, com esse livro, uma problemática bem mais profunda do que aquela à qual os trabalhos anteriores levaram: por um lado, o fato de que o livro reabre – pela primeira vez no centro da questão da ciência moderna – o problema do relativismo; por outro, as consequências que vão ter as teses desse livro, pois vão estar na origem de uma corrente da filosofia das ciências que vai se descrever como "sociologia do conhecimento", e que examinaremos um pouco mais adiante.

A tese de Kuhn, como dissemos, foi nutrida por reflexões sobre o grande episódio que marca o início da revolução científica: a obra de Copérnico e sua recepção depois da publicação em 1543. Kuhn mostra o quanto o trabalho de Copérnico é técnico e esotérico, até que ponto ele foi pouco compreendido pelos seus primeiros leitores, os quais, de resto, reduziam-se a um pequeno número de especialistas. Dentre estes, os que compreenderam a obra de Copérnico não ficaram absolutamente escandalizados, contrariamente ao que às vezes faz crer uma historiografia que tende a exagerar o caráter espetacular do acontecimento que hoje chamamos de "revolução copernicana". Damos, assim, a esses acontecimentos, sem dúvida de modo justo, um brilho que eles só adquirem tardiamente, e não refletimos sobre a significação desse atraso. Kuhn busca o motivo dessa lentidão em um "estado de espírito", em uma "forma de pensar" que só via no sistema de Copérnico uma hipótese audaciosa.

A análise apresentada em *A revolução copernicana* contém os germes daquilo que vai ser desenvolvido em *A estrutura das revoluções científicas*. Aqui a ciência é apresentada como tendo dois regimes de funcionamento bem distintos, que Kuhn nomeia "ciência normal", de um lado, e "revolução científica", de outro. No período da ciência normal, os cientistas trabalham no interior de um paradigma. O paradigma – termo que já empregava Platão – recebe assim um sentido novo, que vai se tornar o emblema da análise de Kuhn. Também podemos começar a nos interessar por sua obra perguntando: "O que é um paradigma?". Os primeiros leitores de Kuhn puderam considerar que a resposta a essa questão não era evidente. Em um posfácio publicado nas edições posteriores a 1970, o autor escreve que "Muitas das dificuldades-chave do meu texto original agrupam-se em torno do conceito de paradigma" (Kuhn 1975, p. 218). Margaret Masterman chegou a identificar 22 empregos diferentes da palavra. Assim, a noção-chave do conjunto da análise de Kuhn apresenta uma dificuldade conceitual que provém, em parte, dos diversos sentidos com que é empregada.

B – A noção de paradigma

Eis como as coisas são apresentadas no livro de 1962. Para que um campo de estudo, qualquer que seja – estudo das plantas, das estrelas, dos cursos de água, da formação das cidades, da origem dos instrumentos, da arte ou das vestimentas etc. –, torne-se uma ciência, é preciso que as pessoas que se interessem por esse domínio definam problemas a resolver e normas para sua resolução. Enquanto não ocorrer tal operação, o domínio não adquire estatuto de ciência. O problema da demarcação que tanto tinha preocupado Popper se torna agora um simples problema sociológico: aquilo que é definido como ciência é o que dá lugar a problemáticas aceitas e reconhecidas em uma comunidade.

Ao mesmo tempo, assim que tal comunidade se forma – por exemplo, a comunidade das pessoas que se interessam pelas leis da queda dos corpos no século XVIII –, aquilo que ela partilha, aquilo que tem em comum, aquilo que constitui o quadro de referência de suas reflexões é chamado por Kuhn de paradigma. O paradigma representa assim a orientação comum dos pensamentos, das preocupações e dos raciocínios do grupo. O paradigma, uma vez estabelecido, assegura sua perenidade, instaurando um regime de investigação que Kuhn nomeia "ciência normal". Esse regime se caracteriza pelo fato de que certo número de problemas – quer sejam aplicações, problemas fundamentais ou interpretações relativas a observações – criados pelo próprio paradigma são progressivamente resolvidos. Por exemplo, a teoria da gravitação de Newton sugere um certo número de aplicações em balística. Ela abre problemas fundamentais relativos à escala em que podemos imaginar aplicá-la. Com efeito, a teoria não especifica qualquer limite para o tamanho dos objetos cuja evolução no tempo considera; podemos imaginar objetos de escala bastante grande em relação ao homem, como, por exemplo, o sistema solar em seu conjunto, ou ainda, ao contrário, objetos de tamanho bastante reduzido, como um grão de poeira ou o "átomo mais leve" de que vai falar Laplace. Em todos os casos se aplicam as mesmas leis, resultando em observações que vão estar, para alguns, em conformidade com as expectativas fornecidas pela teoria, mas, para outros, em não conformidade – é o caso, por exemplo, do periélio de Mercúrio. Buscaremos resolver o enigma que constitui a observação não conforme às expectativas.

Essa questão acerca de problemas provocados pela matriz teórica assinala a existência de um paradigma. Isso faz com que Kuhn diga que a ciência normal se caracteriza por uma atividade destacável, a resolução dos enigmas, que faz nascer o paradigma. O que faz um pesquisador? Ele não faz induções, não faz hipóteses seguidas de tentativas de refutação. O que ele faz se caracteriza melhor por outro gênero de atividade, que apresenta um aspecto lúdico, até então pouco discutido: a resolução de enigmas. O pesquisador que, por exemplo, tenta demonstrar a implicação de tal proteína em tal processo fisiológico não trabalha precisamente para mudar a maneira de ver. Ele se empenha, sobretudo, em resolver um enigma ou um conjunto de enigmas que se apresentam dentro do próprio paradigma.

O paradigma faz surgir enigmas, pois, se ele responde a certas questões fundamentais, deixa também um grande número de detalhes na escuridão. Um pouco à maneira pela qual as grandes leis bíblicas fornecem categorias que devem, em seguida, ser interpretadas, para compreender como a lei geral se aplica em tal ou qual caso particular. É preciso provar de uma sagacidade e uma agilidade, às vezes, notável para mostrar como tal ou qual problema específico entra no domínio de interpretação da lei geral. Desse modo, cada enigma resolvido vem, ao mesmo tempo, reforçar o paradigma existente e consagrar a sagacidade daquele que conseguiu esse avanço, que é, a partir de então, visto como um progresso pela comunidade, assim como seu autor é, por essa razão, honrado. Kuhn (*ibid.*, p. 110) escreve: "Uma vez encontrado um primeiro paradigma com o qual conceber a natureza, já não se pode mais falar em pesquisa sem qualquer paradigma. Rejeitar um paradigma sem simultaneamente substituí-lo por outro é rejeitar a própria ciência".

Entretanto, se os enigmas têm a vocação para a resolução, acontece que alguns deles resistem aos esforços insistentes da comunidade. Mesmo os membros mais assíduos e mais astuciosos do grupo não conseguem lhes fornecer uma solução dentro do quadro do paradigma. Chegamos a uma anomalia. O real resiste aqui e ali. Ele não se deixa integralmente abranger dentro desse quadro. Já citamos o caso do periélio de Mercúrio. É um exemplo perfeito de anomalia. No quadro da física definida pelas leis de Newton, o planeta Mercúrio deveria seguir uma tal trajetória. É o resultado fornecido pelos cálculos mais rigorosos a esse respeito. Mas a observação (o planeta é visível a olho nu), conduzida de modo meticuloso e preciso, leva a um resultado diferente: o planeta não está exatamente lá onde sua massa conhecida e as exigências da teoria deixariam prever. É uma anomalia que podemos resolver de um primeiro modo, que consiste em supor que algo não foi levado em conta no cálculo. Supomos, então, de modo geral, que poderia se tratar de um satélite do planeta. Obviamente nenhum satélite de Mercúrio jamais foi observado e, mesmo se supusermos a existência de tal satélite, a título de hipótese, temos grandes dificuldades para figurar como ele poderia ocasionar os desvios observados. Porém, o paradigma da física newtoniana é tão precioso pelas explicações que fornece e, de outro lado, tão abundantemente confirmado por outras observações, que pareceria irracional rejeitá-lo. Assim, nós nos atemos às explicações ditas *ad hoc*, explicações "a cada caso". A anomalia permanece.

> (...) uma anomalia reconhecida e persistente nem sempre leva a uma crise. Ninguém questionou seriamente a teoria newtoniana por causa das discrepâncias de há muito reconhecidas entre as predições daquela teoria e as velocidades do som e do movimento de Mercúrio. (*Ibid.*, p. 112)

Ocorre que, quando bem mais tarde mudamos o paradigma, apercebemo-nos que a anomalia desaparece no novo paradigma. É o que aconteceu com a anomalia da precessão do periélio de Mercúrio. A teoria da relatividade resolveu tal anomalia, sem que tenha sido concebida para esse propósito. É, simplesmente, uma de suas consequências, muito satisfatória para os criadores da teoria, que veem nisso, obviamente, um sinal de sua retidão.

Eis, portanto, os primeiros elementos da descrição de Kuhn: um paradigma se impõe quando as pessoas competentes aceitam um primeiro quadro, que fixa um programa de questões a serem resolvidas. O paradigma se reforça à medida que seus enigmas são resolvidos. Os enigmas recalcitrantes, chamados "anomalias", podem estar na origem de uma mudança de paradigma. Tais mudanças são nomeadas revoluções científicas. O termo, que faz pensar em uma crise política, permite destacar o fato de que, no momento em que se apresenta um contexto de revolução, os próprios especialistas se dividem. Dois grupos aparecem então: os defensores do antigo paradigma, ligados àquilo que esse paradigma abria como domínio de compreensão, reticentes em relação à ideia de mudar de paradigma, por verem nessa mudança mais inconvenientes do que vantagens; de outro lado, os defensores do novo paradigma, que insistem nas vantagens mais do que nos inconvenientes do novo quadro. Daí a impressão recorrente de ver se reencenarem regularmente, no curso da história das ciências, cenários do gênero "querela entre antigos e modernos", que parecem seguir um tipo de estereótipo. O paradigma abre, então, um modo de colocar os problemas. Nesse sentido, constitui o primeiro elemento estruturante de uma abordagem científica.

A princípio, a análise é conduzida ao nível da comunidade. O paradigma é uma noção que tem um sentido tanto para o pesquisador quanto para a comunidade: para o pesquisador, ele representa o estado do problema pelo qual se interessa; para a comunidade, ele representa o conjunto dos meios considerados válidos para fazer progredir esse estado do problema. Sendo assim, o paradigma estrutura as comunidades de duas maneiras: de um lado, canalizando o pensamento dos pesquisadores individuais em relação a certos problemas específicos (excluindo, a um só tempo, um grande número de outros problemas); de outro, criando procedimentos de validação aceitos pela comunidade. As duas coisas – problemas e tipo de soluções aceitáveis – conjugam-se e constituem o paradigma.

A história da teoria atômica, que seguimos anteriormente, oferece um bom exemplo de construção de um paradigma. A ideia de átomo remonta, como vimos, à Antiguidade grega. Entretanto, considerando o lugar em que foi deixada pela tradição filosófica, ela não constitui um paradigma, mas antes uma intuição sobre a estrutura do universo. Para que essa intuição se torne um paradigma, é preciso que um certo número de questões precisas comece a ser colocado: tamanho dos átomos, seu número em um dado volume, sua natureza, sua composição etc. É somente no momento em que começamos a especificar esses diversos pontos, com Dalton, que a teoria atômica se tornou um paradigma. Discutimos então o método que foi seguido para obter este ou aquele resultado, sua confiabilidade, e outros fatores. Isso não quer dizer, no entanto, que a teoria é imediatamente e unanimemente aceita. Ao contrário, muito tempo depois do surgimento do paradigma atômico, encontramos ainda cientistas muito competentes e bem informados sobre o estado do problema que contestam, vigorosamente inclusive, a existência dos átomos. Entretanto, nesse intervalo a teoria atômica foi detalhada, notadamente por Mendeleiev e sua tabela periódica dos elementos. Esses dados restam, no entanto, insuficientes aos olhos dos físicos mais céticos (vimos acima alguns exemplos). Nesse ínterim chegamos a um momento, por volta de 1913, em que a teoria atômica dispõe de um número tão importante de provas a seu favor que parece absurdo contestá-la. Além disso, seus principais adversários agora estão mortos (Berthelot em 1907 e Mach em 1916). A teoria atômica se torna, então, verdadeiramente um paradigma voltado à natureza da totalidade da matéria presente no universo.

Enquanto isso, trata-se ainda de apenas um estágio do desenvolvimento do conceito de átomo. Com efeito, dizer que existem átomos não diz ainda o que eles são. O primeiro modelo, proposto por Thomson, fornece uma representação que rapidamente vai parecer incapaz de dar conta de certos fenômenos observados. O mesmo acontece com o modelo de Rutherford, que respondia a várias das objeções que podíamos levantar diante do primeiro modelo. Por exemplo, por que um pedaço de zinco, que normalmente não emite nenhum elétron quando uma luz intensa é projetada sobre ele, passa a emiti-lo assim que projetamos uma luz ultravioleta, mesmo que pouco intensa? Esse fato pode parecer tão insignificante quanto o avanço do periélio de Mercúrio. Mas só uma concepção quântica do átomo, que encontramos pela primeira vez no modelo de Bohr, vai permitir dar conta de modo satisfatório desse fenômeno.

Kuhn explica que as razões que levam a passar de um paradigma a outro não são inteiramente racionais. Elas advêm, em parte, da confiança: da confiança que uma pessoa pode ter na capacidade de uma teoria de dizer o verdadeiro. Desse modo, destaca Kuhn, a ligação a uma teoria é tão afetiva quanto racional, o que explica os conflitos que acompanham a reviravolta de um paradigma em outro. Mudar de paradigma implica, na verdade, mudar de mundo. E Kuhn insiste nesse ponto. Os paradigmas são incomensuráveis, o que coloca imediatamente uma questão: se são incomensuráveis, se dois paradigmas sucessivos não podem ser "medidos" um pelo outro, se é ilusório querer ordená-los, em que medida podemos dizer que há "progresso" ao passar de um a outro?

Kuhn tinha mostrado, em seu estudo sobre Copérnico, que a física de Aristóteles possuía diversas vantagens sobre o modelo heliocêntrico, o qual podia parecer artificial, já que a física de Aristóteles tinha a seu favor a opinião geral. O mundo que essa física descrevia não era em nada "inferior" ao mundo copernicano, sublinhava Kuhn. É somente bem mais tarde que o segundo sistema vai parecer ter a seu favor a evidência da lógica. Mas esse sentimento de evidência provém do fato de que, nesse ínterim, nos habituamos a viver nesse novo sistema, que consequentemente se tornou familiar. Ora, essa sensação de familiaridade que mantemos com os quadros que formam nossos sistemas de pensamento constitui relações racionais? Seguramente não. O que assegura a perenidade de um paradigma não é racional e não pode então ser comparado ou mensurado com um novo sistema. É isso que Kuhn chama de incomensurabilidade dos paradigmas; é esse ponto que será o mais intensamente rebatido, pois Kuhn vai ser acusado de "transformar a ciência em um empreendimento irracional". Voltaremos a essa questão.

Mesmo a versão mais elaborada de Copérnico [mais elaborada do que aquela de Aristarco, que também propunha que o sistema planetário ao qual a Terra pertencia poderia ser heliocêntrico] não era nem mais simples nem mais acurada do que o sistema de Ptolomeu. As observações disponíveis, que serviam de testes, não forneciam (...) base suficiente para uma escolha entre essas teorias. (*Ibid.*, p. 104)

C – Psicologia

O interesse da obra de Kuhn reside também no fato de que ela reativa um debate filosófico muito antigo, já anunciado desde Platão. É a problemática da relação entre opinião e conhecimento. Entre nossos pensamentos, alguns são conhecimentos, como, por exemplo, se eu habito na Atenas de Platão, sei onde é a Ágora; outros são opiniões, como quando penso que Sócrates é culpado ou inocente. Platão e mesmo outros antes dele tinham constatado que essas duas formas de conhecimento não são facilmente distinguíveis. Com efeito, se eu penso que Sócrates é culpado, é porque acredito, com ou sem razão, que ele disse ou fez isto ou aquilo. Isso é um conhecimento do mesmo gênero que aquele que consiste em saber onde fica a Ágora. Porém, assim que julgo que Sócrates é culpado, eu faço algo mais: eu considero que aquilo que ele disse ou fez (ou que eu acredito que ele disse ou fez) apresenta certa gravidade, a qual constitui precisamente a culpabilidade atribuída, na minha opinião, à figura de Sócrates. Na opinião aparece, pois, um elemento que não estava presente no conhecimento. Esse elemento se assemelha a um julgamento de valor que é sentido mais do que verdadeiramente compreendido. Em outros termos, o conhecimento leva a fatos dos quais possuímos uma certa representação; a opinião leva a julgamentos que refletem valores, e não simplesmente fatos. Diante disso, a filosofia das ciências vai, de certa forma, reencontrar o domínio do qual havia se distanciado, aquele chamado por Husserl "o mundo da vida", domínio marcado por seu relativismo intrínseco.

A meditação de Kuhn conduz, em primeiro lugar, como vimos, à revolução copernicana. Mas, como ele próprio explicou em detalhes, essa reflexão começa com uma experiência pessoal marcante. Enquanto James

Connant, presidente da Universidade de Harvard na época, tinha lhe proposto apresentar uma introdução à história das ciências em um de seus cursos, Kuhn teve um tipo de revelação. A física de Aristóteles, com sua estrutura característica que descrevemos um pouco acima (uma física que distingue duas regiões no universo, que coloca a Terra em seu centro, que afirma que cada corpo possui um "lugar natural" etc.), tinha lhe parecido até então inexata, ingênua, incorreta, a ponto de a questão que lhe parecia pertinente naquele momento ser, sobretudo, saber como essa física tinha conquistado tanta autoridade durante muitos séculos. Essa física caduca vai lhe parecer, de repente, coerente. Por meio de uma conversão do olhar que o surpreendeu a si mesmo, ele se colocou na perspectiva de Aristóteles e sentiu o que essa perspectiva podia ter de convincente.

Kuhn vai buscar modelos dessa experiência de mudança de ponto de vista. Ele os encontrará no domínio da psicologia, principalmente com uma teoria que encontra suas raízes em Franz Brentano, a *Gestalt psychology*, a teoria da forma. Tal teoria se dedica a mostrar que nós ordenamos nossas percepções, atuais ou passadas, escolhendo-as nas "formas". Por exemplo, na atitude de um indivíduo, vemos coragem ou covardia. Nenhuma delas é um dado sensível; nenhum empirista jamais poderá mostrar a coragem e a covardia. Porém, assim que vemos no teatro ou no cinema tal ou qual personagem se comportar de tal ou qual maneira, vemos a coragem e a covardia se desenharem como formas mais ou menos acentuadas, conforme esses traços são sugeridos pelo autor, pelo diretor e pelo roteirista com mais ou menos exatidão. Na vida real, a situação é frequentemente mais complexa, pois nenhum diretor nos sugere a interpretação do que vemos: logo, não sabemos, na maioria das vezes, se tomamos partido da coragem ou da covardia, e sentimos que é nossa própria coragem e nossa própria covardia que estão em jogo nessa avaliação; mas a situação permanece globalmente semelhante.

Assim, dizem os psicólogos gestaltistas, os objetos nos aparecem não como são, mas, por assim dizer, vestidos com uma forma. Só percebemos a presença dessa vestimenta, experiência desorientadora, no momento em que as coisas mudam de aspecto para nós: a mesma realidade, as mesmas coisas vistas, as mesmas lembranças de uma pessoa, os mesmos "dados" fornecem agora uma significação diferente. Vemos a pessoa de outra forma. Nossos sentimentos a seu respeito também mudam, ao mesmo tempo. E essas mudanças são tão simultâneas que não sabemos sequer se nossos sentimentos mudaram porque vemos as coisas de outra forma, ou se vemos as coisas de outra forma porque nossos sentimentos mudaram.

Ora, essas mudanças de aspecto, que parecem estar reservadas ao mundo das avaliações humanas, são produzidas também nas ciências. O exame histórico do desenvolvimento das ciências realizado por Kuhn é uma prova. A figura do "pato-lebre" imaginada por Joseph Jastrow e apresentada em seu livro *Fact and fable in psychology*, publicado em 1898, vai servir para Kuhn de modelo de mudança de paradigma, de reviravolta de ponto de vista.

Figura 2: O "pato-lebre", segundo Jastrow

Essa imagem foi amplamente comentada por Wittgenstein em suas *Investigações filosóficas*. Todo o capítulo XI da segunda parte do livro é consagrado a essa figura e a outras análogas:

> Pode-se vê-la como cabeça de lebre ou cabeça de pato. E devo diferenciar entre a "visão permanente" de um aspecto e a "revelação" de um aspecto.

No caso de me mostrarem a figura, pode ocorrer que eu veja nela apenas e somente uma lebre. (...) alguém teria dito de mim: "Ele vê a figura como figura L". (...) Se tivesse dito "é uma lebre", a ambiguidade teria me escapado, e eu teria relatado a percepção. (...) "Vejo realmente *isto*, agora" poderia dizer (...) A expressão de uma mudança de aspecto é a expressão de uma *nova* percepção, ao mesmo tempo com a expressão da percepção inalterada. (...) Mas, porque ela é a descrição de uma percepção, pode-se chamá-la também de expressão de pensamento. (...) E por isso, a revelação do aspecto aparece entre vivência visual e pensamento. (...) uma fusão de ambos – como quase gostaria de dizer. (Wittgenstein 1999, pp. 178-181)

A figura pode ser vista tanto como uma lebre quanto como um pato: um mesmo traço, um mesmo desenho, uma mesma impressão visual, um mesmo efeito sensorial no qual percebemos tanto um galináceo quanto um lagomorfo (a *Gestalt psychology* é uma das principais críticas do behaviorismo, o qual costuma sublinhar suas relações com a filosofia empirista de um Locke ou de um Hume). O *gestalt switch* ou a mudança de ponto de vista se produz de modo brutal e guia ou provoca a convicção.

No decurso da revolução copernicana, acontece algo de análogo, explica Kuhn. Alguns percebem o interesse do novo ponto de vista e o adotam; outros não veem o interesse de uma mudança cujas consequências positivas não percebem; outros ainda resistem rigorosamente. A passagem de uma concepção aristotélica a uma copernicana do universo necessita de uma conversão que não pode ser obtida apenas por meio de argumentos. Assim como não podemos, por intermédio de argumentações, obter o afeto de alguém, não podemos, pelos raciocínios, convencer sobre a retidão do novo ponto de vista, que funciona como um todo, como um conjunto orgânico. Tal conjunto, que é a compreensão de um problema, é o paradigma.

Kuhn se apoia igualmente nos resultados da psicologia cognitiva, então nascente, cujas experiências marcantes ele cita. Desse modo, ele menciona, por exemplo, a experiência de Bruner e Postman, afirmando que ela mereceria ser mais conhecida pelos filósofos das ciências. Essa experiência tende a mostrar que só reconhecemos bem, na realidade, as coisas que esperamos ver. As coisas inesperadas, incongruentes, passam despercebidas, provocando perturbações quase sempre desagradáveis naquele que as descobre. Segundo Kuhn, o que foi identificado do funcionamento do espírito humano por esse tipo de experiência se aplica inteiramente à pesquisa científica. O pesquisador só vê o que o paradigma com o qual trabalha lhe permite ver. Ele tendencialmente negligencia o resto. Kuhn será, às vezes, reprovado por ter tomado como modelo da solução do problema epistemológico da adesão a uma nova verdade um resultado particular de um ramo da psicologia. Ela apresenta principalmente o inconveniente de tornar enigmática a noção de progresso.

D – O progresso das ciências

Como dar conta do progresso dos conhecimentos científicos, afirmando que ele está fundado sobre uma sucessão de concepções incomensuráveis entre si? Não teremos criado com isso uma dificuldade terrível? Não teremos apagado as distinções entre os conhecimentos científicos e aqueles que não o são? É isso que fez com que numerosos comentadores dissessem – em geral para deplorar, mas não sempre, como veremos com a sociologia das ciências – que a teoria de Kuhn era a porta aberta para uma nova forma de relativismo.

Se os paradigmas se sucedem no decorrer da história das ciências e se são incomensuráveis, isso significa que é impossível dizer quem tem razão entre duas pessoas com opiniões opostas. Ambas vivem simplesmente em paradigmas diferentes (em "mundos" diferentes, diz Kuhn). Sua tese mais diretamente ligada à sua experiência singular acerca da pertinência da física aristotélica é a ideia da incomensurabilidade dos paradigmas. Se há uma noção que está profundamente ancorada na própria ideia de ciência é a noção de "progresso". A ciência progride. Pode bem ser que aqui ou ali alguém tenha sustentado ideias errôneas; pode até ser que tais ideias tenham, por um tempo, convencido sobre sua retidão. Ainda assim, no geral, vemos se desenhar nas ciências um movimento de progresso característico. Ora, a incomensurabilidade dos paradigmas implica que

Filosofia das ciências | 213

não existe "progresso" real na passagem de uma forma de ver a outra, mas somente uma estruturação diferente do olhar. Essa incomensurabilidade aproxima a teoria de Kuhn a uma forma de relativismo. Tal filósofo, em suma, reenvia-nos à época em que Sócrates resumia Protágoras, dizendo que ele afirmava que cada um vê cada coisa segundo sua própria constituição. O frescor do vento só existe para aquele que o sente; e os argumentos daquele que acha, ao contrário, que o mesmo golpe de ar é quente têm poucas chances de convencer.

A ciência, desde suas origens, desde Platão, apresenta-se como oposta ao relativismo. É por excelência o discurso crítico, isto é, o discurso que "faz a separação" (crítica vem da raiz grega *krinein*: traçar uma linha, como traçar uma linha nos cabelos, reparti-los ao meio) e que está em condições de dizer, entre duas opiniões contraditórias, qual a verdadeira e qual a falsa. Se há algo que as teorias da ciência, seja o inducionismo, o positivismo, o determinismo, o refutacionismo, pareciam ter por certo era justamente o fato de que o debate entre objetivismo e relativismo poderia ser relegado, senão para fora do campo da cultura inteira (pois as discussões sobre o relativismo moral ou cultural continuavam durante todo esse período), ao menos para fora do campo da ciência e, consequentemente, da filosofia das ciências. A ciência estava para além dos valores. Ela não exprimia ou favorecia nem o bem nem o mal. Ela se interessava unicamente pelo que é, pelos fatos. Nada de valores nas ciências, logo, nada de relativismo. Assim, Kuhn pretendia reinstalar, por meio de um estudo histórico, o problema do relativismo no centro da ciência. No seio do conhecimento científico seriam realizados, como entre nações ou indivíduos, jogos de preferências individuais fundadas afetivamente, ou seja, arbitrárias do ponto de vista da racionalidade. Essas consequências das análises de Kuhn pareciam provocadoras a uns, reconfortantes a outros.

Provocadoras porque elas pareciam implicar que a verdade científica não era diferente das outras verdades (estética, moral ou política). A extraterritorialidade cultural da ciência, seu caráter de exceção não tinha sido jamais contestado até então e não parecia dever sê-lo. Desse ponto de vista, a obra de Kuhn pareceu ela própria uma revolução.

Reconfortantes pelas mesmas razões. Aqueles que viam com maus olhos essa extraterritorialidade da ciência, seu modo de desenvolver verdades universais, de impô-las, vão recolher na obra de Kuhn as razões para reintroduzir a ciência no jogo polêmico dos conflitos políticos. A ciência não é mais o saber que proclama a verdade contra os discursos da tradição. Ela expõe uma verdade dentre outras, uma verdade que, sendo assim, não pode mais justificar as prerrogativas particulares de que usufruía até então. Não é, portanto, apenas o termo "paradigma" empregado por Kuhn que remonta a Platão, mas também, e talvez, sobretudo, a problemática da relatividade dos conhecimentos e da relação entre ciência e valor.

Depois do estabelecimento do primeiro paradigma, os membros da comunidade científica são progressivamente convencidos de sua retidão pela fecundidade das questões que ele permite colocar. Dificuldades se acumulam. Um outro paradigma lhe sucede, e assim por diante. Nesse processo, as razões para crer no novo paradigma se reúnem repentinamente. Não há, portanto, hipótese e refutação, como muito idealmente presumia Popper. Há, sobretudo, hipótese seguida de busca por adesão. É apenas porque um número suficiente de pessoas começa a crer em uma hipótese que esta se torna científica. Uma história das ciências em conformidade com a teoria de Popper pareceria uma série ordenada de hipóteses produzidas por indivíduos mais ou menos inspirados, seguidas de experiências realizadas com o intuito de ouvir a seu respeito o "veredicto da natureza". Mas a história das ciências raramente tem esse aspecto. É apenas compondo reconstruções racionais, tão artificiais quanto didáticas, que chegaremos a mostrar a evolução das ideias sob um ângulo tão ideal. Se, empregando os métodos do historiador, nós nos ligamos àquilo que realmente permitiu que uma teoria se desenvolvesse, vemos imediatamente contradições surgirem em relação ao esquema de Popper. Assim, tudo ocorre como se Kuhn confrontasse Popper com a história real das ciências. Ele mostra que essa história não é constituída da forma linear e racional que teria conseguido deixar prever a tese hipotético-dedutivista.

Portanto, não é nem um pouco surpreendente que tenhamos frequentemente aproximado a obra de Kuhn da de Bachelard. De modo mais geral, podemos revelar uma afinidade entre as teses de Kuhn e aquelas da escola dita francesa de filosofia das ciências: Alexandre Koyré, Georges Canguilhem e Michel Foucault, para nomear os mais citados dentre eles. Cada um tem seus temas e seu período de predileção. Seu ponto comum reside, sem dúvida, em uma forma de antipositivismo. Falando de Popper, evocamos seu não positivismo; no caso de Kuhn, é preciso falar de um antipositivismo, de uma reviravolta do positivismo, pois a incomensurabilidade dos paradigmas não é nada mais do que a inversão da tese central do positivismo, segundo a qual, lembremos, é possível colocar em evidência uma hierarquia dos "métodos de filosofar". A incomensurabilidade dos paradigmas é a afirmação segundo a qual um paradigma vale tanto quanto outro. Se essa tese provém, na origem, dos estudos históricos, volta-se também à história, desembocando em uma concepção descontinuista da história das ciências. Em uma concepção descontinuista, distinguimos períodos históricos, dando destaque às diferentes formas de ver que caracterizam esses períodos. Consta que essa concepção foi, independentemente de Kuhn, amplamente trabalhada na França.

A escola francesa de filosofia das ciências

Vemos que com Kuhn se desenvolve, entre as duas correntes dominantes da filosofia do século XX (a fenomenologia e a filosofia analítica), uma corrente que poderíamos nomear de epistemologia histórica. Ela se caracteriza especialmente por uma tese descontinuista na história das ciências. Essa tese é ilustrada em Bachelard pela noção de "obstáculo epistemológico"; em Koyré por seus estudos sobre o vai e vem entre duas concepções do mundo, em *Do mundo fechado ao universo infinito*; em Canguilhem, em seus estudos históricos sobre o conceito de reflexo, em que ele mostra o quanto é falsa a ideia de que as filosofias mais fecundas, mais promissoras, conduzem às descobertas mais frutuosas; em Foucault, que, para qualificar suas próprias concepções da história das ideias, vai propor a noção de *épistémê*; noção mais ampla do que a

216 | Papirus Editora

de paradigma, pois cobre toda uma época e, sobretudo, visa descrever as relações entre os saberes e as práticas que surgem no curso de um dado período histórico.

Essa corrente de pensamento apresenta a particularidade de misturar história e filosofia. É o que já fazia Nicolas de Condorcet (1743-1794) em *Esboço de um quadro histórico dos progressos do espírito humano* (1793). É também o que fez Comte, que vai tomar essa obra de Condorcet como modelo – segundo suas próprias declarações, seu único modelo – em *Curso de filosofia positiva*, em que define, como vimos, "épocas" de inteligência. Mais tarde, no final do século XIX, Antoine Augustin Cournot (1801-1877) vai retomar essa vertente de história filosófica em suas *Considérations sur la marche des idées et des événements dans les temps modernes,* publicado em 1872, o mesmo ano em que Nietzsche publica *O nascimento da tragédia*. Com Condorcet, Comte e Cournot, um certo estilo de argumentação nasce, assim como uma certa problemática muito próxima daquilo que Arthur Lovejoy, em *A grande cadeia do ser* (1934), vai chamar de "história das ideias". Poincaré, Duhem, Meyerson, Brunschvig, Bachelard, com todas as diferenças que marcam suas interpretações, herdam esse mesmo estilo.[4]

Mas é certamente Bachelard (1884-1962) que mais claramente deixou transparecer os traços específicos desse estilo, transformando em uma escola de pensamento aquilo que, até então, era apenas uma tendência. Tendo nascido em Bar-sur-Aube, ele vai se tornar, depois da Primeira Guerra Mundial, professor de física. Mas sua paixão pelo ensino vai se tornar rapidamente uma paixão pela pedagogia, e esta logo se modifica em uma paixão pela filosofia: o que significa compreender? O que significa não compreender? O que significa fazer compreender? Bachelard se engaja em uma tese de filosofia, que dá origem à publicação de seu primeiro livro, intitulado *Ensaio sobre o conhecimento aproximado* (1927).

Também é possível que a polarização do campo filosófico entre fenomenologia e filosofia analítica tenha contribuído para a aparição de

---

4. Ver a esse respeito o livro de Brenner 2003.

uma corrente que não desejava ser nem uma nem outra; nem fundada sobre a ciência, nem hostil à ciência. Bachelard, em todo caso, vai dirigir sua reflexão, sobretudo a partir de seu livro *A formação do espírito científico* (1938), não apenas às considerações filosóficas envolvendo a natureza da verdade, mas também à consideração das imagens, de seu valor subjetivo. Conhecer as razões da transparência do ar aos raios solares não impede de experimentar a calma e a limpidez de uma noite de verão sob o pergolado de um jardim. Mas, ao mesmo tempo, essa sedução da imagem é obstáculo. Bachelard mostra isso principalmente com base em estudos realizados sobre textos de físicos do século XVIII. Ele mostra a maneira pela qual esses físicos persistem em seus erros. Pensando como Comte, que estabelecia uma ligação entre a psicologia individual e a história geral das ideias (vimos que a lei dos três estados se declina histórica e psicologicamente), Bachelard mostra que esses obstáculos se encontram não apenas na experiência pessoal dos indivíduos, sob a forma de adesão a modos sedutores e primitivos de compreensão, mas também ao longo de toda a história das ciências. O flogisto, por exemplo, com a sedução que é própria a esse conceito, bloqueou o acesso a considerações mais bem construídas conceitualmente.

A formação do espírito científico expõe, além da noção de espírito científico, uma outra que lhe é solidária e que permaneceu uma das marcas mais características do pensamento de Bachelard: a noção de obstáculo epistemológico. Eis aqui a primeira frase do livro: "Quando se procuram as condições psicológicas do progresso da ciência, logo se chega à convicção de que *é em termos de obstáculos que o problema do conhecimento científico deve ser colocado*" (Bachelard 1996, p. 17). E, um pouco adiante, Bachelard explica que é no próprio ato de conhecer que surgem, por uma espécie de necessidades funcionais, lentidões e problemas. Não há qualquer dúvida de que as ideias que aqui se esboçam tenham longamente sido nutridas pela experiência de ensino de Bachelard. Mas elas também são, certamente, fruto de suas leituras filosóficas, em particular aquelas de Nietzsche. Desse autor Bachelard reteve não apenas o interesse pela verdade, o que é clássico no campo que começamos então a chamar "epistemologia", mas também pelo erro, pelo erro durável, argumentado, estruturado; erro que podemos conceber tendo razões de ser e que é diferente da simples fidelidade cega a uma tradição (concepção um pouco simples do erro, que veiculavam as Luzes, com ardor).

Há, portanto, erros de outro gênero, erros funcionais, compreensíveis. Poderíamos quase dizer: erros verdadeiros. Entretanto, tomados no movimento geral do progresso da ciência, eles significam lentidão. Criticando de forma oblíqua e sem nomear os dogmas do empirismo, Bachelard destaca que o espírito que conhece nunca é jovem diante do conhecimento, nunca é virgem. A página branca de Locke é uma ficção que torna incompreensível um fato notório – o espírito começa repleto de seus próprios preconceitos: "Quando o espírito se apresenta à cultura científica, nunca é jovem. Aliás, é bem velho, porque tem a idade de seus preconceitos. Aceder à ciência é rejuvenescer espiritualmente, é aceitar uma brusca mutação que contradiz o passado" (*ibid.*, p. 18).

Longe de considerar, como Heidegger, que "a ciência não pensa" (e com essa fórmula anunciamos o comentário que vai ser apresentado no fim deste livro), para Bachelard é o contrário, é a opinião, que se opõe à ciência, que não pensa. O espírito, com efeito, começa tendo opiniões. É por meio de um trabalho de crítica de suas próprias opiniões que ele chega ao conhecimento, que é, por consequência, sempre uma opinião retificada: "A ciência (...) opõe-se absolutamente à opinião. (...) de modo que a opinião está, de direito, sempre errada. A opinião *pensa* mal; não *pensa*" (*ibid.*).

Essa filosofia das ciências se apoia quase exclusivamente, e de modo bastante clássico, sobre as ciências da matéria. As ciências da vida não são aí trabalhadas. Mas Canguilhem, aluno de Émile Chartier (Alain), vai se interessar quase exclusivamente pelas ciências da vida. Depois de estudos de filosofia, ele vai empreender um *cursus* completo de estudos médicos, seguindo assim a recomendação de Bachelard, que pretendia filosofar por intermédio do próprio contato com os cientistas em atividade. Ele vai colocar em destaque especialmente a não indiferença dos seres vivos às condições que lhes são dadas, também reencontrando uma das teses mais importantes da filosofia de Nietzsche, e reforçando, desse modo, sua proximidade filosófica com Bachelard.

Aluno de Canguilhem, Foucault (1926-1984) vai se interessar mais especialmente pelas ciências humanas, também insistindo sobre o caráter historicamente marcado das formas da racionalidade. Inicialmente ele vai fazer isso examinando o conceito de loucura. O que chamamos de loucura? Foucault mostra que não faria nenhum sentido colocar essa questão em absoluto, como fazemos quando encontramos uma definição em um dicionário. Mas, em cada época – ao menos naquelas que são acessíveis por documentos – algo é definido, olhado, tratado, compreendido e visto como um desvio. As explicações desses desvios fazem saltar os movimentos daquilo que Foucault vai chamar a *épistémê* (forma de pensar de uma época). Ele insiste, assim, sobre um ponto que não era tão desenvolvido em seus antecessores: as conexões entre os saberes e a forma pela qual eles se exercem, ou seja, os poderes. Também aí aflora a referência a Nietzsche e à sua *Genealogia da moral*.

Na mesma época, Louis Althusser (1918-1990), na Escola Normal da rua Ulm, desenvolve um tema de uma lucidez penetrante, elaborando o conceito de "filosofia espontânea dos cientistas". Os cientistas, explica ele, fabricam a filosofia, como bem sublinhou Bachelard, mas sem o saber (ao estilo do Monsieur Jourdain fazendo prosa).* Eles não notam essas operações filosóficas, que, no entanto, são o produto de seu trabalho, totalmente espontâneo. A análise de Althusser se volta, então, à estrutura dessa "filosofia espontânea".

Gilles Deleuze mostrou, em sábias análises, os benefícios que poderiam ser extraídos dessas abordagens. Aluno, ao mesmo tempo, de Canguilhem e de Althusser, Dominique Lecourt consagrou uma biografia ao primeiro e dirigiu dois dicionários críticos, sobre a ciência e sobre o pensamento médico. Outros se interessaram mais especificamente pelas questões biológicas mais fundamentais. Foi o que fez François Dagognet

---

* Referência ao personagem de Molière, apresentado na peça *O cavalheiro burguês,* encenada em 1670 na corte de Luís XIV. O burguês Jourdain, com pretensões de se tornar um aristocrata, decide, dentre outras medidas, tomar aula de filosofia e, ao final, em uma cena célebre, surpreende-se com a descoberta de que havia falado em prosa durante toda sua vida sem o perceber. [N.T.]

em *La raison et les remèdes*, obra em que analisa a racionalidade da intervenção terapêutica. Mais tarde, Jean Gayon interessou-se, sobretudo, pela teoria da evolução, por meio da obra de Darwin, mas também de trabalhos mais recentes sobre a genética das populações. Anne Fagot-Largeault, médica, psiquiatra e professora no Collège de France, engajou-se em um trabalho de crítica cerrada à atividade médica. Gilbert Simondon interessou-se pela individuação e pelo papel dos instrumentos nesse processo. Sua obra é objeto de estudos críticos que, nos últimos anos, multiplicaram-se: Bernard Stiegler faz parte de seus comentadores, assim como Vincent Bontemps, Jean-Hugues Barthélémy e Jean-Yves Château.

Encontramos também Michel Serres e sua aluna Bernadette Bensaude-Vincent, que se interessou particularmente pela química; Annie Petit, especialista em Comte; Anastasios Brenner, especialista da tradição francesa de filosofia das ciências; François Delaporte, que conduziu sábios estudos mesclando análise histórica e reflexão filosófica sobre a cólera; no campo da história das ideias, convém também mencionar os trabalhos de Jean-François Braunstein sobre Broussais, o de Jean-Jacques Szczeciniarz sobre Copérnico e os de Claude Debru sobre a biologia. O impulso dado pela abordagem de epistemologia histórica continua a produzir seus frutos e obras. Uma corrente de filosofia analítica também se desenvolveu na França com Jules Villemin, Gilles Gaston Danger, Jacques Bouveresse, Joëlle Proust e Pascal Engel.

A sociologia das ciências

Até a Segunda Guerra Mundial, a ciência já se desenvolvia, mas não era ainda uma atividade de massa. Com o fim da guerra, os Estados não podiam senão constatar a importância que o domínio de certos campos do saber, principalmente aqueles relacionados à física nuclear, havia tido durante o conflito. A ciência vai se tornar um elemento essencial da independência das nações. Ela vai se organizar, em parte, dali em diante, para responder a essas exigências. Ao mesmo tempo, os comentadores

Filosofia das ciências | 221

da ciência vão se interessar cada vez mais pela maneira com que ela se realiza concretamente. Veremos surgir as primeiras reflexões que tratam não mais da forma de descobrir, de testar teorias, mas da forma com que são organizados os trabalhos que levam a elaborar essas teorias. A ciência se tornou, desse modo, uma atividade suficientemente complexa, ao mesmo tempo autônoma (pois a liberdade da pesquisa é essencial para a descoberta de aspectos ainda desconhecidos do funcionamento da natureza) e implicada nos interesses dos Estados (na medida em que os ecos de suas descobertas podem ser decisivos para a prosperidade e até para a sobrevivência dos Estados em questão). Tudo isso contribui para o aparecimento da sociologia das ciências. Robert King Merton (1910-2003) foi o pioneiro dessa disciplina, cujos signos anunciadores encontramos em pensadores como Weber (ver, por exemplo, *O político e o cientista*). Merton não é apenas o pensador da "profecia autorrealizável", tema que desenvolve em um livro publicado em 1949, *Sociologia: Teoria e estrutura*; é também o autor de *The normative structure of science*, publicado em 1942 e considerado o primeiro livro de sociologia das ciências. Para ele, trata-se de compreender o modo com que os atores da ciência se inscrevem no meio que lhes é próprio.

Kuhn, historiador e filósofo das ciências, vai desempenhar um papel essencial na evolução dessa disciplina em direção a uma nova forma de sociologia das ciências. Vimos que sua obra pode ser interpretada como retomada de uma forma de relativismo (ainda que ele mesmo tenha sempre se defendido dessa interpretação). Mas suas preferências a respeito do modo com que sua obra deve ser compreendida e interpretada não vão impedir que uma sociologia relativista das ciências se desenvolva na década de 1970.

Na Universidade de Edimburgo, David Bloor e Barry Barnes elaboram o que eles chamam de "o programa forte" em sociologia das ciências, que vai tratar, de forma idêntica, aqueles que estiveram na origem de uma descoberta e aqueles que lhe opuseram argumentos críticos e céticos. A ideia é mostrar que são causas sociais, mais do que causas teóricas, que estão na origem do fato de que os argumentos de alguns são declarados "verdadeiros". A sociologia relativista das ciências vai

222 | Papirus Editora

insistir, evocando Kuhn, na continuidade entre o conhecimento comum e o conhecimento científico. Prolongando o programa forte, na Universidade de Bath (próximo a Bristol na Inglaterra), Harry Collins desenvolveu um programa de estudo das controvérsias científicas. Já que não existe experiência crucial que permita desfazer uma controvérsia (esta é a tese Duhem-Quine, expressa principalmente no texto de Quine intitulado *Dois dogmas do empirismo*), é preciso pesquisar dentre os mecanismos sociais o processo que vai levar à imposição de uma interpretação única. A negociação acontece no centro de um pequeno grupo de especialistas, cujas conclusões vão ser aceitas pelos outros cientistas. Tal negociação geralmente assume o aspecto de uma "controvérsia".

De fato, a história das ciências é semeada de controvérsias entre campos adversos que pensam deter a verdade sobre um ponto particular de explicação. Por exemplo, a controvérsia sobre a natureza do vazio entre Hobbes e Boyle no século XVII, estudada por Steven Shapin e Simon Shaffer; a controvérsia sobre a geração espontânea entre Louis Pasteur e Félix Pouchet, estudada por Bruno Latour, entre outras. A análise clássica dessas controvérsias consistia em explicar por que aquele que tinha tido razão tinha efetivamente razão (sublinhando os motivos racionais que sustentavam sua opinião) e por que aquele que estava errado estava realmente errado (sublinhando eventualmente o que sua opinião podia ter de irracional). A suspeita dos sociólogos das ciências é que essa forma de narrar a resolução de uma controvérsia mascara uma reconstrução racional. Da mesma forma que Kuhn esperava que a análise histórica revelasse os preconceitos da história das ciências tradicional, os sociólogos das ciências esperam que o estudo das controvérsias revele a dinâmica verdadeira da evolução dos saberes. Sendo assim, eles estimam dever seguir regras de análise que foram apresentadas por David Bloor no quadro do "programa forte", que se resumem a quatro pontos:

1. Causalidade: o programa forte estuda as condições psicológicas, sociais e culturais que estão na origem dos conhecimentos científicos;

2. Imparcialidade: o programa forte estuda, da mesma maneira, os fracassos ou os sucessos, sem privilegiar a análise de uns a despeito dos outros;

3. Simetria: o programa forte recorre ao mesmo tipo de explicações para analisar os fracassos;

4. Reflexividade: o programa forte deve ser aplicado a si mesmo.

A partir de Bloor, seguir essa metodologia deve permitir restituir a verdadeira significação de uma controvérsia e revelar a dinâmica social da atividade científica sob sua aparente dinâmica racional. Dispomos hoje de numerosos estudos de controvérsias que balizam bem o domínio que permite abordar esse método. Tais estudos acabam frequentemente por mostrar que quem estava errado, considerando a controvérsia tal como ela pode ser julgada com base em sua solução, não foi propriamente refutado, mas antes desacreditado (exatamente como na vida pública ou na vida política).

Bruno Latour mostra assim, no caso da controvérsia entre Pasteur e Pouchet, que a posição central de Pasteur – notadamente seu lugar na Academia das ciências – e, ao inverso, a posição periférica de Pouchet – professor em uma academia de província (Rouen) – fazem com que, de partida, a relação dos dois homens esteja desequilibrada. Assim que nos vinculamos unicamente aos argumentos racionais, logo constatamos que eles são notoriamente insuficientes para solucionar a controvérsia, o que sugere que os argumentos respaldados pelo prestígio social dos protagonistas (argumentos que, no entanto, nada têm de científicos) desempenham seu papel na decisão do debate.

Essas análises, levadas ao extremo, conduzem à afirmação de que as verdades da ciência são apenas a expressão da relação de forças entre seus atores. A maioria dos sociólogos da ciência recua diante de tal interpretação, um pouco como Kuhn tinha recuado diante da ideia de que as consequências de sua doutrina eram um relativismo cognitivo. Entretanto, certos sociólogos das ciências tentam manter uma posição equilibrada, na qual os atores e sua situação no meio social são levados em conta da mesma forma que as próprias coisas, com suas propriedades particulares e os resultados de experiências. A relação de força se torna, então, uma relação que leva em conta "alianças" que os homens estabelecem com as coisas, alianças destinadas a aumentar o peso de seus argumentos.

Latour é certamente aquele que foi mais longe na elaboração dessa posição que tenta manter as aquisições da sociologia relativista das ciências, evitando completamente as aporias às quais conduzem suas consequências. Ele primeiramente desenvolveu, no livro *A vida de laboratório: A produção dos fatos científicos* (publicado inicialmente em inglês, *Laboratory life: The social construction of scientific facts*), escrito com Steve Woolgar, uma abordagem original de "antropologia de laboratório". Mas é principalmente em seu livro *Ciência em ação* (também publicado primeiramente em inglês) que ele desenvolve seu discurso teórico em favor de uma sociologia das ciências que teria aprendido a contornar o problema colocado pela interpretação da produção das verdades científicas enquanto puras relações de força.

Explica Latour que o que os cientistas chamam de "fatos" são, na verdade, os aliados que encontram na natureza para sustentar suas interpretações. Eles também têm adversários: seus colegas que, por profissão (logo, quase deontologicamente), mostram-se céticos e difíceis de convencer. Todavia, uma vez convencidos, a questão para de ser retomada e se torna uma "caixa-preta", isto é, uma ideia aceita, sem que se pense haver necessidade de questionar novamente sobre as formas com que ela se constituiu. Um exemplo disso é a estrutura em dupla hélice do DNA. Durante certo tempo, Watson e Crick tiveram de convencer seus colegas e a si mesmos da retidão de seu modelo. Uma vez que o ponto de convencimento foi atingido, o valor do modelo da dupla hélice foi admitido sem mais discussão: o DNA se tornou a "caixa-preta" no momento em que sua estrutura foi reconhecida por todos. Dali em diante, todos dizem: "é assim, o DNA é uma dupla hélice". Os debates sobre os argumentos que permitiam estabelecer esse ponto são, dali em diante, enclausurados na "caixa-preta", que não será mais reaberta posteriormente. Logo, é preciso se interessar, segundo Latour, não apenas pela maneira como se estabelecem e se resolvem as controvérsias, mas também pela maneira como seu resultado nos é transmitido.

Afinal, a "caixa-preta" que representa essa estrutura em dupla hélice pode, por sua vez, servir de aliada a outros pesquisadores, preocupados com outras questões. Assim, as "caixas-pretas", resultados de antigas alianças, podem servir para criar novas alianças. Por exemplo, demonstraremos tal propriedade do DNA tomando por certo o fato de que sua estrutura é uma dupla hélice. Desse modo, a ciência é pensada como um jogo de relações de forças em que são postas à prova as ligações entre homens e coisas: "Não há de um lado o saber e de outro a sociedade. Há inúmeras tentativas de força no curso das quais a solidez ou a fraqueza das ligações se revela".

Essa formalização teórica não evita completamente as aporias do relativismo radical, às quais o "programa forte" da sociologia das ciências conduzia, mas testemunha, ao menos, uma tentativa de se afastar dessas aporias.

A ciência não pensa

Para encerrar, como anunciamos diversas vezes, falaremos de um dos julgamentos mais estrondosos já formulados no século XX a respeito da ciência: "a ciência não pensa". O que Heidegger quis dizer com essa expressão não está claro de imediato. À primeira vista, a ideia que se apresenta é uma crítica radical à ciência. Porém, algumas declarações de Heidegger incitam a pensar que as coisas não são tão simples. Em seu curso "O que quer dizer pensar?", ele diz que "as ciências são algo de positivamente essencial". Além disso, sua tese de habilitação, direcionada, em parte, ao conceito de tempo na física, e seus cursos de 1935-1936 sobre Galileu, Newton e Descartes mostram com evidência que seu julgamento sobre a ciência não se resume a um desdenhoso desinteresse.

Em uma conferência proferida em 1949, Heidegger lança a fórmula acima, que vai ser vigorosamente criticada em seguida. Esta é a passagem:

A razão disso é que a ciência não pensa. Ela não pensa porque, segundo o modo de seu procedimento e de seus recursos, ela jamais pode pensar – a saber, pensar segundo o modo dos pensadores. Que a ciência, porém, não possa *pensar*, isso não é uma deficiência e sim uma vantagem. Somente esta vantagem assegura à ciência a possibilidade de, segundo o modo de pesquisa, introduzir-se num determinado domínio de objetos e aí instalar-se. A ciência não pensa. Esta é uma afirmação que escandaliza a representação habitual. Deixemos à frase seu caráter escandaloso, mesmo quando a esta segue-se uma outra, segundo a qual a ciência, tal como todo fazer e desfazer do homem, seria orientada pelo pensamento. A relação entre pensamento e ciência só se mostra autêntica e frutífera quando se torna visível o abismo que há entre as ciências e o pensamento – na verdade, quando este abismo se revela instransponível. Das ciências para o pensamento não há nenhuma ponte, mas somente salto. (Heidegger 2001, p. 115)

Recordemo-nos do que foi dito anteriormente, quando comentamos a noção de determinismo de Bernard. Esse autor afirma que o cientista deve duvidar de tudo, exceto do princípio sem o qual ciência nenhuma seria possível. Princípio fundador, que evita, segundo Bernard, que o pensamento seja exposto ao abismo que poderia se abrir diante dele, se colocasse em dúvida tal princípio. O pensamento deve fazer um primeiro salto para transpor o abismo – mesmo se, nos fatos, esse salto seja executado tão naturalmente que se deva tentar evitá-lo, mais do que se esforçar para empreendê-lo. "A ciência não pensa" quer dizer: a ciência não pensa no salto que ela executa para se constituir como ciência. Uma vez efetuado o salto (e, consequentemente, apagada a dúvida sobre a constituição da natureza), ainda resta obviamente tudo a ser feito para elaborar efetivamente uma ciência, e, sem dúvida, o que resta a fazer requer uma miríade de operações de pensamento que são justamente os signos de que a ciência é um produto do pensamento humano. É evidente que, ao mesmo tempo, todas essas operações são efetuadas sem que seja colocada em dúvida a validade do salto inicial (que significa, vale repetir, na linguagem de Heidegger, supressão da dúvida). Ou, antes, sem que esse salto seja sequer percebido. O início do pensamento científico supõe uma confiança em um princípio de explicação questionado pelo metafísico.

Em outra ocasião, o próprio Heidegger vai especificá-lo:

E essa sentença: a ciência não pensa, que causou tanto alvoroço quando a pronunciei no contexto de uma conferência em Freiburg, significa: *a ciência* não se move *na dimensão da filosofia.* Mas, sem o saber, ela se *enraíza* nessa dimensão.

Por exemplo: a física se move no espaço, no tempo e no movimento. A ciência como ciência não pode decidir o que é o movimento, o espaço, o tempo. A ciência não *pensa,* ela não pode mesmo pensar *nesse* sentido com seus métodos. Eu não posso dizer, por exemplo, com os métodos da física, o que é a física. Eu só posso pensar o que é a física na forma de uma interrogação filosófica. A sentença: a ciência não pensa, não é uma *repreensão,* mas uma simples *constatação* da estrutura interna da ciência; é próprio de sua essência que, de uma parte, ela dependa do que a filosofia pensa, mas que, de outra parte, ela esqueça e negligencie o que *aí* exige ser pensado.*

Não meditando sobre seus fundamentos, a ciência não tem em vista seus efeitos. Ora, seus efeitos não são nem um pouco negligenciáveis para a vida humana, e são chamados de "técnica" por Heidegger. A ciência tem por efeito a técnica; e a técnica, por sua vez, em sua essência, é monopolização do mundo, pois permite se apropriar dele, formá-lo, modificá-lo. A essência predadora da ciência, de se apropriar da natureza das coisas, compreendendo-as inteiramente, encontra-se na técnica e se torna, por meio dela, um operador de mudanças no ambiente humano.

Portanto, é claramente porque a ciência muda o ambiente humano por intermédio da técnica que Heidegger lhe direcionou uma crítica tão mal compreendida. A ciência modifica, de modo irreversível, o quadro de vida do homem, introduzindo-lhe um número cada vez maior de objetos

---

* Entrevista concedida por Martin Heidegger ao professor Richard Wisser (1969) e transmitida pelo canal 2 da televisão alemã, Z.D.F., por ocasião do octogésimo aniversário do filósofo; publicada na tradução francesa em *Cahiers de l'Herne,* Paris: Editions de l'Herne, em 1983, e em português, com tradução de Antonio Abranches, em *O que nos faz pensar,* Cadernos do Departamento de Filosofia da PUC-Rio, n. 10, v. 1, out./1996. [N.T.]

técnicos. Assim, a abordagem científica, que quer se desnudar de qualquer partidarismo, que até se vangloria de uma aposentadoria ou uma abstenção em relação aos valores, como vimos, iria se transformar finalmente em uma abordagem que impõe valores da forma mais intransigente. A ciência se proclama neutra. O cientista não se questiona se a lei da gravitação é boa ou ruim, se a eletricidade tem ou não valor, se as leis da desintegração atômica são justas ou injustas: ele se contenta com o conhecimento dessas leis. Quando, conhecendo-as, ele constrói uma arma atômica e emprega sua potência aterrorizante para destruir seres humanos, a ciência intervém, no entanto, no mundo dos valores humanos.

Esse é o paradoxo da técnica: a neutralidade na abordagem do conhecimento não implica a neutralidade dos resultados dessa abordagem. E essa é a crítica de Heidegger. "A ciência não pensa" significa, portanto, que a ciência não pensa em suas próprias consequências. Isso não é uma crítica endereçada à ciência, é a constatação de um fato. A ciência não apenas não pensa em suas consequências, mas também, para continuar, para progredir, para avançar, ela deve se abster de pensá-las. É um paradoxo profundo e real que foi simplesmente expresso de modo um tanto provocador por Heidegger. A análise é exata, mas a formulação que lhe foi dada deixa entender que o autor desvaloriza o pensamento científico, causando um mal-entendido.

Para esclarecê-lo, é melhor começar sublinhando a diferença entre um objeto técnico e um objeto científico-técnico, partindo de um problema concreto e vislumbrando as diferentes maneiras pelas quais podemos respondê-lo. Tomemos, então, o problema da luz. Não a questão de saber o que é a luz ou como fazemos a experiência, mas de saber como produzimos luz artificial. Um dos meios de produzi-la é fazer uso de braseiros, lanternas, tochas, candeias ou velas. Consideremos este último caso: a luz artificial é produzida por um fogo alimentado em um regime regulado pela combustão de uma matéria que, por capilaridade, sobe em um pavio, em geral composto de tecido, mergulhado em um bloco de cera. Trata-se, assim que o imaginamos, de um dispositivo astucioso: a cera apresenta a particularidade de ser uma matéria sólida na temperatura ambiente, mas

Filosofia das ciências | 229

é suscetível de passar ao estado líquido se elevamos a temperatura em alguns graus. Nesse estado ela pode, como qualquer líquido, infiltrar-se por capilaridade nas finas sinuosidades de um fio de tecido. Se esse fio está em chamas, a cera líquida vai servir de combustível para a manutenção do fogo. A chama que produz a luz artificial produz também o calor que funde a cera. Mas a cera é, ao mesmo tempo, um material isolante; logo, o calor não se propaga em todo o conjunto do dispositivo e apenas a região do bloco de cera próxima à chama passa ao estado líquido. O conjunto é extremamente engenhoso. E, se fosse necessário concebê-lo de forma puramente teórica, se fosse necessário descrever o conjunto das circunstâncias que permitem que uma vela seja uma fonte de luz artificial, precisaríamos de longas e complexas explicações. Todavia, as velas não foram concebidas assim, mas de uma forma bem mais intuitiva. Percebeu-se que funcionavam bem e o procedimento foi estabelecido. A vela é um objeto técnico, fabricado antes mesmo de ser realmente compreendido. Percebeu-se sua utilidade sem que se compreendesse o que está em jogo nessa utilidade.

Max Weber destacava, em *O político e o cientista,* que, se cada um de nós pode tomar um trem e se beneficiar com as facilidades de transporte, seria necessário que cada um soubesse como o trem funciona, ainda que de maneira aproximativa. Podemos dizer o mesmo da vela. O objeto é familiar, mas não é menos misterioso no processo que põe em jogo do que o trem. Entretanto, temos a tendência de considerar que a vela não é, propriamente falando, um objeto técnico; temos a tendência de ver nela qualquer coisa de natural. Por quê? Justamente porque o objeto foi concebido sem o recurso à teoria. A lâmpada elétrica não poderia jamais ter sido concebida sem uma teoria. Seria preciso primeiramente, para que fosse apenas imaginada, uma teoria da eletricidade e, em seguida, a astúcia do engenheiro que, entrevendo um novo meio de resolver o problema da luz artificial, se aplicaria sobre essa teoria.

Há entre esses dois objetos, a vela e a lâmpada elétrica, semelhanças, como resolver um certo problema relacionado às condições de existência do homem, dotado de órgãos não autônomos (ao contrário do morcego, por exemplo, que emite por si mesmo sinais que capta, em seguida, para tirar informações sobre o mundo que o circunda). Mas há também uma grande diferença: a lâmpada é uma astúcia de engenheiro concebida com base em uma teoria, enquanto a vela é, sem dúvida, uma ideia astuciosa, porém concebida sem teoria. O objeto técnico é caracterizado pela astúcia empregada para sua realização. Ser astucioso é descobrir um meio original de resolver determinado problema. O homem é, por natureza, astucioso. A vida é astuciosa também. E o homem, em certo sentido, prolonga essa astúcia geral da natureza que chamamos de vida. O que é sem vida é sem astúcia, sem imaginação, como a matéria.

Consideremos agora a lâmpada elétrica. Por mais que seja familiar, esse objeto é também altamente técnico. A lâmpada que ilumina estas linhas que escrevo é alimentada por uma corrente produzida, nesse mesmo instante, por uma central elétrica que se encontra, talvez, em Drôme ou Ardèche. Uma central com todos os seus procedimentos técnicos aí realizados, com todas as pessoas que trabalham em sua manutenção e seu funcionamento, não é mais simplesmente um objeto técnico, mas um verdadeiro objeto sociológico, quase tão característico da época moderna quanto foi a fortaleza na época medieval. Assim, não é apenas enquanto procedimento técnico que a lâmpada difere da vela, mas enquanto objeto cultural que implica toda uma sociedade. Portanto, o objeto técnico é, na verdade, um objeto sociotécnico.

Para compreender a frase de Heidegger, é preciso ter em mente o conjunto dessas transformações produzidas no mundo pela ciência. A astúcia natural do homem, transformada em desejo de saber e compreender, acaba por produzir efeitos sociológicos que, nesse sentido, dizem respeito a todos os homens. Ora, tais efeitos não são pensados pela ciência, devido à sua abstenção do domínio dos valores. Heidegger o repete inúmeras vezes: 1. A essência da técnica não é ela própria técnica (sua expressão costumeira é "a essência da técnica não é nada técnica"); e 2. A ciência e a técnica compartilham uma única e mesma essência, que é a monopolização do mundo. Compreender o mundo à maneira com que a ciência o compreende é já preparar o surgimento da técnica que virá, em seguida, transformá-lo. É

Filosofia das ciências | 231

apenas admitindo esses dois princípios que podemos seguir os argumentos de Heidegger, sem os quais esses argumentos parecem arbitrariamente críticos e parecem advir de um tipo de contrariedade, direcionando-se contra o todo da época moderna, que, para se justificar, elaboraria na sequência dispositivos teóricos complicados.

Mas é realmente certo que a ciência e a técnica compartilham a mesma essência? Sem dúvida, é justamente sobre esse ponto que seria conveniente mobilizar um questionamento mais aprofundado. Assim que colocássemos a questão das relações entre os fatos e os valores, destacando que, sob esse ponto de vista, o sintagma "filosofia das ciências" seria um oximoro, nós nos interrogaríamos, sem o saber, sobre essa questão do vínculo entre o conhecimento teórico e sua colocação em prática. O conhecimento teórico não está preocupado com valores. Nem a ciência. Mas a ação técnica irrompe imediatamente em um mundo de valores – tensão que constitui, como já dissemos, todo o interesse da "filosofia das ciências".

TRECHO

"A concepção científica do mundo", de Hans Hahn, Otto Neurath e Rudolph Carnap

A concepção científica do mundo não se caracteriza tanto por teses próprias, porém, muito mais, por sua atitude fundamental, seus pontos-de-vista e sua orientação de pesquisa. Tem por objetivo a *ciência unificada*. Seus esforços visam a ligar e harmonizar entre si os resultados obtidos pelos pesquisadores individuais dos diferentes domínios científicos. A partir do estabelecimento deste objetivo, segue-se a ênfase ao *trabalho coletivo* e igualmente o acento no que é intersubjetivamente apreensível. Daí se origina a busca de um sistema de fórmulas neutro, um simbolismo liberto das impurezas das linguagens históricas, bem como a busca de um sistema total de conceitos. Aspira-se à limpeza e à clareza, recusam-se distâncias obscuras e profundezas insondáveis. Na ciência não há "profundezas"; a superfície está em toda parte: tudo o que é vivenciado forma uma rede complexa, nem sempre passível de uma visão panorâmica e frequentemente apenas apreensível por partes. Tudo é acessível ao homem; e o homem é a medida de todas as coisas. Aqui se mostra afinidade com os sofistas e não com os platônicos; com os epicuristas e não com os pitagóricos, com todos os que defendem o ser mundano e a imanência [*diesseitigkeit*]. A concepção científica do mundo *desconhece enigmas insolúveis*. O esclarecimento dos problemas filosóficos tradicionais conduz a que eles sejam parcialmente desmascarados como pseudoproblemas e parcialmente transformados em problemas empíricos sendo assim submetidos ao juízo das ciências empíricas. A tarefa do trabalho filosófico consiste neste esclarecimento de problemas e enunciados, não, porém, em propor enunciados "filosóficos" próprios. O método deste esclarecimento é o da *análise lógica*. Sobre ele diz Russell: "penetrou gradativamente na filosofia, mediante investigação crítica da matemática. Representa, a meu ver, um progresso da mesma espécie daquele que foi introduzido na física por Galileo: resultados parciais pormenorizados e verificáveis ocupam o lugar de generalidades amplas e não-testadas, recomendadas apenas por um certo apelo à imaginação".

Este *método de análise lógica* é o que essencialmente distingue o recente positivismo e empirismo do antigo, mais biológico e psicológico em sua orientação. Se alguém afirma: "existe um Deus", "o fundamento primário do mundo é o inconsciente", "há uma entelequia como princípio condutor no ser vivo", não lhe dizemos: "o que dizes é falso", mas perguntamo-lhes:

Filosofia das ciências | 233

"o que queres dizer com teus enunciados'?", e então se mostra haver um limite preciso entre duas espécies de enunciados. À primeira pertencem os enunciados tais como são feitos na ciência empírica. Seu sentido se constata mediante análise lógica ou, mais exatamente, mediante redução aos enunciados mais simples sobre o que é dado empiricamente. Os outros enunciados, a que pertencem os anteriormente mencionados, mostram-se totalmente vazios de significação, caso sejam tomados como o metafísico os entende. Pode-se certamente, com freqüência, transformá-los em enunciados empíricos. Neste caso, porém, perdem seu conteúdo de sentimento, que é, a maioria das vezes, precisamente essencial ao metafísico. O metafísico e o teólogo, compreendendo mal a si próprios, crêem expressar algo com suas proposições, descrever um estado de coisas. A análise mostra, todavia, que tais proposições nada significam, sendo apenas expressão de algo como um sentimento perante a vida [*Lebensgefühl*]. Tal expressão certamente pode ser uma tarefa significativa no âmbito da vida. O meio adequado a isso é, porém, a arte: a poesia lírica ou a música, por exemplo. Se, em vez disso, se escolhe a roupagem verbal de uma teoria, surge um perigo: simula-se um conteúdo teórico onde não existe nenhum. Caso o metafísico ou o teólogo queiram manter a roupagem linguística habitual, devem ter claro e reconhecer nitidamente que não realizam descrição, mas expressão, que não produzem teoria, isto é, comunicação de conhecimento, mas poesia ou mito. Se um místico afirma ter vivências que se situam sobre ou para além de todos os conceitos, não se pode contestá-lo, mas ele não pode falar sobre isso, pois falar significa apreender em conceitos, reduzir a fatos [*Tatbestände*] cientificamente articuláveis.

A filosofia metafísica é recusada pela concepção científica do mundo. Como se devem, porém, esclarecer os descaminhos da metafísica? Tal questão pode ser posta a partir de diferentes pontos-de-vista: sob os aspectos psicológico, sociológico e lógico. As investigações na direção psicológica encontram-se ainda em estágio inicial. Pontos de partida para uma explicação mais radical se situam talvez na psicanálise freudiana. A situação é semelhante quanto às investigações sociológicas. Mencione-se a teoria da "superestrutura ideológica". Encontra-se aqui um campo ainda aberto a uma compensadora pesquisa futura.

Mais desenvolvido está o esclarecimento da *origem lógica dos descaminhos metafísicos*, especialmente pelos trabalhos de Russell e Wittgenstein. Dois erros lógicos fundamentais encontram-se nas teorias metafísicas, e já na posição das questões: um vínculo demasiadamente estreito com a forma das *linguagens tradicionais* e a ausência de clareza quanto à realização lógica do pensamento. A linguagem comum emprega, por exemplo, a mesma classe de palavras, o substantivo, tanto para coisas ("maçã"), como para propriedades ("dureza"), relações ("amizade") e processos ("sono"), induzindo assim a uma concepção objetual dos conceitos funcionais (hipostatização, substancialização). Podem-se mencionar numerosos exemplos semelhantes, onde a linguagem conduz a erros que foram igualmente fatídicos à filosofia.

O segundo erro fundamental da metafísica consiste na concepção de que o *pensamento* possa conduzir a conhecimentos a partir de si, sem a utilização de qualquer material empírico, ou que possa, ao menos, a partir de estados-de-coisa dados alcançar conteúdos novos, mediante inferência. A investigação lógica leva, porém, ao resultado de que todo pensamento, toda inferência, não consiste senão na passagem de proposições a outras proposições que nada contêm que naquelas já não estivesse (transformação tautológica). Não é possível, portanto, desenvolver uma metafísica a partir do "pensamento puro".

Deste modo, mediante a análise lógica, supera-se não apenas a metafísica no sentido próprio e clássico da palavra, especialmente a metafísica escolástica e a dos sistemas do idealismo alemão, como também a metafísica oculta do *apriorismo* kantiano e moderno. A concepção científica do mundo não admite um conhecimento incondicionalmente válido a partir da razão pura, "juízos sintéticos *a priori*", tais como os que estão à base da teoria do conhecimento kantiana e, mais ainda, de toda ontologia e metafísica pré e pós-kantianas. Os juízos da aritmética, da geometria, certos princípios da física, que são tomados por Kant como exemplos de conhecimento apriorístico, serão discutidos posteriormente. A tese fundamental do empirismo moderno consiste exatamente na recusa da possibilidade de conhecimento sintético a priori. A concepção científica do mundo admite apenas proposições empíricas sobre objetos de toda espécie e proposições analíticas da lógica e da matemática.

Todos os partidários da concepção científica do mundo estão de acordo na recusa à metafísica, seja a declarada, seja a velada do apriorismo. O Círculo de Viena defende, porém, além disso, a concepção de que também os enunciados do realismo (crítico) e do idealismo sobre a realidade ou não-realidade do mundo exterior e do heteropsíquico são de caráter metafísico, já que estão sujeitos às mesmas objeções a que estão os enunciados da metafísica antiga: são destituídos de sentido porque não verificáveis e sem conteúdo fático. *Algo é "real" por estar enquadrado pela estrutura total da experiência.*

A *intuição*, especialmente realçada como fonte de conhecimento pelos metafísicos, não é recusada absolutamente pela concepção científica do mundo. Exige-se, porém, e busca-se gradativamente uma justificação racional ulterior de todo conhecimento intuitivo. Todos os meios são

Filosofia das ciências | 235

permitidos ao pesquisador; o que for descoberto deve, porém, resistir a exame posterior. Recusa-se a concepção que vê na intuição uma espécie de conhecimento de valor mais elevado e de mais profunda penetração, capaz de conduzir para além dos conteúdos sensíveis da experiência, e livre das estreitas cadeias do pensamento conceitual.

Caracterizamos a *concepção científica do mundo* essencialmente mediante *duas determinações*. Em *primeiro lugar*, ela é *empirista* e *positivista*: há apenas conhecimento empírico, baseado no imediatamente dado. Com isso se delimita o conteúdo da ciência legítima. Em *segundo lugar*, a concepção científica do mundo se caracteriza pela aplicação de um método determinado, o da *análise lógica*. O esforço do trabalho científico tem por objetivo alcançar a ciência unificada, mediante a aplicação de tal análise lógica ao material empírico. Do mesmo modo que o sentido de todo enunciado científico deve poder ser indicado por meio de uma redução a um enunciado sobre o dado, assim também o sentido de cada conceito, pertencente a qualquer ramo da ciência, deve poder ser indicado por meio de uma redução gradativa a outros conceitos, até aos conceitos de grau mínimo, que se relacionam ao próprio dado. Caso se empreendesse tal análise para todos os conceitos, estes se enquadrariam em um sistema de redução, em um "sistema de constituição". As investigações visando a um tal sistema de constituição, a *teoria da constituição*, configuram, assim, o quadro em que se aplica a análise lógica pela concepção científica do mundo. A realização de tais investigações mostra muito cedo que a lógica tradicional aristotélico-escolástica é totalmente insuficiente para este objetivo. Somente com a moderna lógica simbólica ("logística") conseguiu-se obter a exigida precisão nas definições conceituais e nos enunciados, bem como formalizar o processo intuitivo de inferência do pensamento comum, isto é, conduzi-lo a uma forma rigorosa e controlada automaticamente pelo mecanismo simbólico. As investigações da teoria da constituição mostram que os conceitos das vivências e qualidades autopsíquicas pertencem às camadas mais baixas do sistema de constituição. Sobre elas descansam os objetos físicos. A partir destes constituem-se os objetos heteropsíquicos e enfim os objetos das ciências sociais. O enquadramento dos conceitos dos diferentes ramos científicos no sistema de constituição já é hoje, em seus grandes traços, reconhecível, mas resta ainda muito a ser feito para que seja levado a efeito com maior exatidão. Com a demonstração da possibilidade e a exibição da forma do sistema completo dos conceitos, tornar-se-á simultaneamente reconhecível a referência de todos os enunciados ao dado e, com isso, a forma estrutural da *ciência unificada*.

Nesta descrição científica, apenas a *estrutura* (forma de ordenação) dos objetos pode ser incluída, não sua "essência". O que une os homens na linguagem são as

> fórmulas estruturais; nelas se apresenta o conteúdo do conhecimento comum dos homens. As qualidades vivenciadas subjetivamente – a vermelhidão, o prazer – são, como tais, apenas vivências, e conhecimentos. A óptica física inclui apenas o que também um cego pode, em princípio, compreender.

Fonte: Hahn, Neurath e Carnap 1986, pp. 5-20.

Sugestões de leitura

Após a leitura deste capítulo, torna-se evidente que o grande livro da filosofia das ciências do século XX – que discute as principais problemáticas nascidas da tensão entre fato e valor, que retorna aos problemas mais antigos (Nietzsche dizia que o filósofo era como o escorpião, andava para trás, já que seu pensamento, aproximando-se do que há de mais fundamental nos problemas abordados, compreendia o que as problemáticas mais distantes, mas antigas, tinham a ensinar) e, ao mesmo tempo, volta-se aos problemas mais contemporâneos (como a relatividade das culturas humanas) – é *A estrutura das revoluções científicas*, de Kuhn. Tal texto pode ser lido de várias maneiras. Uma delas é como resposta aos debates da epistemologia, que, desde o Círculo de Viena com sua "concepção científica do mundo" e Popper, tinha tendência a se fechar em questões de demarcação (o que é e o que não é científico?). Em seguida, é possível considerar o livro uma contribuição importante a uma forma de "epistemologia histórica", na qual a história informa a filosofia e esta, por sua vez, nutre a reflexão histórica. A história das ciências fornece argumentos àqueles que procuram colocar questões fundamentais, como, por exemplo, "o que é a significação de uma palavra?". Podemos, na verdade, por meio da história de certas palavras, refutar sem dificuldades algumas teses de prestígio na filosofia baseadas na noção de significação. Dessa forma, a palavra "elétron", por exemplo, proposta inicialmente por Joseph John Thomson (ainda que alguns atribuam a paternidade ao naturalista britânico Richard Laming, e outros ao físico irlandês George Stoney), carrega-se de diversas significações, sem que com isso exista um "referente" empírico muito claro para essa noção. Ian Hacking, em *Concevoir et expérimenter*, mostra muito bem como, no espírito de Kuhn, é possível questionar um certo número de afirmações baseando-se no estudo da história das ciências. Como terceira leitura, Kuhn indica algumas importantes obras inspiradoras de seu trabalho, dentre as quais encontramos *Gênese e desenvolvimento de um fato científico*, de Ludvig Fleck, publicada originalmente em 1934 e em 2005 com um posfácio de Bruno Latour na tradução francesa. Kuhn também indica a obra de Hanson de 1957, *Patterns of discovery*, e a de Lovejoy, *A grande cadeia do ser*, nem sempre disponíveis em francês, a despeito de sua importância na história da filosofia do século XX. Enfim, uma última possibilidade é considerar que o livro de Kuhn constitui uma introdução à sociologia relativista das ciências, sendo que esta tomou amplamente como apoio as análises do filósofo durante sua formação. Poderemos encontrar, nas atas de um colóquio realizado em Londres em 1965, *A crítica e o desenvolvimento do conhecimento: Actas do Colóquio Internacional sobre Filosofia da Ciência*, uma antologia de críticas endereçadas a Kuhn, em especial por parte do próprio Popper.

Bibliografia

ALTHUSSER, L. (1979). *Filosofia e filosofia espontânea dos cientistas*. Trad. Elisa Amado Bacelar. Lisboa: Presença; Rio de Janeiro: Martins Fontes.

BACHELARD, G. (1968). *O novo espírito científico*. Trad. Juvenal Hahne Junior. Rio de Janeiro: Tempo Brasileiro.

_____ (1996). *A formação do espírito científico: Contribuição para uma psicanálise do conhecimento*. Trad. Estela dos Santos Abreu. Rio de Janeiro: Contraponto.

_____ (2004). *Ensaio sobre o conhecimento aproximado*. Trad. Estela dos Santos Abreu. Rio de Janeiro: Contraponto.

BRENNER, A. (2003). *Les origines françaises de la philosophie des sciences*. Paris: PUF.

CANGUILHEM, G. (1955). *La formation du concept de réflexe aux XVIIe et XVIIIe siècles*. Paris: PUF.

COURNOT, A.A. (1934). "Considérations sur la marche des idées et des événements dans les temps modernes". *The American Historical Review*, v. 40, n. 1.

FEYERABEND, P. (1977). *Contra o método*. Trad. Leonidas Hegenberg e Octanny S. da Mota. Rio de Janeiro: F. Alves.

FOUCALT, M. (2004). *A arqueologia do saber*. Trad. Luiz Felipe Baeta Neves. 7ª ed. Rio de Janeiro: Forense Universitária.

FREGE, G. (1999). *Idéographie*. Ed. crítica por C. Besson e J. Barnes. Paris: Vrin.

_____ (2009). *Lógica e filosofia da linguagem*. Trad. Paulo Alcoforado. 2ª ed. São Paulo: Edusp.

GRANGER, G.G. (s.d.). Cercle de Vienne. [Disponível na internet: http://www.universalis.fr/encyclopedie/cercle-de-vienne/, acesso em 10/4/2013.]

HAHN, H.; NEURATH, O. e CARNAP, R. (1986). "A concepção científica do mundo: O Círculo de Viena". Trad. Caio Padovan. *Cadernos de História e Filosofia da Ciência*. Campinas: Universidade Estadual de Campinas, n. 10, pp. 5-20.

HANSON, N. R. (1965). *Patterns of discovery: An inquiry into the conceptual foundations of science*. Cambridge: Cambridge University Press.

HEIDEGGER, M. (1983). "A preleção (1929): Que é metafísica?". *Conferências e escritos filosóficos*. Trad. Ernildo Stein. São Paulo: Abril Cultural. (Os Pensadores)

_____ (2002). *Ensaios e conferências*. Trad. Emmanuel Carneiro Leão, Gilvan Fogel, Marcia Sá Cavalcante Schuback. Rio de Janeiro: Vozes. (Pensamento Humano)

HUSSERL, E. (2012). *A crise das ciências europeias e a fenomenologia transcendental*. Trad. para o francês de Paul Ricoeur. Paris: Gallimard, t. 1.

_____ (1976). *La crise des sciences européennes et la phénoménologie transcedentale*. Trad. para o francês de G. Granel. Paris: Gallimard.

JASTROW, J. (1901). *Fact and fable in psychology*. Londres: Macmillan.

KUHN, T. (1975). *A estrutura das revoluções científicas*. São Paulo: Perspectiva.

_____ (1990). *A revolução copernicana: a astronomia planetária no desenvolvimento do pensamento ocidental*. Trad. Marília Costa Fontes. Rio de Janeiro: Edições 70. (Coleção Perfil)

LATOUR, B. (2000). *Ciência em ação: Como seguir cientistas e engenheiros sociedade afora*. Trad. Ivone C. Benedetti. São Paulo: Ed. da Unesp.

LOVEJOY, A. (2005). *A grande cadeia do ser: Um estudo da história de uma ideia*. Trad. Aldo Fernando Barbieri. São Paulo: Palindromo.

MALHERBE, J.-F. (1981). "Karl Popper et Claude Bernard". *Dialectica*, v. 35.

MONOD, J. (1978). "Préface". *In:* POPPER, K. *La logique de la decouverte scientifique*. Trad. para o francês de Nicole Thyssen-Rutten e Philippe Devaux. Paris: Payot.

POPPER, K. (1975a). *A lógica da pesquisa científica*. Trad. Leonidas Hegenberg e Octanny Silveira da Motta. São Paulo: Cultrix; Edusp.

_____ (1975b). *Conhecimento objetivo: Uma abordagem revolucionária*. V. 13. Belo Horizonte: Itatiaia; São Paulo: Edusp. (Espírito de Nosso Tempo)

_____ (1978). *La logique de la decouverte scientifique*. Trad. para o francês de Nicole Thyssen-Rutten e Philippe Devaux; preface de Jacques Monod. Paris: Payot.

_____ (1980a). *A miséria do historicismo*. Trad. Leonidas Hegenberg e Octanny Silveira da Motta. São Paulo: Cultrix/Edusp.

_____ (1980b). "Evolution". *Review New Scientist*.

_____ (1986). *Autobiografia intelectual*. Trad. Leonidas Hegenberg e Octanny Silveira da Motta. 2ª ed. São Paulo: Cultrix.

RUSSELL, B. (2008). *Os problemas da filosofia*. Trad. Desiderio Murcho. Lisboa: Ed. 70.

SOULEZ, A. (2010). *Manifeste du Cercle de Vienne et autres écrits. Carnap, Hahn, Neurath, Schlick, Waismann sur Wittgenstein*. Paris: Vrin.

STAMOS, D. (1996). "Popper, falsifiability, and evolutionary biology". *Biology and philosophy*, v. 11, n. 2, pp. 161-191.

WITTGENSTEIN, L. (1999). *Investigações filosóficas*. Trad. José Carlos Bruni. São Paulo: Nova Cultural. (Os Pensadores)